미래 교육

미래 교육

최우성 지음

BM (주)도서출판 **성안당**

미래 교육에 대한 고민을 해결하다

언론 대학원에서 출판·잡지를 전공하고 언론학 석사를 취득한 나는 2001년 중학교 수학 교사로 교직에 입문하였다. 이후 학교에서 수업과 생활지도 및 상담 등 교육 활동을 진행하면서 알게 된 활동 내용을 문득 세상에 알리고 싶다는 생각이 들었다. 수학 수업, 동아리 활동 등을 재미있게 전개하다 보니, 언론에서 수업 방법이나 교육을 바라보는 시선 등 교육과 관련된 내용을 취재하고 싶어 한다는 연락을 받았다. 그렇게 나의 활동 내용이 언론을 통해 보도되면서 활동에 참여한 학생들이나 지도한 선생님들의 기쁨과 보람은 배가 되었다.

2005년경부터 쓰기 시작한 교육 칼럼은 15년이 훌쩍 넘은 지금까지 계속 연재되고 있다. 교육자가 바라보는 시선으로 우리나라의 교육을 알리고 싶은 마음이 컸던 것이 이유였다.

"일개 교사이면서 그것도 수학을 전공한 교사가 글을 쓴다고?"

"한두 번도 아니고 꾸준히? 너가?"

비아냥 섞인 시선도 달게 받아야 했지만, 꾸준히 교육 칼럼을 쓰는 것에 오히려 진정성을 느낀 분들이 많았다. '글'이라는 것이 꼭 국어를 전공하거나, 신문 방송을 전공한 사람들만의 소유물이 절대 아니라는 것을 몸소 터득한 셈이다. 글쓰기는 아무리 말을 잘하는 사람도 언뜻 나서기 어려운 분야이지만, 꾸준히 쓰다보면 실력이 늘게 되는 영역이기도 한 것 같다. 이 책은 내가 교사이다 보니, 당연히 교사가 교육을 바라보는 시각으로 쓴 칼럼들을 엮은 것으로, 특정한 사람들을 위한 어려운 미사여구를 사용하지 않았다. 편하게, 또 읽기 쉽게 작성한 글들이다.

1장에서는 교사가 존재하지 않는 학교나 원격 수업은 상상할 수 없기 때문에 교사와 관련된 내용, 즉 교사 패싱, 승진 가산점, 기간제 교사, 교원 평가, 교권 침해와 보호, 교사 평가, 보건 교사와 전문 상담 교사 등을 키워드로 하였다. 미래 교육은 교사를 정확히 알아야 교육이 성장한다는 것을 믿기 때문이다. 아무리 '미래 교육'을 강조해도 교사의 동기 부여와 자극 없이는 교육 자체가 보장 받지 못하므로 이에 대해 정리하였다.

2장에서는 디지털 문해력에 대해 초점을 맞추었다. 글을 읽거나 쓰거나 해독하는 부분에서 어려움이 발생하는 사람들을 두고 '문해력이 떨어진다.'라고 말한다. 마찬가지로 물질문명이 발전하면서 디지털은 우리의 일상생활에서 떼려야 뗄 수 없는 공간이 되었으며, 갑자기 찾아온 코로나19의 엄습으로 우리가 생각한 것보다 상당히 빠른 속도로 다가오고 있다. 이에 학생들이 디지털 교육 환경의 변화 속에서 어려움에 처한 부분을 녹여냈다. 디지털 격차는 빈부의 격차에서 올 수도 있기 때문에 더욱 관심을 가지고 집필하였다.

3장에서는 교육의 긍정적인 정책과 부정적인 정책들 중, 교육을 옥죄는 정책들을 살펴보고 대안을 모색하려고 하였다. 가령 방학, 보직 교사 기피, 학업 중단 숙려제, 수능 감독관 차출, 아동 학대, 대학 입시, 직업계고 현장 실습 등을 다루면서 교육계에서 벌어지는 정책들이 오히려 교사의 수업 활동에 방해 요소로 작용하고 있음을 알게 되었다. 또 교육에서 가장 중요한 학생들이 다양한 정책에서 배제되거나 소외되는 현장을 목격하게 되면서 이런 안타까운 상황을 알리고 싶었다.

4장에서는 폭력을 넘어 안전하고 평화로운 학교에 대해서 다루고자 하였다. 아무리 수준 높은 교육 서비스를 제공한다고 하여도 폭력이 난무하는 교육 현장에서 평화를 기대할 수 없으며, 안전을 보장받을 수 없다. 안전한 학교, 평화로운 학교가 되기 위해서는 위험 요소를 제거하여야 한다. 이에 폭력, 학교 폭력, 청소년, 위기 학생, 성범죄 등을 다루면서 현재 학교 현장이 처한 상황을 알리고, 정책 대안 마련을 모색하려고 하였다.

5장에서는 교육의 3주체인 학생, 학부모, 교사 중에서 '학생과 학부모가 행복한 학교'가 되기 위해서는 어떤 것이 필요한지에 대해서 고민한 흔적을 남겼다. 학교에서는 오롯이 학생과 교사 간의 교육 활동만이 이뤄지지만, 교육 현장에서는 보호자인 학부모의 학교 참여가 매우 중요하다. 하지만 현실적으로 학부모의 학교 참여는 소수의 학부모에 의해 이뤄지고 있다. 교육이 성공하려면 교사의 노력도 중요하나 학생과 학부모의 동참을 이끌어내지 못하면 아무 소용이 없다. 그래서 여기에서는 학교 공간, 학부모 총회, 기초 학력, 수포자, 행복 등에 대한 고민을 다루었다.

22년째 교직에 몸담고 있는 나는 교육은 어른들이 망쳤다고 해도 과언이 아니라고 생각한다. 현재 시도교육감은 국민들의 선택을 받는 선출직이다. 어느 정당의 소속도 아니다. 그렇지만 교육감에 출마한 후보들을 보면 파란색, 빨간색, 노란색 등의 점퍼를 입고, 진보 후보, 보수 후보, 중도 후보 등으로 정치색을 나눠 자신의 교육 정책을 호소한다. 교육은 정치적이지 않다고 말해 놓고, 정작 선거에서는 정치색을 내세우는 것이다. 교육감 선거는 4년마다 진행되고 있는데, 교육감의 성향에 따라 각종 정책이 만들어지고, 때론 소멸된다. 그리고 그 피해는 학생, 학부모, 교사들이 고스란히 감내해야 한다.

이 책은 특정한 정치적 성향을 지니고 작성한 글들이 아니다. 교육의 중심에는 학생들이 존재하며, 교사와 학부모의 역할도 중요하다. 만약 학생들이 교육을 통해 학교 안이나 밖에서 행복할 수 있다면, 자신의 꿈과 진로를 정할 수 있다면, 자기 효능감이나 정체성을 찾을 수 있다면, 그것이야말로 참으로 행복한 교육이 아닐까? 이와 같은 꿈을 꿀 수 있도록 만드는 것이 가장 이상적인 미래 교육이라고 생각한다.

이 책에는 과거의 고민을 현재 해결할 수 있는 지혜가 담겨 있으며, 미래 교육을 그려낼 수 있는 방법이 제시되어 있다. 독자가 꿈꾸는 대로 미래 교육이 도화지 안에 펼쳐질 수 있는 마중물이 되길 바란다.

최우성(경기도교육청 장학사)

제5장
미래 교육, 학생과 학부모 모두가 행복한 학교

제1장

미래 교육,
교사를 알아야
교육이 성장한다

교육은 교사로부터
시작된다

교육 패러다임의 변화에 따라 학교는 다양한 교육 방법으로 변화를 시도하고 있다. 그중에서도 '지식'이 아닌 '지혜'를 가르치는 교사들의 등장은 고무적인 현상이다.

과거와 다르게 교사들은 정해진 교육 과정과 교과서만을 사용하여 교수 학습을 진행하지 않고, 자신들이 재구성한 교육 과정과 재편집한 교과서를 사용하여 수준 높은 학습을 진행하고 있다. 또 수업 과정 속에서 아이들이 성장할 수 있는 방안을 고민하면서, 동시에 생활지도와 상담 및 평가 등에서도 생산적인 고민을 하고 있다.

두발과 복장 등에서도 강압적인 생활 지도 단속이 있었던 과거와 달리, 현재는 아이들이 하루빨리 원위치로 돌아갈 수 있도록 하는 '회복적 생활 교육'이 자리를 잡아가고 있으며, 수업과 평가에서도 아이들이 여러 번의 시행착오를 경험할 수 있게 많은 기회를 부여하여 한 단계 더 성장할 수 있도록 격려와 지지를 아끼지 않고 있다. 그리고 이러한 교사들의 노력과 교육 활동 덕분에 아이들의 외적인 성장과 더불어 내적인 성장도 기대할 수 있게 되었다.

점점 4차 산업 혁명의 시대로 접어들고 있는 시점에서 교사를 대체하는 인공 지능 로봇 교사가 등장할 것으로 보인다. 이 인공 지능 로봇은 다양한 지식으로 무장되어 교사를 위협하는 존재가 되겠지만, 교사가 인공 지능 로봇을 이길 수 있는 방법은 있다. 바로 격려하고 지지하는 '소통의 능력'이다. 이미 많은 아이들이 교사들의 격려와 지지를 통해 혼자만의 힘으로 성장할 수 있는 단계를 훨씬 뛰어넘는 성장을 보여주고 있다. 이는 격려와 지지와 함께 진심으로 아이들에게 사랑과 지혜를 베푸는 교사들의 따뜻한 마음이 있었기에 가능하였을 것이다. 이처럼 아이들과의 회복되는 관계에서 교사는 교육의 희망을 볼 수 있다. 또 아이들과 교사를 지지하는 학부모의 진심 어린 마음이 교육을 더욱 알차게 만든다. 학부모가 1년에 단 한 번도 학교에 나오지 않아도, 교사와 아이들 간의 지지와 격려는 고스란히 가정에 전달이 된다. 그리고 이는 자녀들을 학교에 믿고 맡기며, 의지할 수 있는 정신적인 동력으로 살아 움직이게 된다.

교사는 아이들과 학부모가 먼저 움직이길 원하지 않는다. 그저 자신의 교육과 실천에 의해 아이들이 성장하고 변화하기를 원하며, 이

를 목격하는 학부모의 든든한 후원과 지지를 원한다. 이러한 행동들
이 교육을 더욱 알차게 만들기 때문이다.

경기도에서 근무 중인 C교사는 "3월 초에 학급에서 아이들 간의
다툼 문제로 양쪽의 어머니들이 학교를 방문하셔서 상담을 진행한 적
이 있었어요. 그때 다툰 아이들의 진술, 어머니들과의 상담 등을 통해
공교육에 대한 신뢰를 더욱더 가질 수 있었지요."라고 말하며, "교사
가 아이와 부모의 지지를 얻어낼 수 있다면, 성공적인 교육을 한 것 아
닐까요?"라고 말하였다.

국가 교육 과정에서도 등장하는 것이 핵심 역량을 키우는 방법이
다. 21세기를 살아가는 아이들에게 편협적인 지식만을 전달하는 낡
은 수업 방식으로는 아이들과 원활한 관계를 형성할 수 없다. 끊임없
는 교재 연구와 함께 아이들의 입장에서 상담하고, 아이들이 회복할
수 있는 시간을 넉넉히 부여하였을 때, 교육이 살아나고 생동감 있게
숨 쉬는 것이다.

경기도 J중학교를 다니고 있는 H학생은 "선생님들이 복장이나 두
발, 화장 같은 규정으로부터 충분한 시간과 함께 저희에게 믿고 맡겨
주시기 때문에 되도록이면 지키려고 노력해요."라고 말하며, "지금처
럼 선생님들이 조금씩 변화되어가는 저희들의 모습을 보시면서 응원
해주셨으면 좋겠어요."라고 말하였다.

모름지기 교육은 '백년지대계[1](百年之大計)'라고 말한다. 하지만 실상은 매년 바뀌고, 정권의 교체와 함께 계속해서 바뀐다. 그리고 이러한 교육 정책으로 인하여 일선의 학교와 아이들, 학부모와 교사가 몸살을 앓고 있다. 그렇기 때문에 교사는 아이들과 학부모 간의 원활한 관계 형성을 위하여 더욱더 노력하여야 한다. 사제 간의 정은 쉽게 변할 수 있는 요소가 아니기 때문이다. 형식적으로 수업을 하고 생활 지도를 하며 상담에 임하는 순간, 교육은 중지되고 변화를 기대할 수 없게 된다.

교육은 교사로부터 나온다고 한다. 따라서 교사가 교육 정책의 희생양이 아닌 동반자이자 지지자가 될 수 있도록 교육부와 교육청에서는 정책 입안에서부터 세심하게 살펴야 한다. 아무리 좋은 교육 정책이 시행되어도 교육 현장에서의 시스템은 사람이 움직여야 하기 때문이다. 앞으로의 모든 교육 정책은 사람이 중심으로 마련되길 희망하여 본다. 눈에 보이지 않는 사람의 마음을 얻을 수 있는 방법이 상대방에 대한 '공감'과 '지지'라는 것을 잊지 않는다면, 사람을 이해하고 존중하는 문화에서 교육의 희망을 볼 수 있을 것이다.

---

1 먼 장래까지 내다보고 세우는 큰 계획

교사 패싱이
도를 넘어서고 있다

　　2018년 12월, 수능이 끝난 고3 학생들이 강릉으로 놀러 갔다가 큰 참사를 당한 '강릉 펜션 참사'에 대해 교육부와 정부 당국은 그동안 일선 학교에서 고3 학생들을 방치하였다며, 전국적으로 '현장체험학습 전수조사'를 진행하겠다고 밝혔다. 그리고 이 시그널은 곧바로 이어져 학교에는 공문이 하달되었고, 큰 잘못을 저지른 것 같은 내용에 대해 교사들은 자료 집계를 준비하였다.

교사에 대한 패싱은 어제오늘만의 일이 아니다

　　교육의 3주체를 '학생', '학부모', '교사'라고 말하지만, 학생은 '학생

인권조례제정'으로부터 보호를 받고, 학부모는 선거에서 표를 받기 위한 수단으로 인식되고 있으며, 교사는 개혁의 주체가 아닌 대상으로 몰아세워지고 있다. 또 그동안 교육부와 정부가 공동으로 추진하였던 '대입 공론화 과정', '초등 저학년 돌봄 교실', '국가 교육회의', '학교 폭력 숙려제' 등에서 교사는 보이지도 않을뿐더러, 현장의 목소리는 철저히 무시되고 있다. 교사보다 정년이 3년 더 길고, 방학도 긴 교수에게는 정부의 교육 정책에 대한 자문이나 의견 수렴을 매번 진행하지만, 현장 교사들의 의견은 반영하지 않고, 그저 설문 조사 등을 통해서 통계 협조만 구하고 있는 형국인 것이다. 이렇듯 현장 경험이 전무한 교수와 행정 관료에게서 생산된 정책은 학교 현장에서 바라보면 그저 탁상행정일 수밖에 없다.

이렇게까지 교사에 대한 패싱이 만연해지게 된 계기를 두고 현장 교사들은 선거와 밀접한 관련이 있다고 말한다. 「국가공무원법」 제65조(정치 운동의 금지)에서는 공무원은 정당이나 그 밖의 정치 단체의 결성에 관여하거나 이에 가입할 수 없으며, 선거에서 특정 정당이나 특정인을 지지 또는 반대하기 위한 여러 행위를 금지하고 있다.

교사들은 「공직선거법」, 「정치자금법」, 「정당법」 등 여러 법 조항에서 선거 당일 투표권만 행사할 수 있는데, 이는 국민의 기본적인 권리인 기본권조차 불허되고 있다고 볼 수 있다. 경기도에서 근무하는 N교사는 "정치적인 행위 자체가 금지되다 보니, 학생들에게 정치와 관련된 이야기를 전혀 할 수가 없어요. 교사들에게도 최소한의 정치적인 기본권을 부여하도록 법의 개정이 필요해요."라고 말하였다.

　상황이 이렇다 보니 온갖 공문과 잡무에 시달리며, 예전보다 다루기 어려워진 학생들, 그리고 각종 민원으로 소송을 거는 학부모 등에서 오는 자존감과 효능감의 하락으로 교직을 떠나는 교사들이 증가하고 있다. 또 교사 패싱뿐만이 아닌, 교권을 추락시키는 각종 사건·사고가 터지면서 교직에 대한 회의감을 느껴 정년퇴직보다 명예퇴직을 선택하고 있다. 2018년 2학기 경기 지역의 명예퇴직 신청 교사는 무려 1,162명으로, 853명이었던 2017년에 비해 36.2%나 급증하였다.

　2018년은 교사들을 옥죄는 청와대 청원이 대폭 증가하였던 한 해로 기억이 되고 있다. '스승의 날 폐지' 청원이 등장하였고, 학생들의 방학 때 교사들은 왜 같이 쉬냐며, '교사 방학 폐지' 청원이 등장하였다. 이처럼 동네북으로 전락한 교사들에게는 기대어 쉬어갈 어떠한 장소도, 존재도 없다. 만일의 상황에 대비하여 교사들의 부담을 줄여주기 위한 '교원배상책임보험'조차 교사가 개인적으로 비용을 부담하여야 하기 때문이다. 그렇기에 학생 및 학부모로부터 소송을 당하여도 강력하게 대응할 수가 없는 것이다. 더군다나 가해자와 피해자의 구분이 애매한 최근의 학교 폭력 추세에 맞춰, 학교 폭력 책임 교사들은 학교 폭력 처리 절차에 대한 소송 등으로 힘겨운 싸움을 홀로 버텨내고 있다.

정부와 정치권은 교사를 교육 개혁의 대상으로 바라보는 시선을 바꿔야 한다. 그렇지 않으면 백년지대계인 교육은 늘 실패하고 말 것이다. 오늘도 아이들의 초롱초롱한 얼굴과 마음을 읽고, 한 명의 아이라도 더 성장하고 변화될 수 있도록 열정과 희생을 마다하지 않는 교사들을 기억하여야 한다.

갈등·폭력 예방으로
승진하는 교사들

　　매년 연말이 되면 일선 학교에서는 학교 폭력 예방 및 해결 등에 기여한 교원을 대상으로 승진 가산점을 부여하고 있다. 그리고 많은 교사들이 정원의 40%에게만 주는 승진 가산점으로 인해 몸살을 앓고 있다. 일부 교사들은 서로 받기 위해 눈치 경쟁에 들어가며, 또 다른 교사들은 받을 만한 사유가 있더라도 학교 폭력 승진 가산점이 폐지되기를 바라는 심정으로 거부 투쟁을 벌인다.

　　"저는 아무 도움도 주지 않았는데, 해당 교원이 가산점 받기를 거부해서 대신 받았어요."

　　"아이들의 학교 폭력을 담보로 승진 가산점을 받는 것은 교사로서

떳떳하지 않은 행동인 것 같아요."

"저 선생님은 담임도 아니고 생활 지도를 한 것도 아닌데, 단지 교무부장이라는 이유만으로 받았어요."

"정작 비교과 교사인 진로 진학 상담 교사나 전문 상담 교사가 포함되어야 하는데, 그분들은 아예 신청하지도 않아요."

교사들이 학교 안팎에서 발생하는 학교 폭력을 예방하고 해결하기 위해 노력하는 것은 당연한 일이다. 그럼에도 불구하고 일부 교사들에게 가산점을 부여하는 것은 나머지 60%의 교사들을 무시하는 처사이다. 가산점 부여 계획은 「학교 폭력 예방 및 대책에 관한 법률」과 가산점 신설 및 축소를 위한 「교육 공무원 승진규정」을 기반으로 추진되고 있다. 「학교 폭력 예방 및 대책에 관한 법률」 제11조 제11항(교육감의 임무)에서 '교육감은 관할 구역에서 학교 폭력의 예방 및 대책 마련에 기여한 바가 큰 학교 또는 소속 교원에게 상훈을 수여하거나 소속 교원의 근무성적 평정에 가산점을 부여할 수 있다.'라고 되어 있다. 또 「교육 공무원 승진규정」 제41조 제3항 제4호 및 제4항에서 공통 가산점에 대하여 '학교 폭력 예방을 위한 교육·홍보·상담, 학교 폭력 발생 점검 및 실태 조사, 학교 폭력 대응 조치 및 사후관리에 관해 1년간의 실적 전체를 하나의 실적으로 보아 산정하며, 해당 실적에 대한 구체적인 인정 기준은 교육부장관이 정한다.'라고 규정하고 있다.

◆ 학교 폭력 예방 및 해결 등 기여 교원에 대한 승진가산점 부여 평가기준 및 평가지표(안)

항목	심사 관점	세부 항목	배점	가산점 부여 방법				근거 자료	점수
1. 담당 업무 (15점)	업무의 기여도	• 담임 교사, 생활 안전 부장	15	15				(선정위 확인)	
		• 학교 폭력 전담 교사		12					
		• 부장 교사, 보건 교사, 상담 교사		10					
		• 비담임		8					
2. 학교 폭력 예방 활동 (35점)	학교 폭력 관련 교육 및 홍보	• 학교 폭력 예방 계획서 수립 • 학교 폭력 해결 및 예방 관련 학생, 학부모, 교사 연수 추진 실적	10	10 5회 이상	8 3~1회	6 1~2회	4 1회 미만	-NEIS 출력물 -내부결재 문서 -증빙자료	
	학교 폭력 예방을 위한 학생 상담 활동	• 학생 상담 활동 횟수 • 유선 및 면담 학부모 상담 일지 • 학교 폭력 설문 조사 결과에 따른 상담 활동	5	5 15회 이상	4 10~ 14회	3 6~9회	2 3~5회	1 1회 미만	-상담일지 -NEIS출력물 -증빙자료	
	학교 폭력 예방을 위한 프로그램 운영	• 친구 사랑, 인성 실천 주간 운영 및 참여 • 사제 동행 관련 행사 운영 • 인성, 평화, 인권 관련 활동 및 참석 • 학교 폭력 예방을 위한 동아리 운영 등 • 인터넷 유해 매체 지도를 통한 예방 활동 실정	10	10 10회 이상	9 8~9회	8 6~7회	7 4~5회	6 4회 미만	-NEIS출력물 -내부결재문서 -증빙자료 -진로부에 의뢰	

(출처: 경기 D중학교 평가기준 및 평가지표)

매년 수많은 교원들이 '학교 폭력 예방 유공 가산점 폐지'를 줄기
차게 주장하고 있지만, 교육부와 교육청은 요지부동의 자세로 관망만
하고 있기에 일선 학교에서는 부여 대상자 여부를 놓고 안타까운 싸
움이 벌어지기도 한다. 이처럼 학교별 학교 폭력 발생 건수와 상관없

이 모든 학교가 동일하게, 또 일괄적으로 가산점을 부여하는 것은 교사들을 이간질시키는 대책밖에 되지 않는다. 차라리 유공 교원들에게 교육감 표창을 주는 것이 낫다는 반응이다.

2016년, '교원 승진규정 개정안'에 의해 학년도 단위로 1회 0.1점의 가산점이 부여되는 학교 폭력 유공 가산점의 총점을 2점에서 1점으로 축소하였지만, 승진을 앞두고 있는 교사들에게는 여전히 큰 점수로 작용하고 있다. 실제 경기도에서 근무하는 S교사는 "1등 점수 3번만 받으면 교감 승진 대상자가 될 수 있는 교사들에게는 0.1점은 꼭 받아야 하는 의무감이 있는 점수로 작용하고 있어요."라며 "비슷한 점수대에 있는 승진 대상 교사들이 학교 폭력 예방 유공 가산점이라도 받지 못하면 승진을 포기하는 꼴이 되어 버리는 거죠."라고 말하였다.

가산점 대상자 선정을 위한 학교별 심사 기준에는 학교 폭력 예방 활동, 학교 폭력 발견 및 상담 활동, 학교 폭력 대응 조치, 특수 공적, 기타 활동 영역 등이 포함된다. 그러나 대상 항목에 모두가 해당되는 것은 아니다. 또 어느 한 분야의 공적이 인정될 경우에도 부여가 가능하다.

◆ 학교 폭력 예방 및 해결 등 기여 교원 가산점 신청서(예시)

소속(기관명)	○○학교	직위	교사	성명	○○○
평정대상 기간 근무현황	○○중학교 (0000.03.01~ 0000.02.28) ○○고등학교 (0000.03.01~ 0000.02.28)	담임 경력	3-1반 (0000.03.01~ 0000.02.28) 3-2반 (0000.03.01~ 0000.02.28)	생활지도 경력	생활지도 부장 (0000.03.01~ 0000.02.28) 생활지도 부교사 (0000.03.01~ 0000.02.28)
주요활동					

(출처: 경기 D중학교 평가기준 및 평가지표)

매년 논란이 거듭되고 있는 학교 폭력 예방 유공 가산점 제도에 대해 학교 폭력 책임 교사와 학교 폭력 업무 담당 부장이 가산점을 거부하거나 받지 않고, 누가 봐도 학교 폭력 예방과 전혀 상관없는 교사가 가산점 신청 서류를 제출하고, 가산점을 받는다. 이처럼 아이들을 볼모로 교사들이 승진 가산점을 받는 것은 교육적이지 않다.

문제는 이뿐만이 아니다. 학교 폭력 예방 및 해결에 기여한 기간제 교사, 명예 교사, 강사 등 계약직 교원들에게는 「교육 공무원 승진

규정」이 적용되지 않는다. 하지만 가산점 부여에서 제외되는 기간제 교사들의 대다수가 담임 업무를 수행하고 있으며, 학교 폭력 예방에 힘쓰고 있다. 실제 단위 학교에서 담임 교사와 학교 폭력 업무 담당자 중에 기간제 교사들이 차지하는 비중은 상당한 것으로 알려져 있다. 그러나 「교육 공무원 승진규정」이 적용되지 않는다는 이유로 학교 폭력 예방 및 해결에 기여도가 높은 기간제 교사가 아닌, 엉뚱한 교사들이 가산점을 챙겨가는 웃지 못 할 현상이 발생하고 있다.

또 가산점을 꼭 받고자 하는 교사들에게는 한 가지 편법이 버젓이 존재하고 있다. 바로 학교 폭력 업무 담당자로 학기 초에 전담기구 위원으로 임명되는 방법이다. 그렇게 되면 담임 교사, 학교 폭력 업무 담당 부장이 아닌, 비담임 교사, 부장 교사로 포함되어 손쉽게 가산점을 받을 수 있게 된다. 일명 무임승차를 자연스럽게 할 수 있는 것이다.

모든 정책에는 부작용이 존재하기 마련이다. '학교 폭력의 모든 책임은 교사들에게 있으니 승진 가산점을 부여하면 학교 폭력 예방에 더욱 관심을 가지고 잘할 거야'라는 식의 어처구니없는 미봉책이 교사들을 이간질시키고 반목(反目)시키며, 갈등의 존재로 만들고 있다. 따라서 학교 자치와 민주적인 학교 문화의 정착을 위해 노력을 해야 하는 교육부와 교육청은 비민주적인 승진 가산점 제도를 재검토 및 개정해야 할 필요가 있다.

2017년 언론 보도에 따르면, 학교 폭력 문제로 징계를 받은 교사와 성추행에 휘말린 교사 등도 버젓이 학교 폭력 예방 유공 가산점을 챙겼다. 이처럼 교사답지 않은 사람마저 유공 가산점을 받는 이러한 정책을 언제까지 추진할 것인지, 또 많은 교사들이 학교 폭력 예방 유공 가산점을 신청하지 않는 이유는 무엇이라고 생각하는지 교육부와 교육청에 되묻고 싶다.

이제는 학교 폭력 예방 및 해결에 기여한 교원들에게 승진 가산점 등의 인센티브가 아닌, 표창을 통해 올바른 교사상이 정립될 수 있도록 해야 한다. 나아가 교사들에게 존재하는 다양한 승진 가산점(공통 가산점, 선택 가산점)의 대폭적인 축소 및 정비가 필요하다. 전체 교원 중 40% 안에 들어야 학교 폭력 예방 활동을 잘한 교사인지, 가산점을 못 받은 교사는 정말로 학교 폭력 예방 활동을 하지 않은 교사인지 등을 공정하고 객관적으로 판단할 수 있는 교육적인 대책이 마련되어야 하는 것이다.

다가오는 미래는 교사들 스스로가 교직에서 행복과 소소한 보람을 느낄 수 있도록 올바른 교직 문화가 형성되어야 한다. 소수점 아래 숫자들까지 점수로 챙겨야 승진하는 교사의 승진 문화가 미래의 교육 환경 변화에 대비하는 바람직한 방안인지 되새겨 봐야 할 것이다.

'고하늘'은 진짜 선생님, 기간제 교사에 대한 차별, 멈춰야 한다

2019년 12월 16일을 시작으로 방영되었던 tvn 드라마 〈블랙독〉은 시청률의 고공 행진을 이어가며 드라마 시장 속에서 파란을 일으켰다. 이 드라마는 '기간제 교사'가 된 사회 초년생 '고하늘(서현진)'이 우리 삶의 축소판인 '학교'에서 꿈을 지키며 살아남기 위해 고군분투하는 이야기로, 기간제 교사의 삶을 그려내고 있다. 드라마 속에 비춰지는 기간제 교사들 간의 갈등과 경쟁은 사립 학교에서 '정규직 교사' 자리를 차지하기 위하여 몸부림치는 상황을 묘사하고 있다. 실제로 사립 학교 채용에 있어 기간제 교사로 근무하면서 인정받는 부분이 가산점으로 작용하고 있다는 것은 누구나 알고 있는 사실이다.

기간제 교사가 전체 교원의 10% 차지,
두 명 중 한 명은 담임을 맡다

기간제 교사는 정규직 교사가 '육아 휴직', '해외 유학', '병가' 등의 사유로 자리를 비울 경우에 해당 인력을 보충하기 위하여 대체되는 '비정규직 교사'이다.

2018년, 처음으로 기간제 교사의 비율이 10%를 넘어섰다. 이는 전체 교원 수에 대비하여 10명 중 1명이 기간제 교사인 것을 나타낸다. 심한 경우 학교 교원의 3분의 1이 기간제 교사로 운영되기도 한다. 또 한 학교에서 최대 4년까지 근무할 수 있지만, 대부분의 계약 기간은 6개월에서 1년밖에 되지 않는다.

사립 학교의 경우 기간제 교사의 채용 비율은 공립 학교보다 2배 이상 높다. 2020년에 발표한 한국교육개발원 교육통계·연구센터의 교육통계서비스에 따르면(조사 기준일 2020년 1월 5일), 전체 교원의 수는 49만 6,504명이며, 이 중 정규직 교사는 44만 1,965명(89%), 기간제 교사는 5만 4,539명(11%)인 것으로 나타났다. 또 기간제 교사의 경우 유치원 교사 4,067명(8.3%), 초등학교 교사 9,024명(5%), 중학교 교사 1만 6,889명(18%), 고등학교 교사 2만 2,058명(19.9%)으로 파악되었다. 특히 초등학교보다 중·고등학교 교사의 기간제 비율이 4배 가까이 높았다. 이처럼 기간제 교사가 증가하고 있는 추세임에도 불구하고 이들에 대한 처우는 다른 비정규직 근로자들과 마찬가지로 열악하기 짝이 없다. 고용 불안과 호봉 제한, 과도한 업무 및 차별은 기본이며, 투명하지 못한 채용 과정과 심지어 상납 강요 등이 존재하고 있다.

2018년 10월, 국회 교육위원회 소속 박찬대 의원이 교육부로부터 제출받은 '기간제 교사의 담임 업무 분담 현황' 자료에 따르면, 전국 기간제 교사 4만 9,977명 중, 2만 4,450명(49%)이 담임 업무를 맡고 있었다. 기간제 교사 2명 중 1명이 담임 업무를 전담하고 있는 것이다. 또 2019년 4월을 기준으로 서울시의회 교육위원회 소속 전병주 의원이 서울특별시교육청으로부터 제출받은 자료에 의하면, 초중고 전체 공립 학교의 기간제 교사 53%가 담임 업무를 맡고 있는 것으로 나왔다. 전체 기간제 교사 3,816명 중, 2,032명이 담임 업무를 맡고 있는 것이다. 특히 공립 중학교의 경우 66%의 기간제 교사가 담임 업무를 맡고 있었는데, 이는 초등학교 37%에 비하여 2배 가까이 높은 비율이다. 사립 학교의 경우에는 초등학교 기간제 교사 88%가 담임 업무를 맡고 있었고, 중학교도 73%의 기간제 교사가 담임 업무를 맡고 있는 것으로 나왔다. 공·사립을 전체적으로 보면 서울특별시교육청 관내 기간제 교사 8,145명 중, 4,302명인 53%가 담임 업무를 맡고 있는 것으로 확인되었다.

기간제 교사의 이야기를 담은 '우리도 교사입니다'

기간제 교사 차별 금지 권고,
'법적 안전장치 마련 필요'

기간제 교사들도 정규직 교사들과 똑같은 업무를 처리하며, 경우에 따라서는 학교 내 기피 업무까지 전담하여 처리한다. 기간제 교사들에 대한 채용 권한이 위임받은 학교장에게 있다 보니, 공정하지 못한 업무 분담과 차별에도 싫은 소리 한 번 하지 못하고 따르는 것이다. 교직 과정을 이수한 예비 교사들은 누구나 2급 정교사 자격증을 취득한다. 모든 교사가 정교사 자격을 갖추고 있는 것이다. 그러므로 기간제 교사와 정규직 교사로 구분하는 것은 무리가 있는 용어의 사용이다. 비정규직 교사와 정규직 교사로 구분하는 게 바람직하다.

2019년 12월 국가인권위원회 소속 최영애 위원장은 기간제 교사와 관련된 차별적 제도 개선을 권고하는 보도 자료를 발표하였다.

발표 내용에 따르면, 인사혁신처장에게는 금전적 이중 혜택의 가능성이 없는 사람이 기간제 교사로 임용될 경우, 차별받지 않도록 「공무원 보수규정」을 개정할 것을 권고하였으며, 교육부장관에게는 교육부 지침을 제·개정하고 17개의 시도교육청에 개정 사항을 안내·전파할 것을 권고하였다. 또 시도교육감에게도 위와 관련된 인사혁신처와 교육부의 규정 및 지침 개정내용 등에 따라 차별이 발생하지 않도록 조치를 취할 것을 강력 권고하였다.

더불어 기간제 교사 임용 시 호봉 제한, 고정급 적용으로 인한 차별, 포상 배제 등에 대한 차별도 확인되었다. 따라서 기간제 교사에 대한 차별적 제도와 관련된 내용들도 포함하고 있었다. 특히 퇴직 교사(사립 학교 정규직 교사, 교육 공무원 경력을 가진 사람)를 기간제 교사로 임용할 경우, 호봉을 최대 14호봉으로 제한하였던 것을 없애고, 매년 스승의 날이면 교육부의 포상 계획에 따라 포상 교사의 범위에서 기간제 교사가 제외되지 않도록 필요한 조치를 취할 것을 권고하였다. 또 2019년 여름방학부터 시행된 기간제 교사의 1급 정교사 자격 연수 과정을 통하여 1급 정교사 자격을 취득한 기간제 교사들이 계약 기간 중, 자격 변동 등 새로운 경력 사유가 발생한 경우 1호봉 승급으로 봉급이 조정될 수 있도록 관련 규정 개정을 권고하였다.

2017년 10월, 기간제 교사 노조의 전신(前身)인 '기간제 교사 연합회'에서는 국가인권위원회에 기간제 교사 차별에 대한 시정을 요구하는 13가지의 진정서를 제출하였다. 이 13가지의 진정서에는 1급 정교사 연수 차별, 맞춤형 복지 제도 차별, 포상 제외 차별, 호봉 승급 차별, 성과급 지급 표준 호봉 차별, 연가·병가 일수 차별, 쪼개기 계약, 방학 중 근무 강요, 중도 계약 해지, 공무원 채용 신체검사 매년 실시 문제, 공무원 연금 제외 문제, 임용권자는 교육감, 나이스(NEIS) 인사 기록 문제 등의 내용이 담겨 있었다. 이처럼 과거에도 여러 번 기간제 교사들의 처우를 위한 개선 사항이 요구되고 있었다. 그렇다면 왜, 기간제 교사들의 처우가 쉽게 개선되지 않는 것일까?

기간제 교사에 대한 차별 문제가 쉽게 해결되지 않는 이유는 법에서부터 정규직 교사와 비정규직 교사를 구분하고 있기 때문이다. 과거부터 동일한 업무를 수행하면서 동일한 임금과 처우를 보장받지 못하는 것은 우리 사회의 뿌리 깊은 문제점으로 지적되어 오고 있다. 이러한 상황들을 오늘날 끊어내지 않는다면, 지금 지도하고 있는 학생들이 성장하여 예비 교사가 되었을 때도 정규직 교사와 비정규직 교사로 나눠져 학생들을 가르치게 될 것이다. 그런 예비 교사들에게 지금과 같은 차별적인 요소를 넘겨줄 수는 없다.

기간제 교사들이 현행법상 정규직 교사로 채용될 수 있는 방법은 없다. 비정규직의 정규직 전환 관련 법에서조차 이들을 정규직 교사의 일시적인 대체 인력으로 인식하고 있기 때문이다.

문제의 근원은 교사 양성 과정, 대대적인 수술이 필요하다

기간제 교사들도 기존의 교원 단체와 노조뿐만이 아니라 '기간제 교사 노조' 가입부터 시작하여야 한다. 노조를 결성하여 기간제 교사끼리 뭉치지 않으면 차별에 대한 저항력을 키울 수가 없기 때문이다. 따라서 이제는 기간제 교사들의 적극적인 노조 참여를 통해 비정규직의 제도적 문제, 그리고 그 해결책에 대한 고민을 해야 할 시기이다.

중고교 교사 10명 중, 2명은 기간제 교사이며, 초중고교 기간제 교사 중, 50% 이상이 담임 업무를 맡고 있다. 이처럼 정부와 교육부는 교육에 있어서 큰 부분을 차지하고 있는 기간제 교사에 대한 근원적인 대책을 마련하여야 한다. 또한 중등 교육의 많은 비중을 차지하는 사범 대학, 일반 대학의 교직 과정 이수자, 교육 대학원의 교직 과정 이수자 등 너무나 많은 곳에서 2급 정교사 자격 취득을 조장하고 있다. 매년 높은 줄 모르고 치솟는 중등 교사 임용 고시 경쟁률이 이러한 상황을 여실히 증명해 주고 있다. 한마디로 교직 이수자가 너무나도 많다는 얘기이다. 그러므로 적정 수준의 예비 교사가 배출될 수 있도록 교사 양성 과정 역시 대대적인 수술이 필요하다.

기간제 교사 고용 보장,
처우 개선 미루지 말라

"학교에서 학생들에게는 사회에 나가서 노동권을 침해당하면 가만히 있지 말라고 가르친다. 그러면서 기간제 교사인 나는 노동권이 보장된 직업을 가지고 있나 싶어진다."

중고교 담임 교사의 절반을 차지하고 있는 기간제 교사의 고용 불안과 처우 개선에 대한 교육계의 목소리가 거세지고 있다. 더군다나 기간제 교사 10명 중 7명이 정규직 교사가 기피하는 업무를 떠맡는 등 정규직 교사와 차별을 경험한 것으로 나타났다.

2019년 11월, 전국교직원노동조합(이하 '전교조'라 함)은 서울 종로 정부서울청사 앞에서 기자 회견을 열고 "기간제 교사는 정규직 교사와 동일한 노동을 하고 있음에도 비정규직이라는 이유로 호봉 승급뿐 아니라 정근 수당, 퇴직금 산정, 성과상여금, 복지 제도에서 차별을 당하고 있다."고 밝혔다. 이어 "수차례 국가인권위에 진정서를 제출하고 서울특별시교육청, 경기도교육청에 시정 요구하였으나 재정이 부족하다는 이유로 방치하였다."며 "올해만 5만 명이 넘는 기간제 교사들이 차별에 눈물을 흘리며, 고용 불안에 시달리고 있다."고 호소하였다. 당시 이들은 4개월 전인 2019년 7월에도 인사혁신처에 임금 차별 해소 의견서를 전달한 바 있었으나, 이 역시 묵살되었다.

2018년, 전교조가 기간제 교사들의 권리에 관한 실태를 파악하기 위하여 전국의 유치원 및 초중고교 기간제 교사들을 대상으로 조사를 진행하였다. 조사 결과에 따르면, 학교 내에서 차별을 경험한 기간제

(출처: 교육희망)

교사는 전체에 74.8%에 달하였다. 부당한 경험의 유형으로는 '기피 업무 담당 요구(75.9%)'가 가장 많았고, '각종 위원회 피선출 및 선출권 박탈(59.3%)', '방학·연휴 등을 전후한 쪼개기 계약(37%)', '정규직 교사와 달리 방학 중 근무 기간 차별(23.0%)', '계약 기간 만료 전 계약 해지(17.4%)' 등이 뒤를 이었다. 또 기간제 교사들은 처우 개선에 있어 가장 시급한 사안으로 '고용 안정(58.4%)'을 꼽았다. 이어 성과급, 호봉 승급, 정근 수당, 복지 포인트 등 '보수 차별 해소(39.5%)'가 시급한 것으로 조사되었으며, '정규직화(34.8%)', '쪼개기 계약 금지(32.6%)', '직무 연수 및 1급 정교사 자격 연수 등 허용(21.0%)', '기피 업무 배치 문제(18.5%)', '연가·병가 등 휴가 규정 차별 해소 및 교육 경력 누적 적용(15.0%)' 등을 해결 과제로 꼽았다.

실제로 기간제 교사인 K씨는 "교직원 회의시간 또는 인사자문위원회, 학교운영위원회, 다면평가위원회 등 중요한 의사 결정을 하는 위원회에서 기간제 교사라는 이유만으로 선출될 수도, 선출할 수도 없어요."라며, "같은 교직원으로서 상당히 자존심이 상하죠."라고 하소연하였다. 문제는 기간제 교사의 절반이 5년 이상의 고경력 교사라는 사실이다. 또 지속적이면서도 상시적으로 근무하는 기간제 교사에게 가장 큰 고충으로 다가오는 것은 매년 기간제 교사 자리를 찾아다녀야 한다는 것이다. 현실적인 재계약에 대한 불안감이 상존할 수밖에 없기 때문이다. 이러한 기간제 교사의 고용 불안은 고스란히 학생과 학부모에게 전달될 수밖에 없다.

기간제 교사는 채용이 확정되면 계약서를 작성하게 된다. 계약서에는 '보수와 관련된 사항은 「공무원 보수규정」 및 「공무원 수당 등에 관한 규정」을 준용하되, 성과상여금과 관련된 사항은 별도로 정한다. 그 외 본인의 사유(계약 기간 중 퇴직, 발령, 사망 등)로 중도에 계약을 해지하여 계약서상의 계약 종료일까지 근무하지 않은 경우에는 성과상여금을 지급하지 아니한다'라고 명시되어 있다. 통상 기간제 교사의 성과상여금은 동일 학교에서 2개월 이상 일한 자를 대상으로 근무 기간에 비례하여 지급한다. 2013년도부터 지급 기준을 마련한 이유 역시, 성과상여금의 차별 해소와 처우 개선이 목적이다. 따라서 기간제 교사의 성과상여금도 차등 지급률은 50~100%이며, 평가 등급에 따라 3등급(S, A, B)으로 구분하고 동일 학교 내에서 상대평가로 실시하게 되어 있다. 성과평가 방법 역시 정규직 교사의 평가 방법과 동일하게 정성평가 20%, 정량평가 80% 비율로 반영하여 평가하도록 되어 있다. 그러나 이러한 지급 기준이 있음에도 불구하고, 기간제 교사는 정규직 교사만큼의 성과상여금을 받을 수 없다. 기간제 교사가 받는 성과급은 정교사가 받는 성과급과 그 금액이 다르다. A등급의 기준 금액이 다르기 때문이다. 정교사는 26호봉에 해당하는 본봉이 A등급의 기준 금액이 되지만, 기간제 교사는 15호봉에 해당하는 본봉이 A등급의 기준 금액이 되기 때문이다. 성과상여금에 대한 이의 제기는 7일 이상의 기간이 주어지며, 그 기간 동안 재심사를 요구할 수 있지만, 실질적으로 이의를 제기하는 기간제 교사는 전무하다. 이처럼 차별과 채용·고용 불안 등으로 어려움을 호소하는 기간제 교사는 퇴직금, 연가, 수당, 호봉 승급, 복지 포인트 등에서도 정규직 교사에 비하여 불리하다.

정규직 교사는 재직 기간에 따라 연가 일수가 늘어나지만, 기간제 교사는 계약 갱신에 의해 정규직 교사와 동일한 기간만큼을 근무하여도 연가 일수가 늘어나지 않는다. 또 교육 공무원이 지급받는 정근 수당도 월봉급액의 5~50%까지 지급되지만, 기간제 교사는 동일 학교에서 오랫동안 근무하기 힘든 여건으로 인하여 1년 미만은 미지급, 2년 미만은 월봉급액의 5%만을 받게 된다. 퇴직금에서도 정규직 교사와의 차이가 뚜렷하다. 기간제 교사에게도 퇴직금이 지급은 되지만, 근무한 기간이 1년 이상인 경우에만 받을 수 있으며, 단 1일이라도 부족하면 지급받지 못하게 된다. 이렇듯 기간제 교사는 성과상여금, 연가, 정근 수당, 퇴직금 등에서도 열악한 지급 기준으로 인한 차별과 고통을 감내하여야만 한다.

기간제 교사는 정규직 교사가 휴직, 연수, 파견, 출산 휴가 등으로 직무를 이탈하는 경우 해당 업무를 보충하기 위해 임용하는 교원이다. 그렇기에 일정한 계약 기간 동안 비정규직으로 근무한다. 그러나 업무 분장의 강도는 정규직 교사와 동일하거나 오히려 과중한 업무를 부여받는다. 또 필요에 따라 동일 학교에서 4년까지 근무할 수 있지만, 실제 계약 기간은 몇 개월에서 1년 단위로 고용 기간도 짧고 불안정하다. 그럼에도 불구하고 기간제 교사의 교육적 역할은 날이 지날수록 증대되고 있으며, 이에 따라 신규 임용을 앞둔 정규직 교사의 빈자리를 채우기 위해 기간제 교사를 쓰는 것이라는 비판 역시 지속되고 있다. 이처럼 매년 되풀이되는 기간제 교사의 고용 불안과 더불어 처우를 개선하여야 한다는 목소리가 높아지고 있다. 그러나 어째서인지 교육부와 교육청에서는 유보적인 태도를 보이고 있다. 기간제 교사의 대한 전권(全權)을 해당 학교장에게 위임한 사실만으로도 책임 회피성으로 보일 수 있는 대목이다.

불과 몇 년 전까지만 해도 기간제 교사는 호봉 승급 시기의 제한, 1급 정교사 자격 연수 대상 제외 등의 차별을 경험하였다. 이와 관련하여 법원은 2014년 교육부가 기간제 교사의 정교사 1급 자격증 발급을 거부한 사건에 대하여 위법한 판결이라며 상고를 기각하고 기간제 교사들의 손을 들어주었다. 하지만 그럼에도 불구하고 현행법상 기간제 교사가 정규직 교사로 채용될 수 있는 방법은 없다. 본래 모든 기간제 근로자는 2년 이상 근무할 경우 「기간제법」에 따라 무기 근로 계약을 체결하지만, 기간제 교사만은 예외로 두고 있기 때문이다.

많은 기간제 교사들이 정규직 교사와 동일한 처우 개선을 바라는 것은 아니다. 그저 고용 불안으로부터 벗어날 수 있는 안정된 고용을 원한다. 미래가 불확실한 기간제 교사의 마음은 학생과 학부모에게도 고스란히 전달된다. 그렇기 때문에 교육부와 교육청은 기간제 교사가

학교 안에서 노동에 대한 평등을 보장받을 수 있도록 노력하여야 한
다. 더욱이 교육에서는 차별이 존재해서는 안 된다. 따라서 기간제 교
사의 어려움을 해소할 수 있도록 교육부와 교육청이 주도하여 채용
시스템을 재구축할 필요가 있으며, 시도교육청 계약제 운영지침에 부
당한 경험의 유형과 관련하여 정규직 교사와 차별 금지를 명시할 필
요가 있다. 언제까지 단위 학교에 비정규직 기간제 교사들에 대한 책
임을 미룰 수는 없다.

참여율 뚝뚝, 형식적 '교원평가'
언제까지 할 것인가?

2019년 10월, 일산 킨텍스에서 열린 '한-OECD 국제교육컨퍼런스'에서 "2030년을 향한 한국교육 '학생 성공'을 다시 정의하다"를 주제로 하는 기조연설에 나선 안드레아스 슐라이허(Andreas Schleicher) OECD 교육국장은 한국의 교사는 미래 학생 성공에 있어 가장 큰 자산이라며 금전적인 측면뿐만 아니라 전문적인 측면에서도 가르치는 일은 더 매력적인 직업이 되도록 해야 한다고 강조하였다. 이처럼 한국 교사들의 학문적 전문성과 잠재적 업무 능력을 높이 평가한 OECD 교육국장은 교육의 변화를 위해 교사의 자기 주체성을 장려하고 자율권을 확대해야 한다고 밝혔다. 그러나 교육부와 교육청은 교원의 90%가 반대하는 '교원능력개발평가'를 꾸준히 실시하여 교사들의 불만을 가중시키고 있다.

교사의 능력을 개발하고 전문성을 높인다는 취지로 시행한 '교원 능력개발평가'가 시행 10년째를 맞이하고 있지만, 여전히 교육 현장에 정착하지 못하고 방황하면서 실효성에 의문이 제기되고 있다. 매년 형식적인 수준에 그치면서 학부모들의 참여율은 점점 더 낮아지고 있으며, 부적격 교사 퇴출 등을 위한 평가의 오류 가능성, 다양한 교원의 역량평가 불능 등이 한계로 지적되고 있다.

교원의 전문성 신장을 지원해 공교육의 신뢰 제고 및 학교 교육의 질적 향상을 도모하기 위한 교원능력개발평가는 '동료교원평가, 학생·학부모 만족도 조사'를 포함하여 매년 9월부터 11월 말까지 실시된다. 그리고 평가 결과에 따라 해당 교사는 별도의 연수를 받아야 할 처지에 놓인다.

2018년 10월, 국회 교육위원회 소속 박찬대 의원이 교육부로부터 제출받은 '최근 3년 교원능력개발평가 참여율'에 따르면, 2017년 교원능력개발평가에 참여한 유치원 원아를 둔 학부모들의 참여율은 60.65%로 꽤 높은 참여율을 보였다. 그러나 자녀들의 학년이 올라갈수록 초등생 학부모는 41.27%, 중학생 학부모는 30.68%, 고교생 학부모는 20.05%로 대폭 하락하는 것을 알 수 있었다. 전체 학부모 만족도 조사에서도 2015년 50%였던 참여율이 2016년에는 43.56%, 2017년에는 32.63%로 대폭 하락하였으며, 2017년 한 교원 단체가

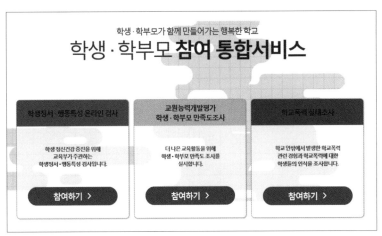

(출처: 경기도교육청)

1만 6,299명의 교사를 대상으로 실시한 '교원능력개발평가 존폐 관련 설문 조사'에서 응답자의 90%가 폐지를 희망하였다.

교원능력개발평가는 대통령령 제28780호(2018.4.3.) 「교원 등의 연수에 관한 규정」 제18조와 교육부훈령 제217호(2017.5.19.) 「교원능력개발평가 실시에 관한 훈령」에 근거하여 추진된다. 그리고 이렇게 추진되는 교원능력개발평가는 지방 교육 자치권 강화 및 학교 자율권 최대 보장, 학부모의 자율적 참여 유도, 학교 실무 담당자의 업무 경감을 위한 온라인 참여방식 전면 실시, NEIS 연계 온라인평가 실시를 통한 학생 및 학부모의 익명성 보장과 평가의 객관성·공정성 확보 등을 표방(標榜)하고 있다. 또 종이 설문지 방식에서 온라인 방식인 '에듀로(학생/학부모 참여 통합 서비스)'로 전환되면서, 일선 학교에서는 평가 기간을 지정하여 동료 교원평가, 학생 만족도 조사, 학부모 만족도 조사를 실시하고 있다.

매년 교원능력평가를 앞두고 일선 학교에서는 교육부가 제작한 홍보 플래시와 리플릿, 도교육청이 제작한 리플릿, 학교에서 제작한 가정통신문으로 학부모에게 자녀의 학교생활에 대한 만족도 조사를 독려하고 있다. 그러나 학부모의 관심 부족 및 소통 부재로 공정하고 객관적인 평가가 이루어져야 할 교원능력개발평가가 의심받을 처지에 놓였다. 특히 학부모의 참여율 저조로 인하여 평가 결과의 신뢰도가 낮아져 일부 교원들의 맞춤형 연수 대상자 선정 시 불이익이 예상된다. 이러한 상황을 해결하고자 교육부와 교육청에서는 '교육 정보 시스템 활용', '학생에 대한 사전 연수·홍보 의무적 실시', '평가 관리자가 직접 평가 실시', '교사의 교육 활동 소개 자료 의무적 탑재' 등 평가 방법을 개선하여 학생 및 학부모들의 참여를 독려하고 있다.

만족도 조사에서 참여율이 높을수록 결과에 대한 신뢰도가 높아지는 것은 당연하다. 하지만 그동안의 평가에서도 누차 지적되어 온 학부모 만족도 조사의 참여율 저조는 곧 만족도 조사에 편향된 점수로 반영이 되어 '교원의 사기 저하', '불신' 등을 초래한다. 이와 비슷한 동료 교원 만족도 조사 역시 온정주의와 감정적인 평가 자세로 공정한 평가인지를 의심받고 있다. 평가 기간이 다가올수록 교원 간의 몸을 사리는 언행을 하며, 보이지 않게 '매우 만족' 체크를 만들어 내는 뿌리 깊은 온정주의를 만들고 있기 때문이다. 반대로 평상시 감정적으로 대립을 보인 교사들의 경우는 감정에 치우친 평가로 인하여 서로를 곤란에 빠트리기도 한다.

　　교육감·학교장은 평가 결과(평가 문항별 환산표, 개인별 합산표)를 가지고 교사들에게 개별적으로 통보한다. 이때 맞춤형 능력 개발 지원 계획에 따라 만족도 조사 결과가 저조한 교사는 원격 및 집합 직무 연수 대상자가 되어 맞춤형 연수를 강제로 받아야 한다. 일반 교사는 평가 지표별 자율 연수 15시간, 지원 필요 교사는 능력 향상 연수를 면목으로 단기 60시간, 장기 기본 150시간, 장기 심화 6개월을 받게 되며, 단위 학교는 교사별 맞춤형 연수 지원 방안을 마련하여야 한다. 반면 우수 교사에 대해서는 학습연구년[2](學習研究年) 특별 연수를 부여하도록 교육부 훈령 제217호에 명기되어 있지만, 예산이 없다는 이유로 우수 교사에 대한 교육청의 배려를 기대하기는 어렵다.

◆ 교육부 훈령 제217호 [별표 3]

대상	연수명	연수 기간
우수교원	학습연구년 특별연수	1년
일반교원	평가지표별 직무연수	15시간 이상
지원필요교원	단기 능력향상연수	60시간 이상
	장기 기본 능력향상연수	150시간 이상
	장기 심화 능력향상연수	6개월 이상

(출처: 국가법령정보센터)

---

2 초중고교에서 선발된 교원들에게 대학이나 민간 연구 기관 따위에서 연구 활동을 할 수 있는 기회를 주는 기간.

◆ 교육부 훈령 제217호 [별표 4]

구분	교장·교감	수석교사·교사
단기	① 동료교원평가 2.5 미만 ② 학부모 만족도 조사 2.5 미만	① 동료교원평가 2.5 미만 또는 중·고등학생 만족도 조사 2.5 미만(초등은 학부모 만족도 조사 2.5미만) ② 중·고등학생 만족도 조사 양극단값 5%(총 10%) 제외하고 결과 활용(단, 참여 인원이 20인 이상인 경우)
장기 기본	능력향상연수 연속 2회 지명자	능력향상연수 연속 2회 지명자
장기 심화	능력향상연수 연속 3회 지명자	능력향상연수 연속 3회 지명자

(출처: 국가법령정보센터)

　　교육부와 교육청은 교육능력개발평가를 폐지하여야 한다. 일부 언론과 인터뷰를 한 교육부 담당자는 "그동안 계속 이어져 온 평가를 어떻게 폐지할 수 있냐?"라는 궁색한 변명을 하지만, 90% 이상의 교사가 폐지를 희망하고, 매년 저조한 학부모들의 참여율은 만족도 조사의 존재 이유가 없다는 것을 설명하고 있는 부분이다. 따라서 교육부와 교육청에서는 참여율 저조로 신뢰도에 위협을 받는 평가, 주관적이면서 참여율에 좌우되는 평가, 학생 및 학부모의 욕설이 난무하는 만족도 조사가 과연 교육적으로 올바른 정책인지, 그리고 이러한 평가가 과연 누구를 위한 평가인지를 깊이 고민해 볼 필요가 있다.

교사들을 위한 업무용 휴대폰 지급,
교사들 심정 먼저 헤아려야…

　　2018년 6월, 한국교원단체총연합회(이하 '교총'이라 함)에서 초중고교 교사 1,800여 명을 대상으로 '휴대전화로 인한 교권 침해 설문 조사'를 진행하였다. 조사 결과, 교사의 96%가 '개인 휴대전화 번호를 공개하고 있다'고 하였으며, 실제로 '학생 및 학부모에게 전화, 문자 등을 받은 적이 있다'라고 응답하였다. 또 교총이 지난 2019년 5월, 현직교사 5,493명을 대상으로 실시한 '교원 인식 설문 조사'에 따르면, '교직 생활 중 가장 큰 어려움은 무엇인가?'에 대한 응답(복수 선택 가능)에 '학부모 민원 및 관계 유지(55.5%)', '문제 행동 및 부적응 학생 등 생활지도(48.8%)', '교육계를 매도 및 불신하는 여론과 시선(36.4%)', '교육과 무관하고 과중한 잡무(32.0%)' 등이 나타났다.

근무 시간 외에 걸려오는 전화로 몸살을 앓고 있는 교사들을 위해 일부 교육청에서는 '업무용 휴대전화 지급' 또는 '투넘버 번호 서비스 시행'을 준비하고 있으며, 경기도교육청은 교사의 개인 휴대전화 번호 공개 제한을 권고하는 공문을 보냈다. 교사의 교육 활동 침해에 적극적으로 대처하겠다는 방침이다.

이처럼 교사의 휴대전화 번호 공개에 대한 논란이 증폭된 계기는 무엇일까? 많은 계기가 있겠지만, 밤낮을 가리지 않고 전화나 문자를 하는 일부 학부모와 학생들 때문일 것이다. 그러나 모든 교사가 개인 휴대전화 번호 공개에 따른 피해를 호소하는 것은 아니기에, 일부 소수 학부모 및 학생들로 인한 교사의 교육 활동 침해에 대한 대책을 강구하는 것이 중요하다. 교육청은 교사의 개인 휴대전화 번호 공개 제한을 권고하는 이유로 '교사 사생활 침해 방지', '공개 부작용 예방', '모바일 상품권으로 인한 부정 청탁 우려' 등을 꼽았다. 그렇다고 굳이 개인 휴대전화 번호를 공개하고자 하는 교사에게까지 강제할 의도는 아닌 것으로 판단된다. 일부 교사들 중에는 개인 휴대전화 번호 공개를 넘어 메신저, 밴드, 유튜브 채널을 운영하며 학부모들과 왕성한 소통 활동을 하고 있는 교사도 있기 때문이다. 이렇듯 적극적으로 학부모 및 학생들과 소통하는 교사는 번호 공개에 대해 큰 타격을 받지 않는다. 그러므로 교사 개인의 휴대전화 번호 공개는 지금처럼 교사 스스로에게 맡겨야 한다. 교육청에서 제한하거나 권고할 수는 있지만, 학부모와 학생들과의 소통은 교사에게 있어 꼭 필요한 활동이기 때문이다.

학부모와 학생들은 왜 근무 시간이 끝난 교사에게 전화나 문자를 하는 것일까? 교총이 조사한 바에 따르면, 상담, 단순 질의, 민원성 질의, 교육 활동과 무관한 사항 등에 대한 문의를 하는 경우가 많다고 한다. 이와 관련하여 경기도에서 근무하는 S교사는 "일과 이후 걸려오는 학부모나 학생들의 전화나 문자 내용 중, 촌각을 다투는 내용은 거의 없어요."라며 "급한 경우에는 학교 대표 전화나 문자 등을 활용해 주었으면 좋겠어요."라고 말하였다. 그러나 이런 교사들의 생각과는 반대로 일부 학부모는 "교사의 수업 시간에 혹시라도 방해할 우려가 있기 때문에 일과가 끝나고 전화를 하게 되는 건데, 사실 이것 역시 망설여지게 돼요."라고 말한다. 그렇다면 이러한 상황들을 해결할 수 있을만한 합리적인 소통 방법에는 어떤 것들이 있을까? 여기서 가장 중요한 점은 학부모와 학생들이 필요로 하는 부분을 교사의 근무 시간에 해결할 수 있도록 해야 하는 것이다. 그러기 위해서는 우선 근무 시간 외에 교사 휴대전화 번호 미공개 정책과 관련된 대안 마련이 필요하다.

대안에는 여러 개의 방법이 있다. 학교 대표 전화로 전화를 걸어 방문 상담을 예약하거나 교사에게 물어보고 싶은, 혹은 알려야 할 사항을 전달할 수 있도록 하는 것이다. 또 교사의 이메일을 통하여 상담을 진행하는 방법도 있다. 물론 근무 시간 외에 학부모나 학생에게 긴급을 요하는 경우가 발생하기도 한다. 이때를 대비해서 학교는 비상연락망 운영체계를 구축해 놓아야 한다. 전화나 문자가 가능한 학교별 대표 콜센터가 마련되어야 하는 것이다. 일부 교육청에서 시행 예정인 '업무용 휴대전화 지급'이나 '투넘버(two number) 서비스'는 과도한 예산이 투입되는 '세금 낭비'라는 빈축을 살 수 있기에, 전화나 문자가 가능한 학교별 대표 콜센터가 마련되는 것이 더욱 효율적이다.

'빈대 잡으려다 초가삼간 태운다'라는 속담이 있다. 일부 소수 학부모와 학생은 자신들의 밤낮을 가리지 않는 전화나 문자로 인하여 고통받는 교사들의 심정을 헤아리는 것이 중요하다.

교사들은 업무용 휴대전화 지급이나 투넘버 번호 서비스를 원하는 것이 아니다. 학부모와 학생들이 교사를 인격체로 존중해주고, 상호 소통하는 신뢰를 바탕으로 따뜻한 교육 주체로서의 관계를 원한다. 즉 교사를 바라보는 학부모와 학생의 인식 개선이 먼저되어야 한다는 것이다. 또 단위 학교는 교육의 주체인 교직원, 학생, 학부모 등과 함께 대토론회 등을 진행하여 '교육 공동체 생활 협약'을 마련하고, 학교 홈페이지나 소통 관련 앱 채널을 마련하여 원활한 소통이 이루어질 수 있도록 시스템을 개선해야 한다. 그리고 이번 기회에 교육부, 교육청 등에서도 교사들에게 보내는 공문을 통해 각종 개인 정보 등을 수집하는 것도 지양되어야 한다.

「교원지위법」시행, 교권 침해 및 예방 조치가 우선 되어야 한다

그동안 교사는 학생에 의한 교권 침해를 당해도 '학생이라 그럴 수도 있지.', '학생의 장래를 위해서 경미한 처벌 수준에서 처리해주세요.' 등으로 넘어가는 경우가 많았다. 실제로 교권 침해를 당한 교사들은 가해 학생에게 교내봉사, 사회봉사, 특별 교육 이수 등의 처분만을 내렸다. 또 학부모에 의한 교권 침해 역시 매년 증가하고 있다. 그러나 교사 개인이 감당해야 할 모욕과 명예 훼손에 대한 변변한 지원 대책이 없기에 홀로 견뎌야만 한다.

2019년 10월 8일, 국무회의에서 「교원지위법(교사의 지위 향상 및 교육 활동 보호를 위한 특별법)」이 개정·의결되어 교사의 교권 침해 행위에 대한 규제가 이전보다 대폭 강화되었다. 교사가 오로지 교육 활동에만 전념할 수 있도록 하는 특별법이 시행된 것이다.

2019년 9월, 자유한국당 김한표 의원이 교육부로부터 제출받은 '최근 5년간 교권 침해 현황' 자료에 따르면, 교사들이 학생 및 학부모로부터 상해·폭행, 폭언·욕설, 성희롱 등 교권 침해를 당한 횟수는 1만 5,103건에 달하는 것으로 확인되었다. 학생에 의한 교권 침해는 2014년 3,946건에서 2018년 2,244건으로 줄었으나 상해와 폭행의 경우 86건에서 165건으로, 성희롱은 80건에서 164건으로 각각 2배 가까이 폭증하였다. 반면 폭언·폭설·명예 훼손 등은 2,531건에서 1,309건으로, 수업 및 공무 방해는 822건에서 332건으로 줄어든 것을 확인할 수 있었다. 학부모에 의한 교권 침해는 2014년 63건에서 2018년 210건으로 3배 가까이 폭증하였다. 그중 '모욕과 명예 훼손(39%)'으로 인한 교권 침해가 가장 많았고, '정당한 교육 활동을 반복적으로 부당하게 간섭하는 행위(16.7%)', '공무 및 업무 방해(15.7%)'가 뒤를 이었다.

교권을 침해한 학생에 대한 조치로는 '특별 교육 이수를 비롯한 학교·사회봉사 7,667건(52.9%)'이 가장 많은 비율을 차지하였고, '출석 정지 4,418건(30.5%)', '퇴학 562건(3.9%)', '기타(전학, 상담, 반성문, 미조치 등) 1,858건(12.8%)'으로 나타났다. 피해 교사에 대한 조치로는 전체 6,340건 중 '전보(轉補) 및 학급 교체 3,097건(48.8%)'이 가장 많았고, '병가 1,125건(17.7%)', '연가 43건(0.7%)', '휴직 34건(0.5%)'이 그 뒤를 이었다. 이처럼 가해 학생과 학부모 대신 피해 교사가 해당 학교를 떠나거나,

학급 교체, 병가 등으로 정상적인 교육 활동을 보장받지 못하고 있다.

2019년 5월, 자유한국당 이종배 의원이 교육부로부터 제출받은 '교권 침해 현황' 자료에 따르면, 학생에 의한 교사 성폭력 피해는 2013년 62건에서 2018년 164건으로 3배 가까이 증가하였으며, 학생으로부터 '매 맞는 교사' 역시 2013년 71건에서 2018년 165건으로 2배 이상 증가하였다.

교원의 지위 향상 및 교육활동 보호를 위한 특별법 (약칭: 교원지위법)
[시행 2021. 9. 24] [법률 제17952호, 2021. 3. 2., 일부개정]

제1조(목적)
이 법은 교원에 대한 예우와 처우를 개선하고 신분보장과 교육활동에 대한 보호를 강화함으로써 교원의 지위를 향상시키고 교육 발전을 도모하는 것을 목적으로 한다. 〈개정 2016. 2. 3.〉

[전문개정 2008. 3. 14.]

제2조(교원에 대한 예우)
① 국가, 지방자치단체, 그 밖의 공공단체는 교원이 사회적으로 존경받고 높은 긍지와 사명감을 가지고 교육활동을 할 수 있는 여건을 조성하도록 노력하여야 한다.
② 국가, 지방자치단체, 그 밖의 공공단체는 교원이 학생에 대한 교육과 지도를 할 때 그 권위를 존중받을 수 있도록 특별히 배려하여야 한다.
③ 국가, 지방자치단체, 그 밖의 공공단체는 그가 주관하는 행사 등에서 교원을 우대하여야 한다. 〈개정 2016. 2. 3.〉
④ 제1항부터 제3항까지에서 규정한 사항 외에 교원에 대한 예우에 필요한 사항은 대통령령으로 정한다. 〈신설 2016. 2. 3〉

[전문개정 2008. 3. 14.]

제3조(교원 보수의 우대)

① 국가와 지방자치단체는 교원의 보수를 특별히 우대하여야 한다.

② 「사립학교법」 제2조에 따른 학교법인과 사립학교 경영자는 그가 설치·경영하는 학교 교원의 보수를 국공립학교 교원의 보수 수준으로 유지하여야 한다.

[전문개정 2008. 3. 14.]

제4조(교원의 불체포특권)

교원은 현행법인인 경우 외에는 소속 학교의 장의 동의 없이 학원 안에서 체포되지 아니한다.

[전문개정 2008. 3. 14.]

개정된 「교원지위법」은 교사에 대한 예우와 처우를 개선하고 신분 보장과 교육 활동에 대한 보호를 강화함으로써 교사의 지위를 향상시키고 교육 발전을 도모하는 것을 목적으로 한다. 특히 '제14조의2(법률지원단의 구성 및 운영)'가 신설되어 학교 폭력이나 분쟁이 발생한 경우 해당 교사는 변호사 등 법률 전문가가 포함된 법률지원단으로부터 법률 상담을 제공받을 수 있게 되었다. 또 '제14조의3(특별휴가)'이 신설되어 교권 침해 시 특별 휴가를 사용할 수 있게 되었으며, '제15조(교육 활동 침해 행위에 대한 조치)' 역시 개정 및 신설되어 교육 활동을 하다가 피해를 입은 교사의 치유와 교권 회복에 필요한 조치를 받을 수 있게 되었다. 여기서 교사가 받을 수 있는 보호 조치는 '심리 상담 및 조언', '치료 및 치료를 위한 요양', '그 밖에 치유와 교권 회복에 필요한 모든 조치'를 말한다. 한편, 피해를 입은 교사가 관할청에 보호 조치 결과를 보고하면, 관할청은 교권 침해 행위가 관계 법률상 형사 처벌 규정에 해당하는지를 판단한다. 이때 교권 침해 행위가 처벌 규정에 해당한다고 판단하면, 곧바로 관할 수사 기관에 고발하여야 한다. 무엇보다 피해를 입은 교사의 보호 조치에 필요한 비용은 관할청이 선부담하고, 교권 침해 학생의 보호자에게 구상권을 청구할 수 있게 된 것은 매우 잘된 일이다. 그동안 교권 침해를 당한 교사들은 누구의 도움도 받지 못하고 혼자서 교권 침해 사안보고서를 만들었으며, 소송에 필요한 모든 비용 역시 개인이 부담하였기 때문이다.

또 '제16조(교육 활동 침해 행위의 축소·은폐 금지 등)'에 따라 각급 학교의 장은 교권 침해 내용에 대한 축소나 은폐가 금지되며, 관할청은 보고받은 자료를 해당 학교나 학교장에 대한 업무 평가 등 부정적으로 사용하는 것이 원천 금지되었다. 무엇보다 관할청은 교육 활동 침해 행위에 대한 실태 조사를 진행해야 하며, 각급 학교장은 교직원, 학생, 학생의 보호자를 대상으로 '교육활동 침해행위 예방교육'을 매년 1회 이상 실시해야 한다. 위 조항은 참으로 다행스러운 조항이 아닐 수 없다. 그동안 수많은 피해 교원들이 해당 학교에 조금이라도 피해가 가는 사항에 대해서는 관할청에 보고하지 못하고 망설이는 경우가 많았기 때문이다. 마지막으로 전학이나 퇴학 조치는 가해 학생에 대한 '학교교권보호위원회'가 2회 이상 개최된 경우에만 가능하였지만, '제18조(교육 활동 침해 학생에 대한 조치 등)'에 따라 학생이 교사를 대상으로 형법상 상해·폭행죄, 성폭력 범죄를 단 1회만 저지르게 되어도 강제 전학이나 퇴학이 가능해졌다. 따라서 학교봉사, 사회봉사, 특별 교육 이수 또는 심리 치료, 출석 정지, 학급 교체, 전학, 퇴학 등 7가지의 처분 조치가 내려질 수 있게 된 것이다.

그동안은 교사가 학생을 폭행하면 큰 일이 발생하였지만, 학생이 교사를 폭행하면 '그럴 수도 있지'라는 온정주의로 가벼운 처분을 받고 넘어갔다. 그리고 그것을 말미암아 교사의 교육 활동은 점차 위축되었고, 사기 저하와 함께 교권은 나날이 추락하였다.

학생들의 학습할 권리와 보호자의 학교 교육 활동 참여를 위한 권리는 중요하다. 그리고 교사가 온전하게 교육 활동에 전념할 수 있는 교권 역시 매우 중요하다. 그러므로 교육계에서는 「교원지위법」이 현장에 안착되어 뿌리내릴 수 있도록 많은 노력을 기울여야 한다. 또 교권 침해 행위가 발생할 때마다 법에서 보장하는 잣대로만 학생과 학부모를 대해서는 안 된다. 이제는 교권 침해를 예방하기 위한 조치가 선행되어야한다. 그래야만 평화롭고 행복한 학교가 될 수 있기 때문이다.

실적과 의무 사항으로 바라보는
공개 수업은 지양하자

교사들은 1년에 1~2회 정도의 공개 수업을 진행한다. 학부모들은 이날 공개 수업에 참관하여 수업을 지켜볼 수 있으며, 수업을 진행하는 교사들은 동료 교사들에게 자신의 수업을 공개하여 나눔의 시간(피드백)을 갖는다.

「교원능력개발평가 실시에 관한 훈령(교육부훈령 제217호, 2017.5.19.)」에 따르면, 평가 대상자로 정해진 교사는 교원능력개발평가에 참여하여야 한다. 교사가 참여하는 이 교원능력개발평가 영역의 평가 요소 중에는 '학습 지도' 영역이 있다. 훈령 '제8조(평가영역·요소·지표)'와 관련하여 일반 교사의 경우 수업 준비 과정에는 교과 내용 분석, 수업 계획 수립이, 수업 실행 과정에는 학습 환경 조성, 교사 발문, 교사·학생 상호작용, 학습 자료 및 매체 활용이, 마지막 평가 및 활용 과정에는 평가 내용 및 방법, 평가 결과의 활용이 평가(조사)지표로 반영된다. 이처럼 제8조의 내용을 보아 동료 교사의 수업을 관찰하지 않고서는 평가하기가 곤란한 부분이 있다는 것을 알 수 있다. 그렇다고 동료 교사의 수업을 의무적으로 관찰하고 피드백해야 하는 것은 아니다. 명문화된 규정이나 지침은 없으며, 법적으로도 의무화되었다고 주장하기 힘든 실정이다. 하지만 교육청은 훈령을 토대로 공개 수업이 필요하다고 주장하고 있다.

2018년, '공개 수업·나눔 운영 실태 분석'을 위한 온라인 설문 조사 (2018.8.23.~9.3)가 진행되었다. 조사 결과, 공개 수업·나눔에 적극적으로 참여하는 교사는 전체의 59.2%였으며, 형식적으로 참여하는 교사는 39.9%인 것을 확인할 수 있었다. 교사가 공개 수업·나눔 활동에 소극적 또는 참여하지 않는 이유로는 자신의 수업을 공개하는 것에 대한 심적 부담감 및 거부감(46.2%)이 가장 컸으며, 공개 수업·나눔 활동에 참여할 시간이 없음(38.5%), 공개 수업·나눔 활동의 필요성을 느끼지 못함(15.4%)이 그 뒤를 이었다. 또 공개 수업과 나눔의 시간이 교직 경력과는 관계없이 부담스럽지만 필요하며, 필요하지만 제대로 참여하기가 어렵다는 것이 교사들의 공통된 의견이었다. 이렇듯 교사의 공개 수업과 나눔의 시간 자체만으로는 전문성을 끌어낼 수 없다. 수업을 공개하고 동료 교사들이 참관하면서 수업에 대해 심도 있는 고민을 나눌 수 있는 과정 속에서 배움이라는 전문성이 발현되기 때문이다. 그렇다면 교사들이 공개 수업과 나눔의 시간을 반기지 않는 이유는 무엇일까? 평상시 학생들을 대상으로 수업을 진행하는 교사들은 수업이 진행되는 그 시간과 영역을 누구의 간섭도 받지 않는 사적인 영역으로 생각하고 있다.

교육학에서는 교사의 행동 변화를 통하여 학습을 개선시키는 것을 '수업장학'이라고 말하며, 이를 통하여 학생들의 학습을 촉진시키는 것이라고 설명한다. 수업장학의 대상에는 특정한 교사가 아닌 모든 교사가 해당된다. 또 수업장학의 한 종류인 '동료장학'은 교사들 사이에서 교육 활동의 개선을 위하여 서로 장학하는 것을 말하며, 통상 수업 방법을 연구하고 개선하는 활동을 한다. 이 동료장학은 다른 장학에 비해 자율성이 크고 협동성을 기초로 하며, 강제적인 것이 아니기 때문에 융통성 있게 운영된다.

경기도 P고등학교에서 근무하는 K교사는 "1년에 2번 공개 수업을 진행하는데, 공개 수업을 위해 날짜를 잡고, 지도안과 활동지, 파워포인트(PPT) 등을 만드는 데 너무 많은 시간이 소요돼요. 또 공개 수업 후 협의회 등의 나눔의 시간에서 격려와 칭찬보다는 단점을 지적하는 경우가 많아 기운이 빠지죠."라고 말하였다.

이처럼 동료장학의 형태인 공개 수업과 나눔의 시간은 대부분의 학교에서 실시되고 있지만, 반기는 교사는 별로 없다. 이는 교사들의 개별적인 특성을 고려하지 못하고, 동료성과 자발성을 충분히 이끌어 내지 못한 결과이다. 교사는 공개 수업과 나눔의 시간을 통하여 담당 과목에 대한 고민, 본인의 수업을 변화시킬 수 있는 좋은 경험 등을 얻기 원한다. 이러한 정보 등을 얻을 수 있다면, 많은 교사들이 적극적으로 공개 수업과 나눔의 시간에 참여할 것이다.

이를 위해 학교에서는 교사들의 공개 수업과 나눔의 시간 확보 및 인식 변화와 교사의 수업 전문성 신장 연수 및 예산 지원이 필요하며, 교육청은 보여주기식 공개 수업 및 실적 제출을 지양하고 수업에 집중할 수 있는 여건을 조성해 주는 것이 중요하다. 무엇보다 공개 수업과 나눔의 시간에 형식적으로 참여하는 교사들을 적극적으로 참여시키기 위해서는 인식 변화, 다양하고 참신한 공개 수업 및 나눔 방법 모색, 자율적인 수업 공개, 교사 수업 시수 감축, 시간 확보와 예산 지원 등이 선행되어야 한다.

교육의 질은 교사의 질을 넘어설 수 없으며, 교사는 수업으로 말해야 한다. 그러기 위해서는 동료 교사들의 자발적인 참여로 진행되는 공개 수업과 나눔의 시간이 적극 장려되어야 한다. 교사의 내적 경험인 효능감과 성장은 의무적으로 강요하고 강제하는 것이 아니기 때문이다.

모든 학생이 성공하는 평가?
과정중심평가!

1997년 OECD에서 인간의 역량 기준을 파악하는 프로그램으로 'DESECO(Defining and Selecting Key Competencies) 프로젝트'를 소개하였다. 프로젝트의 핵심은 사람이 일생을 살아가는 데 필수적으로 갖추어야 하는 핵심 역량과 그 요인을 분석한 것이다. DESECO 프로젝트의 3가지 핵심 역량에는 '지적 도구 활용 역량', '사회적 관계 역량', '자율적 행동 역량'이 있다. 이는 한 사람이 어떤 상황에서도 자신의 목적을 설정하고, 그것을 달성하기 위해 적절한 도구를 사용하되, 사회적 관계 속에서의 흐름 역시 활용할 수 있도록 하는 역량들을 말한다.

OECD의 DESECO 프로젝트의 연구 결과로 탄생한 것이 바로

'핵심 역량'이라는 용어이다. 이 용어는 '2015 개정 교육 과정'에서 특히 강조하였던 사항으로, 미래 사회를 살아가는 학생들의 핵심 역량을 키우기 위해서는 무엇보다도 결과가 아닌 과정을 중요시 하는 평가가 이루어져야 한다는 것이 핵심 골자이다. 그동안 한국의 초중고교 교육은 학습의 도구로 사용한 평가를 통해 학생들을 서열화하였고, 학생이 얼마만큼 알고 있는지에 대한 여부를 평가하는 결과 중심의 평가를 지향하였다. 그리고 당연히 교육 과정, 교수·학습(수업), 평가, 기록의 연계도 이루어지지 않았다.

이러한 문제점들을 해결하고, 동시에 핵심 역량을 육성하기 위해 등장한 것이 2015 개정 교육 과정의 '과정중심평가'이다. 정부는 '국정 과제 50: 교실 혁명을 통한 공교육 확산'과 '2015 개정 교육 과정의 국가 수준 지원 근거'를 통해 평가 제도의 단계적인 개선 추진과 함께 학교에서 평가 활동이 원활히 이루어질 수 있도록 다양한 방안을 개발하여 제공하겠다고 발표하였다.

2017년, 한국교육과정평가원이 발표한 연구 자료에 의하면, 과정 중심평가는 학생의 학습을 돕고 교사의 수업을 개선하는 데 사용되며, 학생이 수행 과정에서 어떠한 사고를 하였는지, 또 협업 상황에서 어떠한 역할을 하였는지에 중점을 두고 관찰 및 기록하여 평가 결과를 도출하는 과정을 말한다. 물론 교사는 교육 과정의 성취 기준을 기반으로 교수·학습과 평가 계획을 세우고, 교수·학습 과정에서 자료를 다각도로 수집하여 적절한 피드백을 제공하여야 한다.

교육부와 교육청은 과정중심평가의 조기 정착을 위해 전국의 교사들 중, 희망 교사를 대상으로 교사별 과정중심평가 실습 연수를 추진하였다. 실습 연수를 받은 교사는 자신의 수업과 평가에 이를 적용하였고, 해당 학교에서 동일한 교과목을 맡고 있는 교사에게 전달 연수를 진행하였다. 이처럼 평가의 패러다임의 전환에 따른 새로운 평가 제도의 도입은 언제나 환영이지만, 문제는 교사의 평가 전문성의 확보이다. 교육부와 교육청에서 실습 연수를 추진하여도 하루짜리 또는 짧은 기간에 이루어진 연수를 통하여 교사가 평가 전문성을 확보하였다고는 볼 수 없기 때문이다. 그래서 교사가 자발성과 동료성을 발휘할 수 있도록 충분한 연구 시간과 공간의 확보가 절실한 것이다. 과정중심평가를 시행하여 본 K교사는 "평가 수행 단계별 시간이 오래 걸리지만, 학생들의 수업 과정 속에서 바로 피드백을 해줄 수 있어 학생들의 만족도가 높았어요. 또 상대 평가만으로는 학생들에게 실망감과 패배감을 줄 수밖에 없지만, 해당 수업에서의 성공은 교사가 어떻게 평가해 주느냐에 따라 달라져요."라고 말하였다.

2015 개정 교육 과정의 '과정중심평가'는 학생의 자기 성찰과 성장을 지원하는 평가이다. 과정중심평가가 학생, 학부모, 교사 모두에게 환영을 받고 정착이 되기 위해서는 무엇보다 교사의 평가 전문성 확보가 필수 조건이며, 이를 위해 교사들도 전문적 학습 공동체의 활성화가 필요하다. 그러므로 교육부, 교육청, 단위 학교는 모든 교사가

평가 전문성을 확보할 수 있도록 각종 인프라를 구축하여 교사를 지원해야 하며, 특히 교육부에서는 초중고교 교육이 교육 정책의 잦은 변경으로 매몰되지 않도록 각별히 신경을 써야 한다. 또 평가는 형평성에 맞게 공정한 경쟁을 할 수 있는 과정을 교육으로 담아야 되며, 학생의 장점을 표현할 수 있어야 한다. 현장에서 실천하는 교사는 모든 학생이 성공하는 평가를 꿈꾼다. 결과 위주의 평가보다 학습 과정 속에서의 잔잔한 피드백이 가미된 평가가 학생을 성장시킬 수 있다. 그러기 위해서는 우선 교사의 행정 업무 감축, 수업과 생활 지도 및 상담에 전념할 수 있는 교직 문화의 개선이 선행되어야 한다.

만연한 학생부 '복붙' 교사들은 왜 'Ctrl+C', 'Ctrl+V'를 하는가?

2019년 8월 26일, 서울고법 행정5부(배광국 부장판사)는 고교 교사 A씨가 교원소청심사위원회를 상대로 낸 소송에서 1심과 같이 원고 패소 판결을 내렸다. A교사는 여러 학생의 학교생활기록부(이하 '학생부'라 함)에 복사·붙여넣기, 일명 'Ctrl+C, Ctrl+V'를 하여 감봉 징계를 받았으나, 징계 결과가 불공정하다며 재심을 요구한 것이다.

조사 결과, A교사는 학생의 독서 교육 종합 시스템에 '독서 활동 실적'이 등록되지 않은 책의 내용을 토씨 하나 틀리지 않게 복사·붙여넣기 하여 작성한 것으로 확인되었다. 이에 대해 재판부는 고등학교 학생부는 대학 입학 등에서 중요한 평가 자료로 활용되기에 그와 관련된 업무를 수행할 때는 더욱 공정하고 엄격하게 처리해야 한다고 보았다. 또 공교육의 신뢰를 떨어뜨려 교사로서의 성실 의무 등 위반 정도가 가볍지 않다고 판단하여 1심과 같은 판결을 내렸다. 이처럼 정확한 근거 자료도 없이 학생부를 기재한 A교사의 행위는 엄연히 잘못된 행동이다. 하지만 일선 학교 교사들 역시 학생부의 작성·관리에 있어서 작은 토시 하나부터 큰 문장에 이르기까지 복사·붙여넣기를 할 수밖에 없는 여건에 노출되어 있다는 것이 더 큰 문제이다.

학생부는 학교의 장이 학생의 학업 성취도와 인성 등을 종합적으로 관찰·평가하여 학생 지도 및 상급 학교의 학생 선발에 활용할 수 있는 인적·학적 사항, 출결 사항, 자격증 인증 및 취득 사항, 교과 학습 발달 사항, 행동 특성 및 종합 의견 등 교육 목적에 필요한 범위에서 교육부령으로 정한 사항을 작성·관리하도록 되어 있다. 따라서 학생부는 수시에서 가장 기본적이면서도 중요한 자료로 활용된다. 각 대학교의 입학 사정관들은 학생부를 중심으로 자기소개서의 진위를 파

09 학교생활기록부 영역별 입력 가능 최대 글자수

(교육정보시스템, 2021.)

영 역	세부항목	최대 글자수 (한글 기준)	비 고
1. 인적·학적사항	학생 성명	20자	영문 60자
	주소	300자	
	특기사항	500자	
2. 출결상황	특기사항	500자	
3. 수상경력	수상명	100자	
		25자	

(출처: 2021학년도 학교생활 기록부 기재 요령(경기도교육청) 186P 발췌)

악하며, 기재된 기록을 보고 지원자의 역량을 파악하기 때문이다. 이처럼 학생들의 미래에 있어 매우 중요한 학생부에 복사·붙여넣기를 하는 것은 학생들의 미래를 너무나 가볍게 여기는 행위이다. 그러나 수많은 학생들의 학생부를 1명의 교사가 관리 및 작성한다는 것은 사실 쉽지 않은 일이다.

교육부여! 통제는 내려놓고 현실을 반영하라

늘 말도 많고 탈도 많은 것이 학생부가 상급 학교 진학에 있어 결정적인 역할을 한다는 것이다. 학생부는 표준적인 작성 요령이 존재하지만, 학교별·교사별로 기재 격차는 천차만별이다. 오죽했으면 교육부에서 글자 수까지 통제하고 있다. 교육부는 '2022학년도 대학입학제도 개편 방안 및 고교 교육 혁신 방향'을 발표하며, 학생부 종합 전형의 공정성과 투명성을 강화하는 내용을 포함한 2022학년도 대학입학제도 개편 방안을 확정하고, 동시에 '경쟁·입시 중심'의 고교 교육을 '학생 중심'의 교육으로 바꿔나가겠다고 밝혔다. 또 미래 인재를 양성하기 위한 중장기적 고교 교육의 혁신 방향도 함께 제시하였다.

중고교 학생의 경우 초등학생보다 내신에 대해 상당히 민감한 편이다. 따라서 여러 번의 '수행평가', '지필평가', '자·동·봉·진(자율, 동아리, 봉사, 진로) 활동', '자율 동아리', '학교 스포츠 클럽 활동' 등의 기재에 대해 예민하게 반응한다. 이에 따라 교육부는 학생부 기재 개선 사항에 '대입 제공 수상경력 개수 제한(학기당 1개, 총 6개까지 제공)', '자율 동아리 학년당 1개(동아리명, 30자 이내)', '소논문(R&E)의 모든 항목 미기재', '방과 후 활동 미기재', '기재 분량 축소', '교사 연수 강화' 등을 내세우고 있다. 특히 고교 학생부(창의적 체험 활동의 특기 사항, 행동 특성 및 종합 의견)의 경우 글자 수를 기존 '4,000자'에서 '2,200자'(200자 원고지 11매 상당)로 대폭 감소하였다.

이러한 교육부의 개선 사항에는 무엇보다 과도한 경쟁 및 사교육을 유발하는 학생부의 요소와 항목을 정비하고, 정규 교육 과정 중심으로 기록하고자 하는 깊은 의미가 있을 것이다. 그러나 문제는 교사별로 기재 격차가 상당히 크다는 것이다. 교육부는 이 문제를 해결하기 위하여 '대상자별 맞춤형 연수 제공', '학교별 특성을 고려한 기재 요령', '기재 우수 사례', '기재 지원 프로그램 개발' 등 도움을 줄 수 있는 자료를 확대 및 보급하겠다고 밝혔다.

학생이 직접 작성하는 셀프 학생부, 단편 소설 창작은 기본

아직도 일부 학교의 교사들은 학생들에게 일정한 틀(기재 요령, 글자 수가 담긴 한글 파일)을 알려주고, 이에 맞춰 학생부를 작성하라고 한다. 일명 '셀프 학생부'가 탄생하는 것이다. 그렇게 학생과 학부모, 입시

컨설팅 업체 등에서 작성한 셀프 학생부는 이메일, USB 등의 형태로 교사에게 건네진다. 그렇다면 이렇게 건네받은 학생부를 교사가 다시 검토를 할까? 아니다. 교사가 그 많은 학생들의 셀프 학생부를 일일이 검토하는 것은 불가능에 가깝다. 이처럼 일부 학교와 일부 교사의 일탈로 인한 셀프 학생부는 학생이 스스로 창작해서 만들어가는 소설로 변질되고 있다. 그러다 보니 '학생부 종합 전형'에서 큰 비중을 차지하는 학생부의 공정성과 공평성, 정의에 대한 의구심 역시 날이 지날수록 커질 수밖에 없는 것이다. 물론 당국이 나서 대입 제도의 취지를 퇴색시키는 행위를 적극적으로 통제하면 되지만, 건드리면 큰일 나는 역린 같은 제도이기에 학생과 학부모, 그리고 교사들은 고통을 호소할 수밖에 없다.

교사들의 학생부 기재 내용은 그나마 글자 수가 줄어 작성하기 수월하지 않나 싶지만, 한 항목 당 500자를 작성해야 한다. 이는 100명의 학생들을 기준으로 한 항목 당 무려 5만 자를 작성해야 한다는 것을 의미하는데, 이 분량은 단편 소설 두세 편의 분량이다. 그렇기 때문에 대입을 준비하는 고3 학생들과 교사들이 셀프 학생부에 의존하게 되고 있는 것이다. 다양한 학생들을 관찰하여 기록하는 것이 현실적으로 가능한 인원이면 좋겠지만, 1명의 교사가 관찰하기에는 너무나 많은 학생들로 인하여 그때그때 코멘트를 기재하기란 사실상 어렵다. 또 본격적으로 학생부를 작성하는 시즌이 되면, 학생들이 작성해오는 셀프 학생부와 결합하여야 하기에 매번 관찰하여 바로 작성하는 것을 주저하게 된다. 예를 들어 고3 담임 교사를 맡으면서 4개 반의 수업을 진행하는 교사의 경우, 자신이 담임을 맡고 있는 학급 학생들에 대한 전반적인 기록을 하는 동시에, 수업을 진행하고 있는 4개의 반 학생들에 대한 교과 세부 능력 및 특기 사항에 대해서도 기록을 진행하여야 한다. 적어도 100명이 넘는 학생들을 1명의 교사가 관리하여야 한다는 것이다.

짧은 시간에 많은 학생들의 학생부를 기재하는 것은 현실적으로 불가능한 일이다. 이제는 오랜 시간에 걸쳐 관찰과 기록을 진행할 수 있도록 제도의 개선이 필요하다.

대입 제도 전반 재검토?
학생부 기재 격차 해소와 신뢰도 제고가 시급하다

2019년 9월, 문재인 대통령은 동남아 3개국 순방길에 오르기 전 공항에서 "기회에 접근하지 못하는 젊은 세대에게 현행 대입 제도가 깊은 상처가 되고 있다는 점을 직시해야 한다."며 대입 제도에 대해 전반적으로 재검토할 것을 지시하였다.

교사가 학생의 변별적인 특성을 사실에 근거하여 정확하게 기록하기 위해서는 무엇보다도 교사의 수업 시간 단축과 업무 경감 등 제도적인 장치의 마련이 시급하며, 교사는 허위·부실·부당 사실을 기재하지 않도록 각별히 주의를 기울여야 한다. 또 교육 당국은 학생부 기록에 대한 교사들의 기재 격차 해소 및 신뢰도 제고에 힘써야 한다. 학교 현장에서 자문과 컨설팅을 함으로써 기재 요령에 맞게 작성할 수 있도록 해야 하며, 학생부 작성과 관리의 공정성 및 신뢰성을 높이기 위해 기재·관리 표준화를 지원함으로써 현장 교육의 질을 높여야 하는 것이다.

학생부는 학생의 성장 과정을 담는 기록물로 전환되어야 한다. 또 대학은 글자 수가 많으면 우수한 학생으로 인식하는 오개념(誤概念)의 전환이 필요하다. 그리고 무엇보다 대입 전형을 주관하는 교육부와 대학교에서 일선 학교의 현실을 직시하고, 입시가 공정하고 정의롭게 진행되도록 하는 객관적인 시스템을 마련하여야 한다. 국민은 정의롭지 못한 행위를 접하게 되었을 때 심각한 박탈감이 생기며, 불행해지기 때문이다.

보건 교사는 학급 수로 배치?
모든 학교 1인, 과대 학교는 2인 배치!

"어느 지역의 고교는 학생 수가 1,300여 명, 43학급이라서 보건 교사가 2명 배치되지만, 어느 지역은 학생 수가 1,300여 명, 42학급이어서 보건 교사가 1명만 배치되고 있어요."

실제 「학교보건법」과 「학교보건법 시행령」의 보건 교사 배치 기준 문구가 애매하여 시도교육청마다 다른 배치 기준을 적용하고 있다. 이에 따라 소규모 학교는 보건 교사 배치가 아닌 순회 보건 교사가 다녀가고 있으며, 대규모 학교에서는 보건 교사를 2명이 아닌 1명만을 배치하여 쉬는 시간마다 몸살을 앓고 있다.

2019년 10월, 교총은 국회 교육위원회와 교육부를 상대로 더불어 민주당 신경민 의원이 대표 발의한 '학교보건법 개정안' 통과에 대한 협조를 촉구하는 의견서를 전달하였다. 신 의원이 발의한 개정안은 '대규모 학교에 보건 교사 2명 배치', '순회 보건 교사 제도 폐지', '사문화된 의료인과 약사 배치 조항 재정비' 등을 골자로 하고 있다.

학급 수가 많은 학교의 경우 보건 교사 1명으로는 부족하다. 보건 교사 1명이 수많은 업무를 수행해야 하는 열악한 근무 환경에 놓여 있기 때문이다. 따라서 과밀 학급 또는 과대 학교의 경우 보건 교사의 추가 배치가 절실히 필요하다. 2019년 10월, 더불어 민주당 조승래 의원이 교육부로부터 제출받은 '전국 초중고 특수 학교의 비교과 과목 인력 배치 현황 자료'에 따르면, 보건 교사의 인력 배치는 학교 수 대비 83.9%에 불과하다는 것을 알 수 있었다. 특히 주변의 의료 시설이 취약하여 학교에서 적극적인 관리가 필요한 지역과 개인위생 및 질병에 대한 교육이 절실한 농촌, 도서 벽지, 산간 지역일수록 보건 교사의 배치가 60%대로 저조하였다. 배치율이 가장 낮은 곳은 전남(61.5%)이었으며, 그 다음 강원(62%), 전북(62.1%), 경북(67.7%), 충남(67.9%), 경남(68.2%), 제주(69.1%), 충북(69.4%)이 뒤를 이었다.

1967년, 「학교보건법」이 제정된 이래 보건실과 보건 교사는 학생들의 건강을 유지·증진하는 허브 역할을 담당하였으며, 보건 교육뿐만 아니라 응급 처치, 건강 상담 등의 업무도 수행하여 왔다. 그렇기 때문에 만약 응급 환자가 발생하여 보건 교사가 구급차에 동행하게 되다면, 남은 학생들의 보건·건강 관리는 그대로 방치되는 것이다. 실제로 보건 교사가 보건실이 아닌, 일반 교실에서 보건 교육을 하거나 외부 연수 및 출장을 간 사이, 또는 보건 교사가 식사를 하거나 화장실에 간 사이 학생들이 찾아다니는 일이 흔히 발생하고 있다. 최근 학생들의 건강 문제가 심각해지면서 보건실의 기능과 역할도 크게 확대·변화하고 있다. 그러나 학교 보건 정책 결정자의 전문성 미흡, 학교 교육 과정 운영의 폐쇄성, 학교당 보건 교사 1인 배치 정책에 따른 열악한 인력 구조 등 여러 가지 어려움에 직면하고 있다.

2007년 개정된 「학교보건법」 제15조(학교에 두는 의료인·약사 및 보건 교사)에 따르면, '모든 학교는 제9조의2에 따른 보건 교육과 학생들의 건강 관리를 담당하는 보건 교사를 두어야 한다. 다만, 대통령령으로 정하는 일정 규모 이하의 학교에는 순회 보건 교사를 둘 수도 있다'고 규정하고 있다. 보건 교사회(한국학교보건교육연구회)에 따르면, 우리나라는 학급을 기준으로 보건 교사를 배치하지만, 학생 수를 기준으로 보면 미국과 일본은 750명, 핀란드는 600명, 노르웨이는 400~600명이 넘으면 2인을 배치한다고 밝혔다.

현재 우리나라의 보건 교사 배치 기준은 학급 수와는 상관없이 학교당 1명이다. 다만 「학교보건법 시행령」 제23조(학교의사, 학교약사 및 보건 교사) 1항을 보면, 「학교보건법」 제15조에 따라 18학급 이상의 초등학교에는 학교 의사 1명, 학교 약사 1명 및 보건 교사 1명을 두어야 하며, 18학급 미만의 초등학교에는 학교 의사 또는 학교 약사 중 1명을 두고, 보건 교사 1명을 둘 수 있도록 하고 있다. 또 9학급 이상인 중학교와 고등학교에는 학교 의사 1명, 학교 약사 1명 및 보건 교사 1명을 두게 되어 있으며, 9학급 미만인 중학교와 고등학교에는 학교 의사 또는 학교 약사 중 1명과 보건 교사 1명을 두도록 하고 있다.

학교 의사나 학교 약사는 학교장이 그 면허가 있는 사람 중에서 위촉하게 되어 있다. 하지만 실질적으로 학교 의사와 학교 약사를 두고 있는 학교는 전무하다. 이처럼 현재 우리나라의 교육 환경은 「학교보건법」과 「학교보건법 시행령」에서 강조한 보건 교사 배치 기준을 준수하지 못하고 있다. 또 시행령에서 학교 의사나 학교 약사 1명을 두는 경계선으로 초등은 18학급, 중등은 9학급으로 설정되어 있으나, 뚜렷한 배치 기준이 없다는 점이 문제점으로 지적되고 있다. 학교 규모가 클수록 건강 관리를 해야 하는 학생의 수도 늘어나기에, 응급 상황도 소규모 학교에 비하여 많이 발생한다. 이러한 상황을 보건 교사 1명이 감당하는 것은 사실상 불가능하기 때문에 인원의 추가 배치가 필요한 것이다. 그러나 여기서 맹점이 발생한다. 바로 보건 교사 배치 기준을 학생 수로 잡지 않고 학급 수로 잡았다는 것이다. 그리고 그 기준 역시 교육청별로 들쑥날쑥하여 과대 학교에서 근무하는 보건 교사는 매년 정해지는 보건 교사 배치 기준에 촉각을 세울 수밖에 없다.

　교육부와 교육청에 따르면 비교과 교사의 정원은 따로 관리되고 있어 교과 교사의 정원과는 무관한 것으로 나타났다. 이와 관련하여 서울특별시교육청 관계자 역시 보건 교사 등 비교과 교사의 선발 인원 확대와 교과 교사와는 아무런 관련이 없다고 말하였다.

　최근 들어 학교 현장에서 안전사고가 꾸준히 증가하고 있으며, 자해나 자살, 우울증이나 스트레스 등 학생들의 심리 상태와 관련해서도 보건 교사의 역할이 매우 중요해지고 있다. 따라서 일률적인 학교별 1인 보건 교사 배치가 아니라 지역별 학급 수와 학생 수에 맞게 합리적인 보건 교사의 배치가 필요하다. 과대 학교의 경우 학생 수도 많고, 학급 수도 많은 편이지만, 배치 기준의 경계선에 있게 되면 보건 교사는 1명만 배치되기 때문이다. 이는 수많은 학생들의 육체·정신적 건강을 살펴야 하는 보건 교사의 입장이 아닌, 평범한 사람이 봐도 매우 버거운 일처럼 느껴진다. 또 일반 학교에는 특수 학급이 존재하며,

특수 학생들에 대한 보건 관리 역시 점점 중요해지고 있다. 그러나 일부 교육청에서는 보건 교사 배치 기준에 특수 학급 수를 포함하지 않고 책정을 하여 민원 발생의 소지로 작용하고 있다. 마지막으로 순회 보건 교사 제도의 폐지가 필요하다. 법에 따른 순회 보건 교사 제도 시행으로 학교에 보건 교사가 배치되지 않을 경우 학교의 응급 상황 대처 능력은 저하되며, 즉각적이고 전문적인 대처가 어려워져 학생들의 건강이 위험에 노출될 수 있기 때문이다.

전문 상담 교사,
1교 1인 배치가 필요하다

　학교에서 이뤄지는 상담에 대한 관심이 높아짐에 따라 전문 상담 교사의 수요가 폭증하고 있다. 그리고 이러한 흐름에 따라 정부는 매년 많은 전문 상담 교사를 선발 인원으로 책정하고 있다. 최근 일선 학교에서는 학생들의 각종 상담으로 인하여 전문 상담 교사들이 몸살을 앓고 있다. 시도 때도 없이 쏟아지는 상담 신청으로 인하여 점심을 먹거나, 쉬는 시간을 가질 틈도 없기 때문이다. 또 방과 후나 일과 시간 이외에도 전화나 메신저를 통한 상담 신청까지 포함하면, 전문 상담 교사들의 업무 과중은 엄청난 것으로 보인다. 특히 최근 들어 각종 정신적인 상담, 사안에 따른 상담, 특별 교육 프로그램 상담, 학업 중단 숙려제 프로그램 운영 등 전문 상담 교사가 감당해야 할 상담 영역이

점차 확대되고 있다. 게다가 수업이 없는 비교과 교사라는 이유로 보이지 않는 차별까지 감수하고 있다. 경기도에서 근무 중인 전문 상담 교사 K씨는 "학생들의 상담을 진행하다 보면, 학생들이 내뱉는 모든 유형의 대화를 고스란히 상담 교사가 안아야 해요. 그런데 단지 수업이 없는 비교과 교사라는 이유로 근무 평정, 성과급, 업무 분장 등에서 차별을 받으니 더욱 화가 나죠."라고 말하였다.

2020년 1월 28일, 교육청 통계 자료에 의하면, 유치원 및 초중고교 전체 교원의 수는 49만 6,504명이며, 이중 전문 상담 교사는 2,609

명(전체 교원 수 대비 약 0.525%)인 것으로 나타났다. 또 초중고교 전체 학급의 수는 23만 2,949개이며, 전체 학생의 수는 545만 2,805명으로 나타났다. 여기서 전체 학생의 수를 전체 학급의 수로 나눠보면, 학급 당 학생의 수는 평균 23.4명인 것을 알 수 있다. 「초·중등교육법」 제33조(초등학교 교원의 배치 기준)에는 '③초등학교에는 제1항 및 제2항의 교사 외에 보건 교사·전문 상담 교사 및 사서 교사를 둘 수 있다'라고 명시되어 있으며, 제34조(중학교 교원의 배치 기준)와 제35조(고등학교 교원의 배치 기준) 역시 '제1항 및 제2항의 교사 외에 실기 교사·보건 교사·전문 상담 교사 및 사서 교사를 둘 수 있다'라고 명시되어 있다. 즉 의무 사항이 아닌 '둘 수 있다'라는 가능성만 보이고 있는 문구이기에, 전문 상담 교사의 배치가 더욱 느려지고 있는 실정이다.

2018년 기준, 자살 위험 학생 수가 2만 명을 넘어섰다. 또 심리 상담과 치료를 받는 학생 수도 증가하여 20만 명에 육박하였지만, 상담을 해줄 수 있는 교사는 절반 수준으로 배치되고 있다. 턱없이 부족한 실정인 것이다. 2019년, 국회 교육위원회 소속 박찬대 의원이 교육부로부터 '최근 5년간 학생 정서·행동 특성 검사 결과 및 조치 현황' 자료를 제출받았다. 이 자료를 분석한 결과, 2018년 자살위험 학생의 수는 2만 3,324명으로, 2015년 8,613명에 비해 약 270% 폭증한 것을 확인할 수 있었으며, 지속적으로 증가하고 있다는 것도 알 수 있었다. 매년 '학생 정서·행동 특성 검사'를 실시하는 학생 수가 학령 인구 감소로 줄고 있다는 것을 고려하면, 자살 위험 학생 수가 더 많은 비율로 늘어나고 있다는 것으로 해석된다. 또한 일선 학교에서 학생들의 상담이나 심리 치료를 도와줄 전문 상담 교사는 많은 인원을 감당하는 상근 교사이거나 순회 보건 교사인 경우가 많기 때문에 자살 위험 학생 수 증가에 어느 정도 영향을 미쳤을 것으로 보인다.

시간이 지날수록 전문 상담 교사는 학교에서 없어서는 안될 존재로 자리매김하고 있다. 우울·자살 심리, 가정 내 문제, 학업 스트레스, 학교 폭력 관련 피해 및 가해 학생·학부모 상담 등 정서적 위기에 놓인 다양한 학생들과의 상담을 통하여 그들의 심리적 안정감을 찾아주고 있기 때문이다. 그러나 전문 상담 교사가 없거나 순회 보건 교사가 오는 학교의 학생들은 정서적인 상담을 지원받기가 어렵다. 자신의 속마음을 털어 놓은 사람이 언제 그만둘지도, 또 전문 상담 교사가 아닌 사람에게 말해봤자 소용없다는 생각을 하기 때문이다. 턱없이 부족한 전문 상담 교사 배치가 절실한 이유이다. 이처럼 비교과 교사인 전문 상담 교사 배치가 법적 기준에 충족하지 못하는 이유에 대해 교육부 담당자는 한 언론과의 인터뷰에서 "법정 배치율에 따라 비교과 교사를 충원하기 때문이다."라고 답하였다.

급변하는 학교 현장에서 어디로 튈지 모르는 학생들에 대한 상담의 역할은 점점 중요해지고 있다. 경기도에서 근무하는 전문 상담 교사 L씨는 "담임 선생님에게도 얘기하지 못하는 것들을 상담 교사에게만 털어놓는 학생들이 많아요."라고 하며, "상담 교사들이 학교에서 비교과 교사라는 이유로 각종 잡무를 떠안는 것도 번아웃(burnout)의 원인이죠."라고 말하였다.

365일, '힘들다, 죽고 싶다, 못 살겠다' 등의 얘기를 듣는 전문 상담 교사들은 학생들을 위해 최전방에서 가장 애쓰고 있는 사람 중 한 명이다. 그럼에도 불구하고 비교과 교사라는 이유만으로 학교 현장에서 차별과 부당함을 경험하기도 한다. 이제는 교과 교사와 비교과 교사 사이의 간극이 좁혀져야 할 시기이다. 정부와 교육부에서 법령에 따른 비교과 교사 배치 기준을 재정비해야 하는 것이다. '전문 상담 교사를 둘 수 있다'가 아닌, '전문 상담 교사를 꼭 둬야 한다'로 말이다. 또 사서 교사는 「학교도서관진흥법」, 영양 교사는 「학교급식법」, 보건 교사는 「학교보건법」이 시행되고 있지만, 전문 상담 교사는 학교 상담과 관련된 법이 존재하지 않는다. 정서적으로 힘들어하는 위기의 학생들이 올바르게 상담 받을 수 있도록 '학교상담법'이 제정되어야 한다. 이미 미국, 싱가포르, 캐나다 등은 학생 200~350명당 상담 교사 1인을 배치하고 있다. 그러나 우리나라의 중학교 경우, 상담 교사 1명이 700~800명 또는 무려 1,500명을 대상으로 상담을 진행하고 있다. 따라서 전문 상담 교사가 상담과 기록에 전념할 수 있도록 상담과 관련된 업무 분장이 필요하다. 이제는 양적인 상담이 아니라 질적인 상담이 필요한 시기다.

제2장

미래 교육, 디지털 리터러시를 만나다

디지털 교과서,
교육 환경을 변화시킬 수 있을까?

스마트 기기를 활용한 디지털 교과서는 종이 교과서의 단점을 보완해 줄 미래형 교과서로 주목을 받고 있다. 교육계에서도 디지털 교과서 선도 학교를 운영하면서 차츰 컴퓨터를 활용한 교육에 관심을 보이기 시작한 것이다. 이미 멀티미디어로 보여지는 e-book 형태의 전자 교과서로 수업을 진행하는 교사들도 있다.

2017년, 한겨레 신문에서 보도한 자료에 의하면 서울시 관내에 있는 384개 중학교에서 보유하고 있는 교육용 컴퓨터는 약 1만 2,355대로 한 학교에 평균 32대 정도이며, 그중의 50.8%가 5년이 넘은 낡은 기종인 것으로 밝혀졌다. 여기에 아이패드 같은 모바일 컴퓨터는 전체 보유량의 10%도 안 되는 수준이었다. 하지만 정부는 2018년,

'2015 개정 교육 과정'에 따라 중학교에서 정보 과목을 34시간 이상 교육하도록 하였으며, 2019년부터는 초등학교 5·6학년 실과 과목 내에서 17시간 이상의 소프트웨어 교육을 실시하도록 하였다. 일선 학교의 컴퓨터는 낡고 오래되어 교육을 진행할 수 없는 수준이지만, 교육부에서 당차게 밀어붙인 것이다. 교육부가 디지털 교과서를 본격적으로 도입하여 시범 적용에 착수한 것은 2013년이었으며, 2014년부터는 전면 시행하겠다고 발표하였다. 그러나 많은 이들의 반발에 부딪혀 단계적인 확대 적용을 발표하였지만, 계획과는 달리 확대 적용에는 아직도 신중한 모양새이다.

디지털 교과서의 장점은 다양하다. 멀티미디어 수업 자료를 활용할 수 있고, 다양한 기능을 탑재하여 검색이나 사전으로도 사용할 수 있다. 또 수업 참여율을 높여 학생과 교사 간의 상호작용을 활발하게 하며, 교육 과정 개편에 따라 수시로 개정과 보완이 가능하다. 하지만 콘텐츠의 한계로 아직까지는 일선 학교에서 부정적인 여론이 팽배하고 있으며, 보다 많은 정보를 인터넷에서 찾을 수 있다는 점과 스마트 기기에 아이들이 종속될 수도 있다는 점 등의 지적이 나오고 있다. 그러나 미래 교육을 준비하는 입장에서 보면 디지털 교과서는 선택이 아닌 필수이다. 2015 개정 교육 과정에 따른 소프트웨어 교육이 의무화됨에 따라 학교 현장의 이해도 증진과 지능정보사회에 필요한 컴퓨팅 사고력 및 디지털 교과서를 통한 미래 교육 환경이 성큼 다가오고 있기 때문이다.

현재 '디지털 교과서 선도 학교'로 지정이 되면, 2년간 1,500만 원 내외의 예산을 지원받아 디지털 학습 환경 구축을 위한 태블릿 PC 구입과 무선 AP를 설치할 수 있다. 또 학생들은 1~2인당 태블릿 PC 1대를 지급받고, 교실에 설치된 무선 AP에 연결하여 수업과 관련된 다양한 자료를 찾아볼 수가 있다. 이처럼 학습 활동이나 실험 등에 디지털 기기들을 활용함으로써 더욱 실감나는 수업을 진행할 수 있게 되는 것이다. 하지만 아직까지 제대로 된 수업을 진행하기에는 스마트 기기에 맞는 콘텐츠의 수준이 높지 않다. 기기 속에 들어가는 콘텐츠가 인터넷 속의 내용물을 따라가지 못하고 있기 때문이다. 그렇기에 디지털 교과서를 활용하여 수업을 진행하는 교사들은 스마트 기기에 맞는 콘텐츠 개발을 급선무로 뽑고 있다.

디지털 기기로 게임을 할 때에 중독과 같은 역기능의 원인이 되는 동기 및 보상 시스템에 관여하는 뇌의 영역이 활성화되는 것과 달리, 디지털 교과서를 활용할 때는 예측, 관찰, 학습과 관련된 전두엽, 두정엽 부위의 영역이 활성화된다는 흥미로운 연구 결과가 있다. 또 개별화 학습이 가능한 디지털 교과서는 각 학생별 학습 진단을 통한 맞춤식 과제, 상호작용, 다양한 콘텐츠의 탑재가 가능하다. 그러나 너무 빨리 도입하게 될 경우 학습에 도움이 되지 않는다는 주장도 있다. 이와 관련하여 경기도에서 근무하는 N교사는 "학생들의 눈에 피로감을 주지는 않을까 염려스러운 마음이 있죠. 또 디지털 교과서를 소유하고 싶은 학생들끼리 마찰도 있어서 학습의 효율성 면에서 의심이 가요."라며, "급작스럽게 추진하기보다는 현장의 염려 등을 파악하여 점진적으로 사업을 진행하는 것이 좋을 것 같아요."라고 말하였다.

2016년 경제협력개발기구(OECD)가 조사한 '컴퓨터를 이용한 교육 실태'에 따르면, 한국의 컴퓨터 교육 활용 지수는 OECD 국가 중 최하위인 것으로 나타났다. 이렇듯 고물이 되어 버린 컴퓨터 장비로는 미래의 핵심 역량을 키울 수가 없다. 스마트 기기 활용 교육에 대한 투자가 절실히 필요한 상황인 것이다. 따라서 디지털 교과서를 활용한 수업이 원활하게 정착될 수 있도록 교육의 모든 공동체가 노력하여야 한다. 교사는 수업의 안내자이자 조력자로서의 역할을 수행하면서 학생이 수업의 주체가 되어 자신만의 유의미한 학습 결과를 이끌어 낼 수 있도록 관련 교재와 교구를 확보하여야 하며, 교육부나 정부에서는 교사들의 전문성 신장을 위해 다양한 연수를 실시해 디지털 활용 학습자 중심의 배움 환경을 구축하여야 한다.

지금도 일선 학교 교사들은 다양한 교수 학습법으로 무장하여 학생들에게 양질의 교육을 제공하고 있다. 하지만 4차 산업 혁명 시대를 맞이하고 있는 현재와 미래의 학교에서 시대의 흐름에 맞지 않게 종이 교과서만을 고집한다면, 교육은 한계에 직면하게 될 것이다. 부디 시대를 역행하는 과오(過誤)를 범하지 않기를 바란다.

미디어 리터러시(Media Literacy) 교육으로 '가짜 뉴스' 대응하자

'가짜 뉴스'란 겉으로는 뉴스의 형태를 띠고 있지만, 조작된 내용과 허위 사실로 포장하여 인터넷에 게시·유포되는 콘텐츠를 말하며, 주로 페이스북, 트위터 등 SNS를 통하여 확산된다. 가짜 뉴스의 실태를 조사한 인터넷 매체의 자료에 따르면, '제45대 미국 대통령 선거'가 있던 3개월의 기간 동안 페이스북을 통해 유통된 허위 사실의 공유·반응·댓글은 미국의 대선 판도까지 좌우할 정도로 영향력이 컸다고 한다. 진짜 뉴스 736만 개, 가짜 뉴스 871만 개로, 가짜 뉴스가 135만 개나 더 생산·유포되었기 때문이다.

우리나라의 중앙선거관리위원회는 2018년에 진행되었던 '제7회 전국동시지방선거'를 앞두고 가짜 뉴스를 '이익을 얻기 위해 의도적으

로 언론 보도의 형식을 취해 유포된 거짓 정보'로 규정하고, 이를 구별해 내는 방법을 소개하였다. 선관위가 제시한 가짜 뉴스 구별법 6가지는 '정보원 살펴보기', '저자 확인하기', '날짜 확인하기', '본문 읽어보기', '근거 확인하기', '선입견에서 벗어나기'이다.

당시 국회와 청와대에서도 '가짜 뉴스'와의 전쟁을 선포하였다. 국회 정치개혁특별위원회는 가짜 뉴스의 확산을 방지하기 위하여 '공직선거법 일부개정법률안'을 일괄 상정하였지만, 결론을 내리지 못해 재심의하기로 하였다. 개정안은 여론 조사의 신뢰성을 높이고 특정 개인이나 집단이 정치적 이익을 목적으로 하는 가짜 뉴스 유포를 금지하는 내용을 담고 있었다. 동시에 가짜 뉴스 유포자를 처벌하도록 하는 법안도 발의되었다. 이 법안에 따르면 가짜 뉴스를 최초로 유포한 자에게는 '1년 이하의 징역 또는 1000만 원 이하의 벌금'을 물리도록 하였다. 청와대에서는 '허위조작정보 대응팀'을 꾸려 대통령과 관련된 가짜 뉴스에 적극적으로 대응하겠다고 발표하였다. 그러나 가짜 뉴스라고 누가 판명할 것이며, 어떻게 정의를 내릴 것인지에 대한 지적과 함께 표현의 자유를 과도하게 제약할 수 있다는 우려의 목소리가 있었다. 그렇다면 가짜 뉴스와 진짜 뉴스를 구별하는 교육은 언제부터, 또 어디서부터 시작하여야 할까?

빠르면 빠를수록 좋다는 게 전문가들의 의견이다. 뉴스를 분석 및 판단하고 수용하는 리터러시 능력 배양은 학생이 삶을 살아가는 데 꼭 필요한 핵심 역량이기 때문이다. 가짜 뉴스를 구별하는 가장 좋은 방법은 학생들이 직접 뉴스의 생성 과정을 배우고, 제작해 보는 것이다. 이러한 과정은 뉴스를 구성하는 헤드라인, 제목, 내용, 기자 이름 등을 파악하는 힘을 길러주어 본인만의 가짜 뉴스 구별법을 터득할 수 있게 도움을 준다. 디지털·미디어 리터러시(digital · media literacy) 교육에 참여한 경기도 대부중에 진학 중인 K학생은 "최근 강원도 산불이 발생했다는 뉴스를 접하였는데, 많은 뉴스들 속에서도 가짜 뉴스가 있을 수 있겠다는 의심이 들었어요. 또 직접 가짜 뉴스를 구분하는 교육을 받고 뉴스를 제작해 보니 어렵지 않았어요."라고 말하였다.

최근 리터러시 교육은 4차 산업 혁명 시대에 꼭 필요한 교육으로 자리매김하고 있다. 뉴스를 구별하는 능력뿐만 아니라 다양한 도구의 사용을 통하여 교육 과정에서 배울 수 없었던 내용을 구현할 수 있기 때문이다. 무엇보다 리터러시 교육은 교사의 일방적인 전달 위주 교육이 아닌, 학생이 주도적으로 배워나가는 과정들이 쌓여서 다양한 경험을 만들며, 이러한 경험들은 학생들이 올바르게 성장할 수 있도록 돕는다. 이처럼 기존 교육에서 경험할 수 없었던 체험 교육을 통하여 삶의 경험을 습득하는 것은 21세기를 살아가는 청소년들에게 꼭 필요한 능력이다. 학생들의 잠재된 무한한 가능성을 일깨워주고 지식을 삶의 도구로 활용하는 것이 중요해지고 있는 시대이기 때문이다.

인간은 인생을 살아가며 매일 무엇을 입고 먹을 것인지, 어떤 드라마를 볼 것인지 등 단순한 고민에 빠진다. 그리고 이런 단순한 고민의 선택에서 리터러시 능력이 발휘된다. 또 우리는 가짜 뉴스가 판을 치고 있는 세상을 살아가고 있다. 가짜 뉴스를 만들어 내는 세력들은 많은 사람들이 잘못된 정보를 접하고 공유하면서 걷잡을 수 없는 혼란에 빠지기를 바란다. 이제 이러한 가짜 뉴스를 골라내는 안목과 더불어, 비판적으로 뉴스를 수용하는 자세가 필요하며, 가짜 뉴스 제작 및 유포는 더 이상 표현의 자유가 아닌 범죄 행위라는 사실을 잊지 말아야 한다. 따라서 정부와 국회에서는 관련 법안의 조속한 처리를 통해 피해자 구제 및 가해자 처벌이 필요하며, 교육 당국은 학생들이 정보를 비판적으로 수용하는 리터러시 교육을 확장하여야 한다. 이 순간에도 누군가는 가짜 뉴스를 계속해서 만들어 내고 있다.

강원도 산불,
디지털 리터러시 수업 어떻게?

    사회 전반에서 새로운 4차 산업 혁명에 대비하는 노력이 이어지는 가운데, 일부 시도교육청에서는 디지털 리터러시 교육 연구학교 등을 진행하면서 미래 교육을 준비하고 있다. 그리고 이런 흐름에 맞춰 일선 학교 역시 암기 위주의 경쟁주의 교육 방식에서 탈피하여 서로 협력하여 만들어 가는 교육을 지향하고 있으며, 학생들이 일방적으로 교육 내용을 전달받는 형태가 아닌, 서로 토의하고 이야기를 나누면서 생각을 공유할 수 있는 방향으로 교육을 진행하고 있다. 즉 본인만의 작품을 만들어 가는 활동을 통해 사회와 소통하길 원하는 것이다. 대부분의 학생들은 학교라는 울타리 안에서 이루어지는 수업과 교육 활동을 통하여 세상을 살아가는 역량을 배우고 익힌다. 그러나 아직도 수업과 교육 활동은 2015 개정 교육 과정에서 요구하는 성취 수준의 범주 안에서 머뭇거리고 있다. 물론 담당 교과 교사의 평가권을 존중하지만, 학기 초에 이루어지는 교육청의 평가 컨설팅을 통하여 교사의 평가권은 수정된다.

현장에서 불철주야로 배움 중심의 수업을 실천하는 교사들은 학생들이 수업에서 배운 교육 내용을 토대로 스스로 살아가는 핵심 역량을 함양(涵養)하길 기대한다. 또 수업의 결과물이 사회 현안에 대하여 관심을 갖게 하는 동기 부여가 된다면, 학생들은 수업에서 배운 내용이 쓸모없다고 생각하지 않을 것이다. 그러므로 미래 교육을 지향하는 수업은 학생들이 직접 주도하는 성장 중심의 수업으로 이루어져야 하며, 일련의 수업 결과물은 사회 참여로 연계되어야 한다.

마스터 강사를 초청하여 '강원도 속초 산불'에 대한 디지털 리터러시 교육을 진행한 적이 있었다. 마스터 강사는 학생들이 배운 디지털 도구들을 토대로 "어떻게 하면 산불로 시름에 빠진 분들에게 힘이 될까요?"라는 질문을 던졌는데, 그 수업을 지켜보면서 '아, 이거다'라는 생각을 하게 되었다. 배운 내용을 사회 현상에 접목하는 수업인 것이다.

디지털·미디어 리터러시 능력 배양이 '민주 시민 교육'

당시 학생들에게 강원도 속초 산불에 대한 보도 영상과 사진을 보여 주면서 자신의 생각을 정리할 시간을 부여한 뒤, 디지털 도구를 활용하여 속초 산불 관련 위로 및 응원 포스터 만들기를 진행하였다. 물론 학생들은 언론을 통하여 속초 산불에 대한 사전 지식을 알고 있는 상태였다. 학생들은 포스터를 쉽게 제작할 수 있는 디지털 도구를 처음으로 사용하면서 산불 피해로 고통을 호소하는 주민들, 산불 진압에 투입되었던 수많은 소방관과 군인 등에게 느낀 고마움을 포스터에 거침없이 표현하였다. 그리고 그 모습을 지켜보면서 수업에서 배운 내용이 사회 참여로 연결되는 것의 필요성 역시 느낄 수 있었다.

교사와 학부모 등은 아직도 주민등록증이 발급되거나 대학교에 진학할 나이가 되어야만 학생들이 스스로 사회 현상을 판단할 수 있다고 믿는 폐쇄적인 사고방식을 지녔다. 하지만 학생들은 무한한 성장 가능성을 지니고 있다. 학교 안에서 이뤄지는 다양한 수업과 교육 활동을 통해서 미래를 살아가는 데 필요한 협동심, 창의성, 자기 주도 능력 등을 찾아 충분히 발휘할 수가 있는 것이다.

교육계의 여러 전문가들은 미래 교육의 담론을 이야기하며, 미래 학교, 미래 교육이 인간의 삶을 윤택하게 만들어 주는 요술 램프처럼 다가올 것이라고 말한다. 그러나 아무리 미래 교육의 전망이 좋다고 하더라도 현실에서 준비하고 예견하는 대비의 자세가 없으면, 맛볼 수 없는 미래가 될 수 있다. 따라서 학생들이 민주적인 학교에서 민주 시민 의식을 발현하여 민주 시민으로 성장할 수 있도록, 디지털 시민 교육이 필요하다. 또 디지털 시민 교육은 별도의 교육 과정과 창의적 체험 활동 등을 통해서만 표현되는 교육이 아니므로, 교실과 수업 속에서 녹아낼 수 있는 수업 방식의 변화가 요구된다.

교사와 교육 당국이 함께하는 '아이들이 행복한 교육 개혁'

미래 교육이 국가의 명운(命運)을 좌우하는 시대로 돌입하고 있다. 그러므로 미래 교육은 학생들이 학교와 수업에서 배운 것을 '상급 학교 진학', '성적 향상' 등을 위한 산물로만 이용하는 것이 아닌, 인간으로 누릴 수 있는 삶의 행복을 위한 과정으로 이용할 수 있어야 한다.

현재도 많은 학생들이 어른들이 만들어 놓은 교육 시스템과 상급 학교 진학이라는 보이지 않는 경쟁 속에서 암기·주입식 교육으로 힘들어하고 있다. 이처럼 학생들을 1등부터 꼴찌까지 일렬로 세우는 교육이 존재하는 한 행복한 학교와 교육은 꿈꿀 수 없다. 학생들의 인생 전부가 상급 학교 진학으로 종결되는 것은 아니기 때문이다. 이제는 교육 개혁의 중심에 선 교사가 자발성과 집단 지성을 발휘하여 미래 교육을 준비할 수 있도록 정부와 교육 당국은 교사를 교육 개혁의 동반자로 인식하여야 한다.

잠자는 아이들이 깨어나는 경험, '리터러시 교육'으로 가능

거리감이 느껴졌던 디지털·미디어 리터러시 교육이 교육계에 미래 교육을 위한 큰 화두를 던지고 있어 주목을 받고 있다. 그 이유는 디지털 리터러시가 적용된 교육이 학생들과 교사들 사이에서 높은 만족도를 나타내고 있기 때문이다. 실제로 경기도에 위치한 D중학교에서 지난 1학기 동안 1학년 학생들을 대상으로 디지털 리터러시 교육을 진행하였는데, 단 1명의 학생도 졸지 않고 집중하는 모습을 학기 내내 보여줬다. 자유 학년제를 실시하고 있는 D중학교는 교과별 수업에서 일정 시간을 활용하여 주제를 선택하는 시간을 디지털 리터러시 교육으로 진행하였다. 사실, 이 디지털 리터러시를 활용한 수업을 하기 전에 교사나 학생들 모두 망설인 부분도 있었다. 가능하면 교과

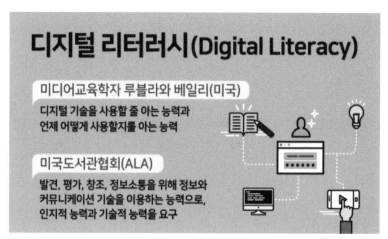

(출처: 한국언론진흥재단)

수업과 연계되는 주제 선택 프로그램으로 진행되길 원하였기 때문이다. 또 '과연, 디지털 리터러시 교육이 수업에서 가능할까?', '학생들은 생소한 디지털 리터러시 교육에 어떻게 반응할까?', '교과 담당 교사가 디지털 리터러시 교육에 참여하면서 얻는 것이 있을까?' 등의 두려움도 존재하고 있었다. 그러나 디지털 리터러시 교육을 전문적으로 수행하는 강사의 진행으로 사전에 가졌던 두려움이 기우였다는 것을 알 수 있었다. 평소 수업 시간에 졸기만 하고 학습 능력이 떨어졌던 학생들도 기웃기웃하면서 수업 과정을 따라 왔기 때문이다. 즉, 정규 교육 과정에서 학습 능력이 저하되었던 학생들도 우등생으로 탈바꿈을 시도할 수 있는, 또 누구나 성취감을 맛볼 수 있는 학생 중심 수업이 가능해진 것이다.

오늘날의 대부분 학생들은 온라인 게임, 인터넷 사용 등으로 스마트폰과 컴퓨터를 매우 잘 다루며, 이러한 전자 기기 사용에 거부감이 없고 친숙하다. 그러나 유독 학교에서는 스마트폰과 컴퓨터 등 전자 기기와 떨어져 별개의 생활을 해야 한다. 일부 학교에서는 스마트폰이 학교생활과 수업에 지장을 초래한다는 이유로 등교를 하면 스마트폰을 수거하였다가 하교 시 다시 나눠주고 있다.

이처럼 디지털과 미디어에 익숙한 학생들이 디지털 기기를 수업에 활용하지 못하고 있었던 이유는 학생들의 인터넷 중독에 대한 어른들의 우려의 시선이 반영된 측면도 있다. 그러다 보니 정규 교육 과정에서 학생들에게 미래를 준비할 수 있도록 도움을 주는 수업은 기술, 컴퓨터 등의 일부 교과목뿐이며, 그마저도 대부분 코딩 기술을 습득하는 수준에만 머물러 있는 것이다.

그러다가 혜성같이 등장한 것이 바로 이 디지털 리터러시 교육이다. 최근 교육부에서는 향후 교육 과정에 디지털 리터러시 교육을 반영할 의사를 내비쳤다. 또 이와 관련된 콘퍼런스(conference), 토론회 등으로 리터러시 교육에 대한 관심이 조금씩 더 증가하고 있다. '인터넷이 연결된 미디어를 활용하는 수업이 과연 학생들에게 흥미와 동기부여를 일으킬 수 있을까?' 하는 흥미의 눈초리를 보내오고 있기 때문이다. 물론 스마트폰과 컴퓨터를 오랜 시간 사용하다 보면 자녀들과 부모의 마찰로 인해서 가정불화가 발생하기도 한다. 그러나 무조건적인 사용 반대는 오히려 자녀와 부모 간의 갈등을 더욱 심화시키며, 소통의 문제뿐만 아니라 자녀의 스마트 기기 사용의 중독성을 초래시키는 원인이 될 수도 있다. 그러므로 자녀와 충분한 소통을 통해서 스마트 기기 사용에 대한 시간을 정해야 한다. 자녀의 요구 사항을 수용하여 올바른 디지털 미디어의 사용을 장려하는 것이다. 그렇게 한다면 자녀와의 갈등을 줄일 수 있으며, 부작용을 예방할 수 있을 것이다. 이처럼 적절한 소통과 약속을 통해서 효율적으로 디지털 기기를 사용하는 것이 바로 디지털 리터러시 능력이다.

현재 학교에서는 정해진 교육 과정과 선정된 교과서로만 수업을 진행하고 있기 때문에 디지털 리터러시 교육이 스며들 틈새가 형성되지 못하였다. 그러나 향후 미래 교육을 준비하기 위해서는 반드시 리터러시 능력을 배양하기 위한 교육이 교육 과정에 반영되어야 한다. 또 그러기 위해서는 교과 수업을 주관하는 교사들이 교과 수업의 질적인 향상을 위해 디지털 도구를 활용할 수 있도록 교과 연계 수업 프로그램이 개발되어야 한다.

학생들은 수업에 참여하면서 개별 학습, 협력 학습, 발표, 나눔의 시간 등을 갖지만, 일부 모둠별 대표 학생이나 소수 학생의 발표 및 공유로 수업이 마무리되는 경우가 많다. 이런 경우 대부분의 학생들이 제작한 프레젠테이션은 여러 학생들과 공유되지 못한 채, 사양되고 만다. 그리고 그렇게 수업과 공부에 흥미를 잃기 시작하는 것이다.

이와 같은 문제점을 말끔하게 없애주는 것이 바로 이 디지털 리터러시 교육이다. 인터넷만 접속할 수 있다면, 어느 장소에서나 원하는 디지털 도구를 활용하여 수업에서 배운 내용에 대해 상호 간 공유하고 피드백을 주고받으며, 미래 사회를 준비하는 자기 주도적인 창의·융합적인 핵심 역량을 키울 수가 있기 때문이다.

디지털·미디어 리터러시를 대하는 교사의 자세

성큼 다가온 4차 산업 혁명 시대를 경험하고 있는 지금, 우리 주변에서 흔히 볼 수 있는 풍경이 하나 있다. 바로 남녀노소 불문하고 스마트폰을 가지고 다니는 것이다. 그리고 이 스마트폰을 사용하여 언제 어디서나 간편하게 정보의 바다를 서핑한다. 허나, 광범위한 정보의 바다에서 필요한 정보를 선택하고 활용하는 능력이 부족한 것이 현실이다. 최근 디지털 미디어의 올바른 사용에 대한 운동이 활발하게 펼쳐지고 있다. 또 '어떻게 하면 다양한 디지털 미디어를 손쉽게 접근하고 활용하여 학생들의 꿈과 진로에 연결시킬 수 있을까?' 하는 고민도 커지고 있다.

평소 디지털·미디어 리터러시에 관심이 많았던 나는 '학생들이 어떻게 하면 수업에 조금 더 주도적으로 참여하고, 정보를 해석하여 분석한 것들을 고스란히 자신의 배움으로 녹아들게 할 수 있을까?' 하는 심오한 고민을 하고 있었다. 일선의 학교에서는 2015년 개정 교육 과정으로 짜여진 교과서를 토대로 학습 활동을 전개하고 있지만, 가르치는 교사의 입장인 나는, 아이들의 수업이 항상 뭔가 부족한 것만 같았기에 이 목마름을 해결할 묘수가 절실히 필요하였던 것이다.

그 묘수는 참으로 쉬우면서 간단한 부분에서 발견할 수 있었다. 학생들이 기존에 접하였던 디지털 도구만을 활용하여도 충분히 교과 수업의 내용과 방식을 탁월하게 변화시킬 수 있다는 사실을 발견한 것이다. 즉 VR, AR, 인공 지능, 빅데이터 등 4차 산업 혁명 시대의 융복합 기술을 체험함으로써 디지털 시민 의식, 미디어 활용법, 허위 정보 구별법 등을 배울 수가 있는 것이다.

디지털·미디어 리터러시 수업에서 학생들은 평소에 잠재되어 있던 풍부한 감수성을 일깨워 다양한 방식으로 각자의 작품을 완성해낸다. 기존 수업에서는 상상할 수 없던 부분이 실현되는 것이다. 이처럼 디지털 감수성으로 무장한 학생들은 새로운 지식에 대한 호기심을 갖게 하는 디지털 도구의 중요성을 깨닫게 된다. 디지털·미디어 리터러시 첫 수업을 접한 대부중학교 학생은 "세상에 이럴 수가 있을까요? 단지 디지털 도구를 사용해서 따라 했을 뿐인데, 제가 원하는 디지털 작품이 만들어졌어요."라며 기쁨을 감추지 못하였다. 물론 디지털·미디어 리터러시 수업은 그 수업을 진행하는 교사의 철학이 무엇보다 중요하다. 또 디지털·미디어 리터러시 수업이 학생들을 변화시키고 교사 자신도 변화시킬 수 있다는 믿음과 교육에 대한 사명감도 필요하다.

대부분의 교사는 학생들이 긍정적으로 변화하며, 성장하는 모습을 지켜보길 원한다. 따라서 정해진 틀 속에 있는 교과서의 내용과 평가 방식을 유연하게 바꿀 수 없다면, 차라리 디지털 미디어 도구의 재발견을 통해 학생들의 무한한 잠재력과 감수성, 그리고 역량을 끄집어내는 것이 세상의 급속한 변화에 뒤쳐지지 않게 하는 바람직한 모습이 아닐까? 모든 교육에 있어서 '교육의 질은 교사의 질을 넘어설 수 없다'라고 한다. 이 말의 속내는 교사가 먼저 변화를 받아들이고 적용해 보며, 학생들을 위해 노력할 때, 그리고 그 노력의 울림이 학생들에게 전달이 될 때 비로소 교육이 완성된다는 것을 의미한다.

미래 사회의 주인공인 학생들이 배움의 공간에서 변화하며, 성장하는 것은 자연스러운 현상이다. 그렇기 때문에 이런 변화의 주역에 교사가 먼저 나서야 하며, 디지털·미디어 리터러시 교육의 우수성을 발견하고 배우는 자세로 임해야 한다. 교사 양성 과정 속에서 배운 내용만으로 임용 고시 시험에 통과한 교사들은 이미 과거가 되어 버린 내용을 학생들에게 전달하고 있는 것은 아닌지 고민해 볼 필요가 있는 것이다. 똑같은 재료의 음식이라도 담아내는 그릇의 모양과 디자인에 따라 맛이 좌우되기도 한다는 사실을 꼭 기억하고 있어야 한다.

학생들의 다양성을 메이커(Maker) 교육[3]으로 담아내는 디지털·미디어 리터러시의 확장성을 교육에 적용해 보자. 모든 학생들이 쉽게 접할 수 있는 디지털 도구를 바탕으로 자신이 상상하는 크고 작은 것들을 만들어 보는 활동을 통해 자아 정체성을 찾을 수 있을 것이며, 교사는 그 작품 속에 투영된 학생들의 마음을 통해 교육의 밝은 미래를 볼 수 있을 것이다.

앞으로 정부와 관련 기관에서는 디지털·미디어 리터러시 교육이 확산될 수 있도록 정책적인 관심을 가져야하며, 일선 학교에서는 많은 교사들이 사전 연수를 통해 리터러시 교육을 받을 수 있도록 적극적으로 지원해 주어야 한다. 그리고 연수를 받은 교사는 변화된 모습을 교내 다른 교사들에게 전수해 주기를 바란다. 디지털과 미디어는 삶의 목적이 아니고 삶을 윤택하게 하는 수단일 뿐이다.

---

3 창의적인 아이디어를 내는 데서 그치는 것이 아닌, 스스로 원하는 것을 만들고, 만드는 과정을 다른 사람과 공유하며 배우는 4차 산업 혁명 시대에 필요한 미래 교육이다.

미래 학교 준비 얼마나?
교육 과정 더 변해야…

여기를 봐도 미래, 저기를 봐도 미래, 온통 미래 투성이다. 일부 학교는 교명을 '미래고(충북 영동미래고, 부산 배정미래고, 인천 미래생활고 등)'로 변경하였고, 정부와 교육부 및 교육청은 '미래 교육'을 교육 정책의 아젠다(Agenda)로 삼아 비전을 제시하는 등 곳곳에서 '미래 학교' 준비에 박차를 가하고 있다.

다가올 미래는 머나먼 달나라의 이야기가 아니다. 매년 세계 3대 전시회인 'CES(세계 가전 전시회, Consumer Electronics Show)'와 'IFA(베를린 국제 가전 박람회, Internationale Funkausstellung Berlin)'가 가전 위주의 전시회를 열며, MWC(세계 최대의 이동 통신 산업 전시회, Mobile World Congress)는 모바일·이동 통신 중심의 전시회를 개최하여 빛의 속도로 변화하는 미래의 모습을 보여준다. 하지만 아직도 일선 학교에서는 매년 조금씩 바뀌는 교육 과정에 기대어 살짝만 움직이고 있다. 이처럼 기술의 발전 속도는 사람이 따라갈 수 없을 정도로 급변하고 있지만, 인재를 육성하는 교육 과정의 발전 속도는 고요를 넘어 적막하기까지 하다.

국가교육회의 김진경 의장은 일부 언론과의 인터뷰에서 "현재 같은 획일적인 학교 시스템에서는 다양한 교육이 불가능합니다. 이제는 4차 산업 혁명 시대에 대비한 교육 공간의 혁신이 필요한 시기입니다."라고 말하였다. 이 말은 고질적으로 고착화된 학교 시스템을 개선하기란 쉽지 않은 일이며, 문제의식과 함께 이와 같은 상태로는 다가올 미래를 준비할 수 없다는 우려의 표시이기도 하다.

최근 AI, 가상 현실, 증강 현실, 드론, 공유 경제 등으로 인간의 생활 깊숙이 침투한 IT 기술은 인간의 삶을 풍족하고 편리하게 만들어 주고 있다. 일부 학자들은 "미래란 10년 후가 아니고, 현재 진행되는 이 시각 현실 속에 존재한다."며, "기술의 노예가 되지 말고 기술을 통해 인간성을 회복하는 기회로 삼아야 한다."고 말한다.

이렇듯 미래 교육은 무엇보다도 다양한 지능으로 무장한 AI 로봇과 대등하거나 우위를 점유하기 위해 인간만이 지닐 수 있는 능력을 가르치는 것이 되어야 한다. 또 미래 학교는 학생들이 무한한 상상력과 잠재 능력을 발휘할 수 있도록 하는 학생 중심 교육으로 방향을 정하고, 그에 맞춰 교육 과정을 전면 개편하여 학생들이 스스로 꿈과 끼를 찾고, 삶을 설계하고 만들어갈 수 있게 구성되어야 한다. 즉 외부 세계와 단절되거나 폐쇄적인 학교 문화의 대대적인 혁신이 필요한 것이다. 교육의 주체인 학생, 학부모, 교사, 직원 등의 내부자들은 이를 '민주적인 학교'라고 하지만, 외부에서는 '아직도 멀었다'라는 식의 경계의 시선을 보내고 있다.

미래 교육에 관심이 많은 구글 코리아 정재훈(변호사)씨는 나와 만난 자리에서 "스스로, 그리고 함께 배우며 문제를 해결해 나가는 역량이 중요해지고 있으나 우리나라의 교과 과정이나 평가는 여전히 과거 방식에 매여 있어요."라고 지적하며 "학교에서도 협력하며 연구하는 학습 공동체 문화를 장려하고, 그 역량을 키우도록 돕는 시스템을 갖출 필요가 있어요."라고 말하였다.

많은 전문가들이 미래 사회에서 주목받을 능력으로 '상상', '상생', '공감', '협력', '협업' 등을 제시하고 있다. 이러한 능력을 발휘하는 교육이 되기 위해서는 학생들에게 '한 줄 세우기' 교육이 아닌, 교육 공동체의 집단 지성을 발휘하는 능력을 가르쳐야 한다.

다가올 사회는 더욱 복잡하고 혼란스러울 것이다. 또 개인의 독단적인 능력으로는 살아남기 힘들고, AI 로봇과의 경쟁에서는 늘 실패를 맛보게 될 것이다. 그러므로 미래 사회를 대비하는 학교는 학생들의 상상력을 담는 플랫폼이 되어야 한다. 일방적인 주입식 교육, 시대와 동떨어진 입시 정책 등으로는 다가오는 미래 사회와 4차 산업 혁명 시대를 준비할 수가 없기 때문이다. 일부 사람들은 앞으로 오프라인 학교는 사라지고, 온라인 시스템을 통한 교육으로 재편될 것을 우려하고 있으며, 가르치는 교사 역시 AI 로봇으로 대체될 것이라고 예측한다. 하지만 다가올 미래는 아무도 모른다. 따라서 지금부터라도 정확한 실태 분석을 통해 미래의 인재들에게 필요한 역량을 키워주는 교육 시스템으로 변경되어야 한다. 그리고 바로 그 교육 시스템에서 학생들 스스로가 판단하고, 분석하여 실천할 수 있도록 하는 디지털 미디어 리터러시 능력이 필요한 것이다.

학생들이 배우는 모든 것이 미래 사회의 필요한 역량으로 다가온다면, 한국은 세계 민주 시민으로 성장할 수 있을 것이다. 다만, 그러기 위해서는 학생들이 생활하는 학교에서 '배움', '쉼', '놀이' 등이 가능하도록 공간 구조의 혁신이 중요하다는 사실을 잊어서는 안 된다.

미래 교육, 학습자 중심의
교육 플랫폼 설계 및 구축·운영 필요

변화하는 미래, 교육은 무엇을 준비해야 하는가?

오늘날 '유튜버'는 청소년들이 선망하는 직업군으로 주목을 받고 있다. 하지만 실제 유튜버가 등장한 것이 2005년이니, 16년 전의 직업이 지금 유행하고 있는 것이다. 또 글로벌 모바일 메신저 서비스인 '카카오톡'은 2010년 서비스가 시작되어 채팅, 그룹 채팅, 보이스톡 등 많은 기능을 통해 모바일 플랫폼 영역을 확대하였으며, 현재는 그 분야 최고의 기업으로 성장하였다. 이처럼 우리 사회의 미래는 한 치의 앞도 예상하기 힘든 사회로 흘러가고 있다.

많은 미래 학자들이 앞으로 다가올 10년 후의 미래인 2030년대의 전망을 예측하는 리포트들을 쏟아내고 있다. 그들이 작성한 리포트를 간략하게 살펴보면, 2030년대에는 '세계 인구의 증가', '무인 자동차의 현실화', '3D 프린팅으로 인쇄되는 주택과 자동차', '드론을 활용한 무인 택배', '도시형 스마트팜' 등이 이루어질 것이라고 예측하는 내용이 주를 이룬다. 실제로 그중에서는 현재 이루어지고 있는 것들도 있다. 1980~1990년대인 20세기에도 21세기인 2000년대의 전망을 예측하는 각종 리포트가 넘쳐났었다. 그리고 당시 미래 학자들이 내놓은 대부분의 예견은 공상 과학 영화에서나 이루어질 법한 것들이었고, 실제로 몇 가지를 제외하고는 현실화되지 못하였다. 그럼에도 불구하고 인간들은 항상 10년 후에나 다가올 미래에 대해 기대하며, 한편으로는 우려의 시선을 보내고 있다.

　빠른 속도로 다가올 미래 환경은 교육에도 크나큰 변화를 예고하고 있다. 그렇다면 미래 학교와 미래 교육의 바람직한 모습은 어떤 모습일까? 또 학교라는 울타리가 꼭 필요할까? 물론 교수가 아닌 학습자 중심의 미래 학교, 미래 교육이 될 것이라는 점에 대해서는 이견의 여지가 없다. 대부분의 사람들이 공상 과학 영화에나 존재하는 미래의 교육 환경을 꿈꿔본다. 학교에 나가지 않고 가상 현실 또는 증강 현실을 활용하여 시간과 장소에 구애받지 않는 자율 속에서 배움을 실천할 수 있을 것이라고 생각하는 것이다. 그렇다면 만약, 그렇게 변해버린 미래 환경 속에서 학교와 그 집단에 속해 있는 교사의 역할은 어떻게 변하게 될까?

　'상상이 현실로 다가오는 미래를 대비하기 위해 학교는 어떤 교육 기관으로 남아야 할 것인가?'라는 질문에 대한 해답은 간단하다. 학습자가 원하는 모든 것을 실현해 주는 시스템을 구현하면 된다. 학습자인 학생들이 원하는 교육 내용과 교육 방식으로 플랫폼을 조성해야한다는 것이다. 즉 미래 학교는 학생들이 다양한 경험을 통해서 실패와 성공을 맛볼 수 있게 해야 하며, 교육 과정 속에서 이루어지는 평가시스템도 평가만을 위한 평가가 아닌, 소중한 삶의 경험으로 인식될수 있도록 해야 한다. 또 미래 사회에서 현재 존재하는 대부분의 직업이 사라지고 로봇이 대체한다고 가정한다면, 오히려 학생들이 무엇을배우고, 경험하는지는 명확해진다. 따라서 교사들은 학생들이 주도적으로 학습을 이어나갈 수 있는 환경을 제공해야 한다. 미래에는 교사의 일방적인 교수 학습 운영은 아무런 효과나 의미가 없으며, 필요한상당수의 지식은 이미 인터넷에 버젓이 존재하기 때문이다. 그렇기에교사는 그저 따뜻한 감성으로 무장하여 학생들의 소소한 경험들이 본인들의 삶으로 이어져 올바르게 성장할 수 있도록 이끌어주는 가이드 역할에 충실해야 한다.

그럼, 학습자인 학생들이 주도적으로 학습에 참여할 수 있도록 만드는 교육 환경에는 어떠한 것들이 필요하며, 그 조건은 무엇일까?

첫째, 국가 수준의 교육 과정, 시도교육청 단위의 교육 과정, 단위 학교의 교육 과정들을 연계한다. 그리고 이를 가르치는 교사들은 교육 과정을 재구성하여 학습자가 수업에 주도적으로 참여할 수 있도록 교육의 책무성과 자율성을 보장한다.

둘째, 초중고교도 대학교처럼 학점제를 도입하여 학생들이 주문하고 선택할 수 있는, 또 수업을 스스로 꾸며갈 수 있게 하는 강좌의 설치가 필요하다. 틀에 박힌 교육 과정 속에서 정해진 교과목만으로는 창의적이고 융·복합적인 미래 인재를 양성하는 데에는 한계가 있기 때문이다.

셋째, 학생뿐만 아니라 미래 교사의 역할이 증대되고 있다. 단순히 교육대·사범대를 졸업하고 임용 고시에 통과한 스펙만으로는 미래 학생을 지도할 수 있는 역량의 한계가 존재한다. 따라서 학생들의 잠재된 능력을 끄집어내는 교사의 역할이 중요하다.

넷째, 학부모와 지역 사회의 모든 인적·물적 자원을 교육과 연계하여 교육 생태계가 미래 교육과 학교를 지원할 수 있도록 시스템을 구축해야 한다. 학교 역시 마을과 지역 사회의 모든 자원과 촘촘히 연결되고 연계되어 학생들이 소중한 경험을 쌓을 수 있도록 기여해야 한다.

미래는 공상 과학 영화에서나 볼 수 있는 것이 아니다. 앞으로 10년 안에 다가올 현실이다. 그렇기에 현실을 통해 미래를 설계하는 것만큼 예견되는 미래를 보고 현실에서 변화시킬 수 있는 부분은 변화시키는 것이 중요하다. 현실은 미래를 반추해 보는 거울이기 때문이다. 앞으로 다가올 미래는 스마트 러닝[4](Smart running)한 평생 학습 사회이면서 온·오프라인의 교육 플랫폼으로 연결되는 미래 학습 사회가 될 것이다. 그렇기 때문에 정부 당국과 교육부, 그리고 시도교육청은 학습자 중심의 교육 플랫폼을 설계하고 구축 및 운영을 위한 준비에 서둘러야 한다.

---

4 스마트폰, 태블릿PC, e-Book 단말기 등 스마트 디바이스와 이러닝 신기술이 융합된 개념으로 학습자 중심의 맞춤형 학습 방법을 말한다.

디지털 리터러시 교육 등
미래 교육에도 교사가 희망이다

　급속도로 변화하는 미래 교육 환경에 대비하기 위해 정부와 교육청, 그리고 지자체의 움직임이 빨라지고 있다. 기존의 교육 방식으로는 창의·융합적인 핵심 인재를 양성할 수 없다는 절박한 심정 때문일 것이다. 이에 따라 각급 학교는 일부 교과목을 중심으로 디지털 교과서를 사용하기 위해 본격적인 움직임을 보이고 있다. 디지털 환경 조성은 미래 교육에서는 빼놓을 수 없는 부분이다. 하지만 일부 학교 및 교과목 중심의 디지털 환경 조성은 전체 교과목으로 파급되지 않는다는 약점을 지니고 있다. 또 아무리 첨단 디지털 환경을 꾸며도 교수 학습의 주체는 교사이기 때문에 교사의 역량이 곧 미래 교육의 핵심이라고 해도 과언이 아니다.

　교육대·사범대에서 교직 과정 등을 이수한 초중고 교사들은 과거
가 되어 버린 교사 양성 교육 과정을 통해 임용 고시를 통과한 교육 전
문가들이다. 그리고 이들은 여전히 교과목을 조금 더 쉽게 전달하기
위해 부단한 노력을 기울이고 있다. 그러나 이제는 빠르게 변화하고
있는 교육 환경에 적응하기 위한 노력이 필요하다.

　한국과학창의재단이 2015년 조사한 '수학 공부를 포기한 시기' 결
과, 초등학교(8.1%), 중학교(18.1%), 고등학교(23.5%)로 학급이 올라갈
수록 늘어난다는 것을 알 수 있었다. 학급이 올라갈수록 '수학 포기
자', '영어 포기자', '사회 포기자', '과학 포기자' 등의 수가 기하급수적으
로 증가하고 있는 것이다. 하지만 이에 대한 뚜렷한 해법을 찾지 못하
는 교사들은 힘들게 수업을 이어가고 있다.

　학생들이 교과 내용을 초등학교 때부터 포기하는 것은 말 그대로
현재 교육 과정의 대수술이 필요하다는 방증일 것이다. 따라서 어디

서부터 잘못되었는지 파악하는 것이 중요하다. 이를 교과 수업을 진행하는 교사만의 문제로 치부하기에는 복잡한 실타래가 엉켜있기 때문이다. 교사들이라고 왜 새로운 교육 환경에 신속히 적응하기 싫겠는가? 교사들도 새로운 교육 환경에 신속히 적응하고 대응할 수 있는 교수 방법을 터득하고, 직접 적용도 해 보고 싶은 심정이다. 그러나 우리나라의 교육 환경 상 배우고 싶어도 원하는 것을 쉽게 배울 수 없는 여건이기에, 이런 상황이 그저 통탄스럽기만 하다.

이때 혜성처럼 등장한 것이 바로 디지털 리터러시 교육이다. 기존 수업의 문제점, 그리고 학생들이 쉽게 포기하는 교과목에 약간의 디지털 도구를 사용하여 수업에 적용하였더니 큰 변화가 시작되었다. 가령, 수학 교과의 경우 도형 단원에서 학생들은 원을 작도하기 위해 컴퍼스, 자, 연필 등을 동원하여 삐딱삐딱한 원을 만들면서 시간을 소비하였다. 그러나 학생들이 지니고 있는 스마트폰이나 학교에 있는 컴퓨터를 활용하여 작도 프로그램을 사용하면 좀 더 쉽고 재밌게, 또 다양한 모양의 모형들을 만들 수가 있다. 이처럼 다양한 디지털 도구의 활용을 통한 교과 학습은 학생들의 문해력을 향상시켜주고 학생들이 원하고 상상하는 모든 것들을 체험하고 제작할 수 있게 해 준다.

이제는 학생들이 미래 사회의 핵심 역량을 스스로 만들어갈 수 있도록 교육 환경을 제공해 주어야 한다. 교사의 일방적인 주입식 교육은 수업의 진도를 훌륭하게 이끌어 나갈 수는 있지만, 정작 중요한 미래의 핵심 역량은 키울 수가 없기 때문이다.

교수 학습에 교사들조차 감당하기 버거운 교육 과정이 새롭게 들어오면, 당연히 이를 따라가야만 하는 학생들도 힘들지만, 무엇보다도 교사들이 더욱 힘들어진다. 그렇기에 교사가 감당할 수 있고, 새로운 것에 흥미를 느낄 수 있는 교육이 되도록 교육 여건이 보장되어야 한다. 현재 수많은 교수 학습 방법이 소개되고 있지만, 그 방법을 이해하고 적용하는 것은 오롯이 교사들의 몫이다. 따라서 2015년 개정 교육 과정에 맞춰 진도를 이끌어 가기 위해 고민하는 교사들에게 충분한 교수 학습이 가능하도록 평가권의 보장이 이루어져야 한다.

교육부와 시도교육청은 교사가 교사 수준의 교육 과정을 열정적으로 이끌어 갈 수 있도록 제반과 여건을 보장해 주어야 한다. 그러기 위해서는 무엇보다 교사가 교육의 본질에 집중할 수 있도록 행정 업무를 제거하여 오롯이 학생들의 수업, 생활 교육과 상담에 집중할 수 있도록 해야 한다.

해마다 방학이 되면 이곳저곳 직무 연수를 찾아다니며 땀 흘리는 열정적인 교사들을 보게 된다. 그리고 그런 모습을 보고 있으면, 아직 우리나라의 교육에서 희망의 모습을 보게 된다.

미디어 리터러시 교육,
학생들의 인생에 꼭 필요한 미래 교육

2019년 7월 29일, 교육부에서 '학교 미디어 교육 내실화 지원 계획'을 발표하였다. 이 계획은 학생들이 다양한 콘텐츠 제작 활동을 통해 미디어를 책임감 있게 이용하고, 비판적인 사고력과 합리적인 의사소통 능력을 함양(涵養)하여 개인과 사회의 문제를 올바르게 해결하는 시민으로 성장할 수 있도록 지원하겠다는 구상을 담고 있었다. 조금 뒤늦은 감은 있지만, 학교 미디어 교육에 대한 교육부의 내실화 계획 수립은 환영할 만한 일이다.

미디어 교육이란 '미디어를 이용하여 필요한 정보를 찾고, 제공되는 정보를 비판적으로 이해하며, 더 나아가 미디어를 활용하여 정보와 문화를 생산하고 사회에 참여하는 역량을 기르는 교육'을 의미한다. 또 미디어 교육은 '미디어 문해력(Literacy) 향상'과 동일한 의미로 사용되며, '미디어 리터러시'라는 용어로 사용되고 있다.

최근 '스마트폰 보급의 저연령화', '1인 미디어 확산' 등 미디어 환경이 급변하고 있으며, 미디어를 통한 의사소통 역시 활발해짐에 따라 미디어 교육에 대한 체계적인 정책 지원이 요청되었다. 그동안 학교에서 진행하던 미디어 교육, 일명 '미디어 리터러시 교육'은 미디어와 연관된 성취 기준을 근거로 수업을 진행하거나, 자유 학기제 프로그램 또는 창의적 체험 활동 등을 통해서만 이루어져 왔다. 또 정부 부처나 시민 단체의 주도하에 개별적으로 이루어지는 미디어 교육 역시 체계성과 일관성이 부족하다는 한계에 부딪히고 있다.

2018년 12월, 교육부와 한국직업능력개발원이 전국 초중고교생 2만 7,265명을 대상으로 조사한 '2018년 초중고 진로교육 현황 조사' 결과, 초등학생의 희망 직업 10위권에 '유튜버'가 처음으로 포함되었다는 것을 확인할 수 있었다. 이는 인터넷 방송을 하는 유튜버들이 청소년들 사이에서 큰 인기를 끌면서 등장한 현상이며, 학생들의 희망 직업이 점점 더 다양해지고 있기 때문이라는 분석이 지배적이다. 이처럼 학생들이 선호하는 희망 직업이 다양해지고 구체화되는 것은 다가오는 미래에 대해 적극적으로 진로를 탐색하고 있기 때문이다.

'1인 크리에이터'나 '웹툰 작가' 등이 학생들의 관심사와 희망 직업으로 자리 잡아 가는 것을 고려해서라도 다양한 학습 자료의 보급과 더불어 학교에서의 체험 공간 등을 통한 미디어 리터러시 교육이 필요하다. 물론 교과목과 연계된 미디어 리터러시 '교육 콘텐츠 개발'도 중요하지만, 장기적으로 '고교 학점제'와 연결된 교육 과정 개편을 통하여 학생들 스스로가 선택할 수 있는 과목을 신설해야 하며, 그 과목 안에는 미디어 리터러시 교육과 관련된 내용 등이 포함되어 있어야 한다. 현재도 학교 밖의 청소년과 농산어촌 등에 거주하는 청소년들은 정보의 격차로 어려움을 겪고 있기 때문이다. 따라서 개인적·지역적 여건 등을 다양하게 고려하여 누구나 미디어 리터러시 교육을 받을 수 있도록 연계망 구축을 강화해야 한다. 그러나 아직도 각 시도교육청에서는 완전한 인터넷 접근을 위한 인프라 구축에 회의적인 시각을 보내고 있다. 또 각종 규제와 가이드라인 등으로 인하여 학교에서도 손쉽게 정보의 바다인 인터넷에 접근을 할 수가 없다. 심지어 교사들 조차 별도로 아이피 할당을 신청해야 '카카오톡'이나 '네이버 밴드' 등에 접속할 수 있으며, 외부에서 교사들에게 발송되는 모든 종류의 이메일 역시 공직자 통합 메일을 통해서만 받을 수 있다. 이처럼 이러한 일련의 규제들이 교사들을 수동적인 존재로 만드는 것이다. 그렇기 때문에 미디어 리터러시 교육을 성공적으로 진행하기 위해서는 잘 짜여진 인터넷 인프라도 중요하지만, 교사들의 마음을 움직일 수 있는 미디어 리터러시 교육 지원 체제를 구축하는 것이 더욱더 중요하다.

성큼 다가오는 미래를 위해 지금부터라도 학생들에게 미디어의 분석·판단·수용 등의 능력을 키워줘야 한다. 이것이 학생들을 미디어 문맹으로부터 해방시켜주는 미디어 리터러시 교육이다.

일선 학교의 교사들은 교과 수업에서 다양한 방법을 통하여 창의·융합적인 미래 인재 양성을 위해 노력하고 있다. 이런 흐름에 맞춰 정부와 교육부, 시도교육청 및 지자체 등에서도 디지털과 미디어의 융합을 통한 리터러시 교육의 제공이 필요하다. 각종 디지털 전자 기기의 사용법과 기술만을 강조하는 작금의 교육 방식에 큰 변화가 필요한 것이다. 디지털·미디어 리터러시 교육을 통해 배우는 모든 것이 학생들이 살아가는 인생에 꼭 필요한 것임을 인지시키는 교육이 미래 교육이기 때문이다.

올바른 매체 이용 교육이
필요하다

2017년 여성가족부의 '청소년 매체 이용 및 유해 환경 실태 조사' 와 2018년 경기도교육연구원의 '통계로 보는 오늘의 교육'에 따르면, 경기도 지역 청소년(3,166명)들의 최근 1년 간 매체별 이용 경험으로 '지상파 TV방송 시청(95%)'이 가장 높다는 것을 확인할 수 있었다. 그리고 그 뒤를 '인터넷 실시간 방송 및 동영상 사이트(93%)', '인터넷·모바일 메신저(92%)'가 따르고 있었다. 이는 지상파 TV방송 시청을 제외하면 학생들의 매체 이용은 인터넷·모바일 중심으로 이루어지고 있다는 것을 의미한다.

요즘 청소년들은 앉으나 서나 늘 스마트폰을 손에 쥐고 있다. 이중 일부 청소년들은 수업 중에도 스마트폰의 다양한 콘텐츠를 활용하기 위해 애를 쓰는데, 대부분이 인터넷 실시간 방송 및 동영상 사이트, 파일 다운로드 사이트, 메신저, 웹툰, SNS, 인터넷 신문, 인터넷 잡지 및 전자 서적 등을 이용한다. 그리고 어른들은 이를 스마트폰 중독이라고 부른다. 「청소년 보호법」에서 지정한 '청소년'이라 함은 만 19세 미만인 사람을 말한다. 또 이 법은 청소년에게 유해한 매체물과 약물 등이 유통되는 것과 청소년이 유해한 업소에 출입하는 것 등을 규제하고, 청소년을 유해한 환경으로부터 보호·구제함으로써 건전한 인격체로 성장할 수 있도록 함을 목적으로 하고 있다. 오늘날 대부분의 청소년들은 흥미롭고 다양한 콘텐츠가 가득한 스마트폰이나 좋아하는 게임을 할 수 있는 컴퓨터에서 눈을 떼기가 쉽지 않다. 그리고 그 결과, 많은 가정에서 청소년기의 자녀들과 부모 간의 갈등이 발생하고 있으며, 갈등의 횟수 역시 늘어나고 있다.

"아이가 정해진 게임 시간을 초과해서 자주 싸워요."
"엄마가 매일 똑같은 잔소리를 해서 짜증나요."

스마트폰과 컴퓨터를 판매하는 L서비스 센터 K기사는 "자녀와 부모의 갈등으로 스마트폰을 던지거나 컴퓨터를 내팽개쳐 수리를 받으러 오는 부모가 증가하고 있어요."라며, "1번인 경우는 허다하고 2~3번 던져서 고장나거나 망가진 제품이 수두룩해요."라고 말하였다.

최근에는 스마트폰이나 컴퓨터를 사용하는 연령이 점점 낮아져 분유를 먹는 어린 아이들조차 스마트폰에 매달리는 경향을 보이고 있다. 우스갯소리로 '태어날 때 스마트폰을 가지고 나온다'라는 말도 생겨났다. 그만큼 저연령층인 어린이들과 청소년들의 스마트폰 중독성이 위험 수위로 치닫고 있는 것이다. 최근 1년 간 '매체별 이용 빈도 조사'에서도 '인터넷·모바일 메신저'와 'SNS'를 거의 매일 이용한다는 응답은 '초 〈 중 〈 고' 순으로 학급이 올라갈수록 높게 나타났다. 또 TV 시청을 제외하고 거의 모든 매체를 스마트폰을 이용하여 접하고 있는 청소년들은 '성인용 영상물·간행물 이용 실태'에서도 최근 1년 동안 '청소년 관람 불가', '19세 이상 시청가'로 표시된 성인용 영상물을 시청(39.3%)한 것으로 나타났다. 여기서 문제는 절반 이상의 고등학생(52.6%)이 성인용 영상물을 본 경험이 있고, 심지어 초등학생(21.2%)들도 본 경험이 있다는 것이다.

청소년들의 '성인용 영상물·간행물 이용 경로'로는 디지털 매체와 인터넷 포털 사이트를 통한 '인터넷 실시간 방송' 및 '동영상 사이트' 등이 주를 이루었으며, 청소년 5명 중 1명은 자주 이용하는 인터넷 사이트에서 성인용 영상물을 접하고 있는 것으로 밝혀졌다. 게다가 청소년 응답자의 35.9%가 '성인용 영상물 이용 시 나이 확인 절차 작동 여부'에서 나이를 확인하는 절차가 없었다고 답하였다. 따라서 이러한 불법 영상물 매체에 대한 정부의 관리·감독이 요구되고 있는 시점이다.

청소년들이 스마트폰이나 컴퓨터를 사용할 때에 작동하는 유해 사이트 차단 프로그램 설치율은 학교가 가장 높았다. 그러나 2대 중 1대에만 설치된 것이기에 학교 컴퓨터에 대한 관리 역시 필요한 시점이다. 한편 청소년들이 활용하는 스마트폰에서 유해 사이트 차단 프로그램이 설치되어 있는 경우는 고작 26%에 불과하였다.

이제는 청소년들이 올바르게 매체를 이용할 수 있도록 하는 교육이 필요한 시기이다. 이와 관련하여 경기도 전 의원인 S의원은 "청소년 성장 과정에 큰 영향을 미치는 폭력물이나 잔혹물만 아니라면, 부모도 부끄러워하지 말고 자녀의 성교육에 대한 교육 방식을 바꿔야 한다."라고 말하였다. 일선 학교에서는 '정보 통신 윤리 교육' 또는 '사이버 중독 예방 교육'으로 청소년들의 스마트 기기에 대한 과의존 및 중독성 예방 교육을 진행하고 있으며, 교사나 학부모를 위한 대응 역량에도 힘쓰고 있다.

청소년들의 매체 이용 증가와 더불어 수반되는 문제점은 선정적이고 폭력적인 드라마와 게임 등 유해한 매체 경험의 비례적 상승이다. 따라서 초중고에서 진행되는 예방 교육은 수박 겉 핥기식 교육이 아닌, 올바른 스마트 기기 사용 문화를 정착시킬 수 있는 교육이어야 하며, 정부와 교육부 등에서는 이와 관련된 교육 및 창의적 체험 활동과 연계된 교육 자료 개발에 힘써야 한다.

청소년들은 부모나 교사가 알고 있는 것보다 훨씬 더 많은 것을 알고 있으며, 성인물뿐만 아니라 폭력물 시청도 위험 수위에 있다. 무분별하게 노출된 환경에서 일찍이 영상물을 보게 되는 것이다. 물론 무조건적으로 막는 것보다 올바르게 계도하는 것이 필요하며, 청소년들에게 변별력을 키워주는 적극적인 교육이 필요하다.

빅데이터 활용 교육
어디까지 왔나

2016년 10월, 박근혜-최순실 게이트와 관련된 촛불 집회 당시, 언론사의 가장 큰 골칫거리는 '참가 인원 집계'였다. 경찰 측 추산 집계와 집회 측 추산 집계의 차이가 현격히 벌어졌기 때문이다. 이 문제를 손쉽게 풀 수 있는 열쇠는 집회가 열리고 있는 곳 근처 편의점의 '카드 결제 내역'을 확인하거나 '통신사의 데이터'를 활용하여 집회에 참가한 인원수를 집계하는 방법이다. 당시 이 방법으로 집회에 참가한 인원을 매우 정확하게 집계할 수 있었으며, 이 방법은 대규모 집회의 인원수를 집계할 때에 사용되는 방법의 바탕이 되었다.

무엇보다 빅데이터의 가치를 드높인 사건은 구글의 독감 유행 예측 이벤트였다. 구글은 사용자들의 '독감' 검색량의 추이를 분석하여 독감 증상을 보이는 사람들이 북미 지역에 많다는 사실을 알아냈고, 곧 독감 유행이 닥칠 것이라고 예측하였다. 이처럼 빅데이터는 데이터의 크기, 다양성, 속도, 정확성, 가치 등의 속성을 가지고 설명할 수 있다. 요즘은 인터넷 쇼핑몰에서도 빅데이터를 활용하여 시장의 흐름을 예견하고 구매자의 선택과 결정을 정확한 데이터로 만들어 실제 구매로 이어질 수 있게 제품을 추천한다. 그러나 빅데이터는 데이터의 속성을 충분히 발휘하는 순기능도 있지만, 역기능도 상존하고 있다. 즉, 이중성을 지니고 있는 것이다.

우리를 24시간 감시하는 CCTV는 인간의 모든 행동을 디지털 장비에 저장하고 있으며, 인간의 삶에서 없어서는 안 될 스마트폰 사용(GPS, 위치)으로 인하여 인간이 움직이는 모든 동선을 통신 업체에서는 전부 알고 있다. 또 페이스북에 올린 사진, 신용카드 결제 내역, 검색한 내용 등은 빅데이터로 누적됨과 동시에 '빅브라더'라는 특정한 조직에 노출이 된다. 한마디로 인간의 디지털 족적이 곳곳에 남게 되는 것이다. 그리고 이는 불특정 다수의 불순분자들에 의해 악용될 소지가 있다. 이에 따라 빅데이터의 소유권과 저작권 분쟁이 문제로 등장하고 있다. 일상적인 이야기와 사진 또는 동영상 등의 개인 저작물이 공유 기능에 의해 배포되는 경우 수익을 볼 수 있는 구조로 변모할 수 있는데, 이때 '과연 빅데이터의 소유권과 저작권 분쟁을 어떻게 해결할 수 있을까?'가 또 다른 이슈로 다가오고 있는 것이다.

성큼 다가온 4차 산업 혁명 시대에 빅데이터의 올바른 분석을 위해 사용되는 통계가 매우 중요하게 여겨지고 있다. 따라서 빅데이터 분석은 오류(평균치의 함정)에 빠지지 않도록 상당한 전문성이 요구되며, 섬세한 주의가 필요하다. 이렇듯 인간에게 유용한 혁명으로 다가온 빅데이터의 역기능을 제거하고 순기능을 보장한다면, 인간의 삶을 더욱더 윤택하게 해줄 것이며, 행복하게 만들어 줄 것이다. 그러므로 역기능을 순기능으로 바꿀 수 있는 빅데이터 활용 교육이 필요하다.

미래 사회를 준비하는 한국의 초중고 교육은 교육 과정과 교과서에 뿌려진 활자화된 데이터만을 학습하는 단계에 머물러서는 안 된다. 다양한 디지털 도구를 가지고 빅데이터를 활용하는 교육이 필요하다. 아직도 일선 학교에서는 수학의 '미분과 적분', '방정식과 부등식' 등을 교육 과정에 맞게 알맞은 공식을 사용하여 문제를 풀어보고 있다. 그러나 교실 수업에서 디지털 도구를 활용하게 된다면, 학생들은 어려운 문제를 손쉽게 풀 수 있는 경험을 획득할 수 있게 된다. 이는 단순한 문제 풀이에 그치는 것이 아니라 삶과 연계하여 창의적인 인재로 성장할 수 있는 발판이 되어 줄 것이다. 이러한 이유 등으로 빅데이터를 활용한 교육은 현실과 동떨어진 교육이 아니라 현재 이루어지고 있는 교육 과정 속에서 녹여내야 한다. 따라서 정부와 교육부는 학생들이 4차 산업 혁명 시대에 대비할 수 있도록 다양한 교육 플랫폼을 만들어야 하며, 교육청은 단위 학교에서 디지털 도구를 활용할 수 있도록 기자재의 보급과 더불어 최첨단 기술을 학생들에게 알려줄 수 있는 교사 연수에 집중하여야 한다. 아무리 좋은 기술과 장비가 있더라도 교사가 움직이지 않으면 아무 소용이 없기 때문이다. 급속한 변화를 거듭하는 미래 사회 속에 IT 기술보다 빅데이터가 인간의 감성을 인지하고 삶을 풍요롭게 만들어가길 기대해 본다.

인간성 바탕
SW 교육 이뤄져야…

    최근 정부의 소프트웨어 교육 정책에 힘입어 일선 학교에서 '코딩'이라는 'SW(Software) 교육' 열풍이 불고 있으며, 이와 관련된 도서와 민간 자격증 역시 넘쳐나고 있다. 또 초중고교 2015년도 교육 과정 개편에 따라 2018년도부터 중고교 '정보' 과목에서 SW 교육을 시행하고 있으며, 초등학교는 2019년부터 '실과' 수업에서 SW 기초 교육을 시행하고 있다. 이 SW 교육을 학급별로 살펴보면, 초등학교의 실과 수업에서는 '문제 해결 과정', '알고리즘', '프로그래밍 체험', '정보 윤리의식 함양'을 배우며, 중학교의 정보 필수 교과에서는 '컴퓨팅 사고 기반 문제 해결', '간단한 알고리즘', '프로그래밍 개발'을 배운다. 또 고등학교의 정보 일반 선택 과목에서는 다양한 분야와 융합하여 '알고리즘',

'프로그램 설계'에 관한 내용을 배운다. 이때 소프트웨어 교육에 등장하는 컴퓨팅 사고력(Computational Thinking)이란 '컴퓨팅의 기본적인 개념과 원리를 기반으로 일상생활에서 발생할 수 있는 문제들을 효율적으로 해결할 수 있는 사고 능력'을 말한다.

컴퓨팅 사고력(CT)의 구성 요소에는 '분해', '자동화', '패턴 인식', '알고리즘', '추상화' 등이 있으며, 이를 토대로 '분해', '자료 분석', '추상화', '알고리즘', '실행 및 검증', '일반화의 6단계 문제 해결 과정'이 이루어진다. 쉽게 말해 '1부터 10까지 숫자를 순서에 맞게 나열해 보세요'라는 명령이 있다고 가정했을 때, 인간은 '1, 2, 3 …'과 같이 오름차순으로 나열하지만, 컴퓨터는 이를 해결하기 위해 복잡한 명령을 단순화시키는 추상화 과정을 통해 숫자를 나열한다.

현재 여전히 논란의 여지가 있는 것이 바로 이 컴퓨팅 사고력이다. 디지털·미디어 리터러시 협회 김묘은 공동 대표는 "컴퓨팅 사고력의 6단계인 문제 해결 과정을 배우는 학생들이 인간만이 가질 수 있는 잠재력과 상상력을 사용하지 않고, 컴퓨터의 속성을 그대로 따라하는 것이 과연 옳은 방법인지 고민해 볼 필요가 있어요."라며 "컴퓨터의 도구나 기술을 이해하고 더 나아가 인간답게 활용하는 방안이 필요한 것이죠."라고 말하였다. 4차 산업 혁명 시대를 살아가는 청소년들에게 다양한 소프트웨어 교육은 필수적이다. 다만 컴퓨팅 사고력만을 강조하는 매몰된 소프트웨어 교육이 자칫 인간의 참다운 능력을 훼손시키지는 않는지 고민해 볼 필요가 있다.

인간이 컴퓨팅 능력으로 무장한 인공 지능 로봇과 경쟁하는 시대에 '과연, 로봇의 언어와 특성만을 배우는 것이 올바른 교육인가?' 하는 의문이 드는 시점이다. 경기도에서 근무 중인 A고등학교 P교사는 "컴퓨팅 능력이 미래 사회와 변화하는 직업, 그리고 스마트한 시대에 필요한 능력은 맞지만, 인간에게 필요한 인성 교육 및 기초 소양 교육이 먼저 선행되어야 해요."라고 지적하였다.

코딩 교육이나 SW 교육이 정부 당국의 소프트웨어 진흥 정책으로 최근에 부각된 것은 아니다. 15년 전에도 각종 컴퓨터의 언어를 배우기 위해 학원을 오가는 경우가 많았다. 당시 이들이 배운 언어는 단순히 '이런 것이 있으니 배우자', '컴퓨터 언어를 배우고 알고리즘을 짜 보니 눈으로 보이게 표현이 되는구나' 하는 정도에 그쳤다. 하지만 지금의 학생들은 기성 세대보다 컴퓨터 사용에 익숙하며, 다양한 도구를 사용하는 게임 속에서 즐거움과 쾌락을 느낀다. 따라서 일선 학교의 교육 과정 속에 깊숙이 들어온 SW 교육은 학생들에게 꽤나 익숙한 수업일 것이다. 그러나 여기서 중요한 점은 컴퓨터와 인터넷에 대해 어른보다 전문적인 식견을 보유한 학생들이기 때문에 컴퓨터적인 사고방식만을 강조하여 진행되는 소프트웨어 교육은 제고해 볼 필요가 있다는 점이다. 실제 실과 과목과 정보 교과 내용에 실린 지문을 보면 다양성이 존재하는 지문이 아닌, 한 방향만 주입하는 지문을 볼 수 있다. 사례를 요약해 보면 '나열된 정보에서 운전자는 어두운 색의 옷을 입고 길을 건너는 자신을 인식하지 못하고 지나간다. (중략) 어두운 색의 옷을 입어도 운전자가 잘 인식할 수 있게 LED 머리띠를 제작한다'고 되어 있다. 이때 '어두운 색의 옷을 입고 LED 머리띠를 제작하여 보행하도록 정해주는 것이 과연 제대로 된 교육일까? 이 외에도 다양한 방법들은 많을텐데…' 하는 의문이 생긴다. 이처럼 일방적인 정보의 나열을 보고 그것만을 생각하는 교육 과정이 옳은 교육인지 다시 한번 생각해 볼 필요가 있다.

인간이 로봇이나 컴퓨터와 다른 점은 무한한 상상력과 잠재력을 바탕으로 문제 해결 과정에서 토론과 토의를 거쳐 더 나은 문제 해결 능력을 펼친다는 것이다. 그러므로 앞으로 있을 10년 후의 미래 교육을 대비하기 위한 선행 조건은 인간만이 지닌 상상력과 협력하는 능력을 키워주는 방향으로 설정되어야 한다. 즉 인간성이 살아나는 감성으로 다져지는 '공감 SW 교육'이 필요한 것이다. 또 소프트웨어 교육이 교육 과정에 들어와 있지만, 정작 과목 교사는 준비가 덜 된 상황이기도 하다. 물론 초등·중학교에 '피지컬 컴퓨팅', '언플러그드 교육 시설'이 전혀 준비되어 있지 않은 것이 큰 이유를 차지한다. 이렇듯 하드웨어는 부실하고 소프트웨어 교육만 선진화하는 것이 타당한지, 교육 공간을 재구조화하기에 앞서 이런 상황부터 고민해봐야 한다. 교육을 위한 공간 속에는 필요한 것들로만 가득 채워져 있어야 하기 때문이다.

AI 시대 교육도
교원의 마음 움직여야…

　　디지털 리터러시와 도구를 활용한 융합 교육이 가능하도록 해야 한다. 하루가 다르게 급변하는 디지털 기술을 사람이 일일이 배우는 것은 불가능하기 때문에 미래의 주인공인 학생들의 디지털·미디어 리터러시 역량을 강화시키는 것이 무엇보다 중요하다.

　　디지털 리터러시(digital literacy)는 '디지털 자료를 올바르게 검색하고 판별한 뒤, 사용·제작하는 능력'을 말한다. 따라서 인터넷에 불확실한 정보가 넘쳐나는 오늘날, 사람들이 책임감 있게 자료를 다룰 수 있도록 디지털 리터러시를 확대하는 것이 그 어느 때보다 중요하다.

　　2019년 10월, 문재인 대통령은 "정부는 완전히 새로운 인공 지능(AI)에 대한 기본 구상을 바탕으로 올해 안에 'AI 국가 전략'을 제시하겠다."고 밝혔다. AI를 4차 산업 혁명 시대를 이끌 핵심 분야로 키우겠다는 구상이다. 또 문 대통령은 "개발자들이 상상력을 마음껏 실현할 수 있도록 포괄적 네거티브 규제로 전환하고, 대학교 학과 신·증설과 함께 대학 교수의 기업 겸직을 허용해 세계 최고의 인재들이 우리나라에 모일 수 있도록 하겠다."고 말하였다. 이날 문 대통령이 언급한 것처럼 오늘날은 인공 지능이 미래의 핵심으로 부각됨에 따라, 그와 관련된 것들이 전성시대를 맞이하고 있다.

2019년 7월, 대통령을 접견한 소프트뱅크 손정의 회장은 "한국이 초고속 인터넷과 모바일 인터넷 관련하여 세계 1위 국가로 성장해 매우 기쁩니다. 앞으로 한국이 집중해야 할 것은 첫째도 인공 지능, 둘째도 인공 지능, 셋째도 인공 지능입니다."라고 말하였다.

이처럼 인공 지능이 부각되면서 세계 다양한 나라에서 인공 지능을 국가 정책 과제로 선언하고 있으며, 유럽, 아시아 등 선진국에서도 인공 지능 시대를 위한 노력을 경주하고 있다. 그리고 이런 인공 지능에 대한 총력전과 더불어 중요하게 떠오르는 분야가 있다. 바로 디지털 리터러시 교육이다. 그러나 우리나라의 디지털 리터러시 교육은 아직도 걸음마 단계에 위치하고 있으며, '디지털 문맹률' 역시 높은 편이다. 이러한 사실을 뒷받침하는 근거로는 노령층의 국민 대부분이 자동화된 음식점에서 무인 주문 시스템(키오스크)을 이해하지 못해 음식을 주문하지 못하고 있다는 사실과 국민의 대부분이 디지털 데이터의 개념과 컴퓨터 프로그래밍 능력이 전무하다는 사실을 들 수 있다. 따라서 이제는 모든 분야에 걸쳐 인공 지능을 교육하는 융합 인재를 육성해야 하며, 그러기 위해서는 인공 지능과 더불어 중요한 디지털 리터러시 교육에 과감한 투자가 선행되어야 한다. 현재 정부에서는 우리나라의 디지털 리터러시 교육의 청사진을 제시하고 있지만, 실질적인 재정 투자는 이루어지지 않고 있다. 또 몇몇 시도교육청 및 지자체에서는 아직도 도입 예정이거나 시범 사업 수준에 머물러 있다.

**디지털은 죄가 없습니다.
우리에게 달려있습니다.**

(출처: 디지털 리터러시 교육협회)

미래 환경에 적응하는 인재를 양성하기 위해서는 디지털 리터러시 역량을 필수적으로 키워야 한다. 모든 것이 디지털화되고 있는 시점에서 컴퓨터와 인터넷을 활용하여 문제를 해결하는 능력은 필수적인 요소이기 때문이다. 따라서 우리들의 생활 깊숙이 침투하고 있는 인공 지능에 맞서기 위해서는 초중고 교육 과정에서 충분한 디지털 리터러시 교육이 진행되어야 한다. 그러나 현재 소프트웨어 교육, 디지털 리터러시 교육, 인공 지능 교육 등을 담당할 역량을 지닌 교사들이 턱없이 부족한 상황이다.

이에 따라 교과목과 연계하여 융합된 교육을 진행하는 '교과 융합 디지털 리터러시 교육'이 새로운 대안으로 모색되고 있다. 이 교과 융합 디지털 리터러시 교육은 현재 청소년들이 학습하는 모든 교육 과정 속의 내용을 다양한 디지털 도구를 활용하여 디지털화할 수 있다. 실제로 일부 학교에서 도입되어 진행되고 있는 디지털 리터러시 역량 함양을 위한 교육은 학생뿐만 아니라 교사, 더 나아가 학부모들에게도 큰 인기를 얻고 있다. 학생이나 교사가 특별한 기술을 장시간에 걸쳐 배우는 것이 아니라, 수업을 진행하는 데 있어서 보조 도구를 활용하여 지루하지 않는 수업, 졸리지 않는 수업, 집중하는 수업을 선사하고 있기 때문이다.

(출처: 교육부 홈페이지)

그동안의 교육은 정해져 있는 교육 과정 속에서 그 내용을 포함하고 있는 교과서의 성취 기준과 수준에 맞춰 목표를 정하고 전달하는 교육이었다. 그러나 앞으로는 학생들이 주도적으로 수업에 참여하고, 배운 내용을 중심으로 다양한 디지털 도구를 활용하여 나만의 작품을 만들 수 있다는 자신감을 심어주는 교육이 선행되어야 한다. 그래야만 학생들이 훗날 같이 생활해야 하는 인공 지능 로봇과 어깨를 나란히 할 수 있다. 그러므로 지금부터라도 정부와 관계 당국에서는 치밀하게 교육 정책 과제를 선정하고, 예산 지원을 통해 교원들의 역량 강화와 더불어 모든 교과목에서 인공 지능, 빅데이터, 디지털 리터러시 능력 함양을 위한 제도적인 뒷받침을 마련해 주어야 한다.

현재 대한민국은 따뜻한 디지털 감수성으로 무장한 디지털 시민을 양성하기 위한 중대의 기로에 서 있다. 따라서 지금부터라도 교사들에게 교과 운영과 평가에 대한 재량권을 부여하고, 다양한 교과 융합 교육이 가능하도록 재량권을 부여해야 한다. 아무리 강한 인공 지능이 등장한다고 해도 결국은 사람이 중심이 되어야 하기 때문이다.

스마트폰 집착을 낮추기 위한
교육이 필요하다

　오늘날 스마트폰은 대부분의 사람들이 기상과 동시에 사용하고, 잠들기 직전까지 손에서 놓지 않는 전자 기기이다. 이 스마트폰은 이른 아침에 알람 소리로 우리를 깨워주고 출퇴근이나 등하교의 무료함을 달래주며, 멀리 떨어져 있는 친구에게 안부를 전할 수 있게 해준다. 더 나아가 인터넷에 접속하여 정보를 검색하고, 쇼핑 및 음악 감상과 모바일 게임 등 우리에게 각종 편의를 제공하고 있다. 이렇듯 스마트폰은 다양하고 편리한 기능을 지니고 있으며, 사용자가 언제 어디서나 필요한 정보와 기능을 간편하게 이용할 수 있도록 해준다. 전화의 기능뿐만 많은 정보를 사용자에게 전달해 주는 영리한 전자 기기로 자리 잡은 것이다. 이처럼 우리들의 삶에 없어서는 안 될 이 전자 기기는 어린 아이부터 노인까지, 또 어떤 장소에서든 우리의 손에서 벗어나지 않는다. 그래서 스마트폰과 관련된 문제들이 자주 발생하며, 그 빈도 역시 늘어나고 있는 것이다. 물론 스마트폰을 적절하게 사용하여 다양한 정보를 습득하고 SNS를 이용하여 주변 사람들과 소통 및 공감하는 것은 괜찮다. 하지만 남들과 어울려 있으면서도 스마트폰을 과도하게 사용하거나 길거리에서 위험 상황을 인지하지 못할 정도로 사용하는 것은 큰 문제이다. 이러한 행동들이 대화의 단절, 또는 큰 사고로 이어질 수 있기 때문이다. 또 스마트폰을 이용한 게임, 무분별한 동영상 시청 등 다양한 콘텐츠에 빠져 업무나 학업에 지장을 초래하는 경우도 허다하며, 수면 장애나 거북목 등 건강에 좋지 않은 영향도 끼친다. 게다가 비싼 스마트폰 가격과 통신 요금은 경제적인 부담까지 가중시킨다.

스마트폰의 사용이 보편화되면서 점차 과다 사용에 따른 사회적 문제가 대두되고 있다. 물론 성인들의 스마트폰 중독 역시 큰 문제이지만, 청소년들의 스마트폰 중독 위험군이 급속도로 증가하고 있어, 이에 대한 대책 마련이 요구되고 있다. 2017년 한국정보화진흥원의 실태 조사에 의하면, 매년 스마트폰의 의존성에 따라 2가지 이상의 특성을 보이는 '잠재적 위험군'과 '고위험군'은 2017년 기준, 약 786만 명(18.6%)인 것으로 나타났다. 이는 2013년 약 499만 명(11.8%)보다 300만 명 가량 늘어난 수치이며, 이 수치는 시간이 지날수록 꾸준히 증가하고 있다. 또 2016년, 여성가족부가 발표한 자료에 따르면, 우리나라 청소년 100명 중 14명은 스마트폰에 중독된 경향을 보이고 있다는 것을 확인할 수 있었다. 특히 초등학생들 사이에서 이러한 중독 위험군이 증가하고 있었으며, 10명 중 4명은 잠들기 직전까지 스마트폰을 사용하는 중독의 저연령화 양상을 이루고 있었다. 더욱 심각한 점은 영유아들의 스마트폰 최초 경험 시기가 평균 2.27세로 낮아지고 있다는 것이다.

스마트폰에 중독된 사람들은 일반적으로 하루 8시간에서 10시간 이상 스마트폰을 사용하며, 심한 경우 식사도 하지 않고, 잠도 자지 않은 채, 게임과 인터넷에 빠져드는 현상을 보인다. 특히 영유아 및 청소년기에 스마트폰을 과도하게 사용하게 되면, 의사소통이나 대인 관계에 부정적인 영향을 끼칠 수도 있으며, 등·하교 시 안전사고 및 교통사고, 학습 능력 저하, 수면 장애 등의 부작용을 불러일으킬 수도 있다.

이러한 스마트폰 중독을 치유하는 가장 효과적인 방법은 사용 습관을 확인하고, 사용 시간을 기록하여 자신이 얼마만큼 사용하였는지 확인하는 것이다. 하지만 무엇보다도 스마트폰을 대체할 활동이나 스트레스를 관리하는 자신만의 방법을 찾아보는 것이 가장 효과적이다. 또 스마트폰이나 컴퓨터를 이용한 인터넷 중독 등은 사후 처방보다는 사전 예방에 중점을 두어야 한다. 영유아 및 청소년기에는 충동성을 조절하는 전두엽 기능이 아직 완성되지 않았기에 자기 통제력이 성인에 비해 현격히 떨어진다. 이럴 경우 부모나 교사 등 성인들이 중독에서 벗어날 수 있도록 도움을 줘야 하는데, 이때 가장 중요한 것이 바로 스마트폰을 강제로 뺏거나 못하게 하면 안 된다는 것이다. 이럴 경우 오히려 더 큰 부작용을 초래할 수도 있게 된다. 그러므로 대화를 통해 사용 시간 등을 정하고 지속적으로 사용 시간과 사용한 내용을 확인시켜 주는 노력이 필요하다. 무엇보다 아이와 함께 할 수 있는 다양한 체험 활동을 해 보고, 많은 대화를 통해서 자녀의 관심사를 받아들여 보는, 또 함께 공유하고자 하는 노력이 중요하다.

자! 지금부터라도 직접 사람을 만나 얼굴을 보고 대화하는 시간을 늘리도록 노력해 보자. 여러 사람들과 공감하는 자리에서 스마트폰을 사용하지 않는 자제력은 꼭 필요하다. 그러므로 가정이나 직장, 또는 학교 현장에서 스마트폰 중독에 대한 교육이 꼭 이루어져야 한다.

디지털 기기 중독 시대, 스스로 발 빼는 '내적 동기' 만들어야…

시간이 지날수록 청소년들의 스마트폰 과의존 수준과 게임 의존도가 심각하게 증가하고 있어, 이에 따른 대책 마련이 시급한 것으로 나타났다. 요즘 버스나 지하철 등 대중교통에 탑승해 보면 대부분의 사람들이 스마트폰에 푹 빠져 있다는 사실을 쉽게 알아차릴 수가 있다. 과거처럼 졸거나 책을 읽는 사람은 찾아보기가 힘들 정도로 많은 사람들이 스마트폰의 작은 화면에 몰입하여 게임을 하거나 음악을 들으며, 인터넷 서핑을 즐긴다. 이는 스마트폰이 바쁜 현대인들의 지루한 시간을 달래주는 전자 기기로써의 역할을 수행하고 있다고 볼 수 있다. 그러나 현재 현대인들의 스마트폰 이용 수준은 짧거나 긴 출퇴근 또는 등하교 시간에만 이용하는 수준을 넘어 학교, 직장, 가정 등 자신의 일상생활에 지장을 줄 정도의 수준이 되어 버렸다. 그리고 이러한 문제는 곧바로 사회적인 문제로 대두되어 우리들에게 다가왔다.

많은 사람들이 아침에 눈을 뜨자마자 스마트폰을 찾고, 화장실을 이용할 때도 수건보다 먼저 챙겨 들어가며, 식사를 하는 식탁에서조차 손에서 놓지 못하고 있다. 또 길거리에는 스마트폰을 보며 걷는 사람들로 넘쳐나며, 운전을 하는 사람들의 손에도 스마트폰이 쥐어져 있다. 신호를 기다리는 그 짧은 시간조차 스마트폰을 보는데 활용하고 있는 것이다. 그러나 가장 심각한 것은 어른들의 스마트폰 중독이 아닌 아이들의 스마트폰 중독 상태가 심각하다는 것이다.

◈ 9-17세 아동의 스마트폰 과의존 수준

(단위: %, 명)

구분		고위험군	잠재적 위험군	일반 사용자군	계
2018 전체		5.8	27.9	66.3	2,510
아동 성별	남	7.5	31.2	61.2	1,314
	여	4.0	24.2	71.9	1,196
아동 연령	9-11	3.8	24.5	71.6	839
	12-17	6.8	29.5	63.6	1,671
표본	일반	5.6	27.4	67.0	2,370
	수급	9.4	36.3	54.3	140
소득 수준	중위소득 50% 미만	11.8	36.2	52.0	233
	중위소득 50%~100%	5.8	29.4	64.8	792
	중위소득 100%~150%	5.0	25.0	70.0	1,040
	중위소득 150% 이상	4.9	29.4	65.7	412
	무응답	0.0	4.4	95.6	33
지역	대도시	6.9	32.8	60.3	1,137
	중소도시	5.2	23.3	71.5	1,217
	농어촌	3.1	27.4	69.4	156
가구 유형	양부모	5.8	27.4	66.8	2,326
	한부모·조손	6.5	33.5	60.1	184
맞벌이 여부	맞벌이	5.5	25.4	69.1	1,149
	외벌이	6.1	29.9	64.0	1,309
	기타	6.2	30.7	63.0	52

　　2019년 8월 13일 보건복지부가 발표한 '2018 아동 종합 실태 조사'에 따르면, 9~17세에 해당하는 아동들의 '스마트폰 과의존' 수준이 심각한 것으로 나타났다. 조사 결과, 약 5.8%의 아동들이 고위험군에 속해 있었으며, 27.9%가 잠재적 위험군에 속해 있었다. 이는 66.3%의 일반 사용자군을 제외한 33.7%의 아동들이 심각한 중독 상태에 있다는 것을 뜻한다.

　　스마트폰 과의존이란 과도한 스마트폰 이용으로 스마트폰에 대한 의존성이 증가하고, 이용 조절력이 감소하여 문제적 결과를 경험하는 상태를 의미한다. 본 조사에서 고위험군과 잠재적 위험군의 비율 합으로 계산되는 과의존 위험군의 비율은 약 34% 정도인 것으로 나타났다. 이 수치는 '2017년 스마트폰 과의존 실태 조사'에서 나타난 과의존 위험군 비율 30%보다 약 4% 높아진 비율이다. 이를 아동 특성별로 살펴보면, 과의존 위험군은 12~17세의 남자 아동, 소득 수준이 낮은 수급 가구 아동, 한부모 및 조손 가구의 아동일수록 높게 나타났다. 또 거주하는 지역별로 살펴보면, 농어촌에 거주하는 아동이 다른 지역에 거주하는 아동보다 낮게 나타났다.

◈ 9-17세 아동의 문제적 게임 이용 여부

(단위: %, 명)

구분		정상 게임 이용군	문제적 게임 이용군	계
2018 전체		83.3	16.7	2,510
아동 성별	남	79.9	20.1	1,314
	여	87.0	13.0	1,196
아동 연령	9-11	83.6	16.4	839
	12-17	83.1	16.9	1,671
표본	일반	83.6	16.4	2,370
	수급	77.1	22.9	140
소득 수준	중위소득 50% 미만	67.1	32.9	233
	중위소득 50%~100%	80.6	19.4	792
	중위소득 100%~150%	87.4	12.6	1,040
	중위소득 150% 이상	86.2	13.8	412
	무응답	97.0	3.0	33
지역	대도시	77.9	22.1	1,137
	중소도시	87.8	12.2	1,217
	농어촌	87.2	12.8	156
가구 유형	양부모	83.6	16.4	2,326
	한부모·조손	79.3	20.7	184
맞벌이 여부	맞벌이	84.1	15.9	1,149
	외벌이	82.8	17.2	1,309
	기타	78.8	21.2	52

한편, 9~17세 아동의 문제적 게임 이용 여부에 대해서도 살펴본 결과, 전체 아동의 16.7%가 이용한 경험이 있는 것으로 나타났다. 이를 아동 특성별로 살펴보면 문제적 게임 이용 여부는 남자 아동, 소득 수준이 낮은 수급 가구의 아동일수록 높게 나타났다.

또 2019년 2월, 과학기술정보통신부가 보고한 '2018년 인터넷 이용 실태 조사'에 따르면, 대한민국 인터넷 이용자 수는 총 4,612만 명이며, 이중 인터넷 이용률은 91.5%에 해당하였다. 가구당 정보 통신 기기 보유 현황은 모바일 기기가 94.9%였으며, 하루에 95.3%가 1회 이상 인터넷을 이용하였고, 이용자의 주 평균 이용 시간은 16시간 30분이었다. 이때 스마트폰 이용자의 주 평균 이용 시간은 10시간 47분이었으며, 95.7%가 하루에 1회 이상 이용하고 있는 것으로 나타났다.

스마트폰은 점점 우리들의 일상생활에 없어서는 안 될 필수적인 전자 기기로 자리를 잡아가고 있다. 그리고 이러한 현상과 함께 스마트폰이 가까이에 없으면 초조해지거나 불안감을 느끼는 '노모포비아(Nomophobia, 노 모바일폰 포비아)' 증상을 겪는 사람들 역시 증가하고 있다. 그야말로 술, 담배의 물질적인 중독을 넘어서 '디지털 중독'의 세계로 들어선 셈이다. 디지털 기기에 의한 디지털 중독은 우리의 모든 일상생활을 바꿔 놓고 있다.

(애덤 알터, 「멈추지 못하는 사람들」, 부키, 2019)

　　미국 뉴욕대학교에서 심리학과 마케팅을 담당하고 있는 '애덤 알터(Adam Alter)' 교수는 자신의 저서 「멈추지 못하는 사람들」을 통해 디지털 중독을 '행위 중독'으로 묘사하고, 그 중독의 심각성을 대중들에게 경고하였다. 그리고 그는 많은 사람들에게서 나타나는 디지털 중독 현상에 대해 "그 사람의 인내력이 부족해서 생기는 문제가 아니다."라고 말하며, "디지털 기기를 개발하는 수많은 전문가가 구매 예정자들의 인내력과 자제심을 허물기 위해 어마어마한 노력을 하기 때문이다."라고 하였다.

　　지금 이 순간에도 아동·청소년, 심지어 어른들까지 컴퓨터나 스마트폰 화면 속의 세상에 빠져들고 있으며, 일부는 작은 화면 속의 세상으로 인하여 현실과 단절된 생활을 하기도 한다. 이렇듯 디지털 기기들과 많은 시간을 보내는 사람은 그렇지 않은 사람에 비해 공감 능력이 현저하게 떨어지며, 이러한 현상이 사회생활을 영위하는 데 곤란을 겪게 할 수도 있다. 따라서 정부와 관련 기관에서는 국민들의 안전과 올바른 디지털 기기 사용을 위해 디지털 중독성 치유 프로그램을 신속하게 개발하고 보급해야 한다.

디지털 중독에서 벗어나는 방법은 생각 외로 간단하다. 우선 누군가에 의해 강제로 회피하게 만드는 '외적 강제'보다는 스스로 중독을 회피하고자 노력하는 '내적 동기'가 중요하다는 사실을 인지하고 있어야 한다. 그리고 당사자와 충분히 상의하여 디지털 기기 사용 시간(평일은 30분, 주말에는 2시간 등)을 정해 놓으면 된다. 이때 정해진 약속 시간은 가족 모두가 잘 볼 수 있는 곳에 부착하여 늘 상기할 수 있도록 해야 한다. 이처럼 아동·청소년들을 위한 학교, 가정에서 내적 동기 부여를 위한 다각적인 노력이 필요하다.

제3장

미래 교육,
교육 정책에서
답을 찾다

방학, 아이들에게 온전한
휴식과 경험을 선사하자

방학이 시작될 시기가 되면, 성적표로 속상해하거나 힘들어하는 학생들이 하나둘 생겨난다. 그 시기에 한 학기 동안의 성적이 담겨 있는 성적표를 나눠주기 때문이다. 그래서 성적표는 방학을 알리는 대명사가 되었다. 최근 학생들의 성적표는 성취 기준의 도달도를 확인하는 평가로 변경되어 평가란에 '도달', '미도달'을 기재한다.

매년 찾아오는 여름과 겨울 방학, 이 꿈 같이 달콤한 휴식 시간을 앞에 두고 학생들은 많은 생각에 잠긴다. 방학이 되었다고 마냥 놀기에는 불안하고, 그렇다고 긴 방학 기간 동안 공부에만 열중하는 것은 아쉽기 때문이다. 분명 방학이란 그동안의 학업에서 잠시 벗어나 휴식과 재충전을 갖는 시간을 의미한다. 우리나라의 대부분의 학교는 매년 7월 20일경부터 8월 20일경까지가 여름 방학이고, 12월 20일경부터 1월 20일경까지가 겨울 방학 기간이다. 최근에는 겨울 방학과 봄 방학을 합쳐 진행하면서 약 두 달간의 겨울 방학을 보내는 학교도 늘어나고 있다. 그리고 이 방학 기간에는 방학 숙제가 거의 없다. 겨울 방학이 끝남과 동시에 새 학기가 시작되기 때문이다.

이처럼 봄 방학이 사라지고, 빠른 졸업식과 종업식을 진행하다 보니 2월에 있던 졸업식이 자연스럽게 12월 말이나 1월 초로 옮겨지고 있다. 또 학교 자율로 학사 일정을 결정하다 보니 시도교육청별, 지역별로 졸업식과 종업식 날짜가 상이하여 애를 먹는 경우도 발생하고 있다. 게다가 학교별로 교과 진도가 마무리되면 '자기 계발 시기 프로그램'을 진행하는데, 예전보다 방학이 늦게 진행되다 보니 교사나 학생은 지칠 대로 지친 상태에서 방학을 맞이하게 된다. 그리고 방학과 동시에 졸업식을 준비해야 한다는 번거로움도 상존한다.

그러나 2월 전체를 방학 기간으로 설정하는 것을 반기는 학생, 교사, 학부모의 수가 증가하고 있는 추세이다. 경기도의 경우, 현재 80% 가량의 학교에서 늦은 방학식 및 졸업식을 진행하여 2월까지 겨울 방학을 진행하고 있다. 그 결과, 학생들은 그동안 부족한 시간으로 가정에서 하지 못했던 것들을 할 수 있어서 좋다는 반응이다. 교사의 입장에서는 2월 초에 발표하는 인사 발령에 맞춰 오고 가는 업무 분장 및 새 학기 대비 워크샵, 대토론회 등 즐비한 프로그램을 조금은 여유 있게 준비할 수가 있게 되었다.

방학, 어떻게 변화하고 있나

1979년 시작된 '탐구 생활'의 명칭은 1998년 이후, 일부 지역에서 '방학 생활'이라는 이름으로 바뀌었다.

e-나라 지표의 '가족 형태별 분포'에 의하면, 우리나라의 핵가족 비중은 1970년 71.5%에서 2015년 81.7%로, 약 10% 증가하였다. 이렇듯 핵가족화의 증가로 인해 과거처럼 방학을 맞아 친척 집에 방문하는 비중이 자연스럽게 줄어들게 되었다. 또 2017년에 조사한 '자녀 연령별 맞벌이 가구 비율'을 보면, 초등학생 자녀(7~12세)를 둔 맞벌이 가구 비율이 51.3%를 차지하였다. 이처럼 초등학생을 둔 가정의 절반 이상이 맞벌이 가구이기 때문에 대부분의 학생들이 방학을 혼자 보내거나 학원 또는 과외를 전전하게 되었다.

2012년부터 모든 토요일이 휴일로 지정되면서, '놀토'라는 단어를 더 이상 사용하지 않게 되었다. 그렇게 주 5일 수업이 실시되었고, 매년 190일 이상의 수업 일수만 채우면 되었기에 나머지 부분은 방학 일수에 포함시켜 융통성 있는 방학을 보낼 수 있게 하였다. 학생들은 이 방학 기간 동안 가족, 친구 등과 잊지 못할 추억을 만들고 싶어 한다. 특히 초등학생들에게 방학은 매우 소중한 시간이다. 아직 부모의 사랑이 필요한 나이이기에 부모님과 좋은 추억을 만들 수 있는 뜻깊은 시간이기 때문이다.

방학이 왜 부담이 되었나? 학생들에게 온전한 방학을

학생들의 방학 생활 중 최대 고민은 무엇보다 방학 숙제와 예습 및 복습 등일 것이다. 이때 어른들은 학생들 스스로가 알아서 할 수 있도록 옆에서 지도·조언만 해주는 것이 중요하다. 또 방학 기간 중, 학생이 가고 싶어 하는 곳이 있으면 함께 찾아가서 값진 추억을 만들어줘야 한다. 방학은 아이와 부모가 함께 그동안 하지 못하였던 것들을 하며, 끈끈한 유대감을 형성할 수 있는 값진 시간이기 때문이다. 하지만 오늘날의 많은 부모들은 학생들의 방학 기간이 길다는 볼멘소리를 한다. 이러한 말을 하는 이유에는 여러 가지의 상황이 존재하겠지만, 무엇보다도 삼시세끼를 마련해야 한다는 부담감과 다른 학생들에 비해

뒤처지지 않도록 뭔가를 시켜야 한다는 압박감 등의 문제일 것이다. 그래서 부모는 방학 기간 동안 집 근처에 있는 다양한 사교육을 알아 보고 자식을 보내는데, 이때 엄청난 사교육비가 들어간다. 즉 자식들 의 방학 기간이 길어질수록 많은 돈이 들어가는 것이다.

　방학이란 한 학기나 학년이 끝난 뒤, 또는 더위나 추위를 피하기 위해 일정 기간 동안 수업을 쉬는 휴식 기간을 말한다. 그러나 언제부 턴가 방학이라는 휴식 기간이 학생과 부모에게 올바른 쉼과 여유를 선사하지 못하고 있다. 부디 학생들이 올바르게 휴식을 취할 수 있도 록 어른들이 진정한 방학을 부여했으면 좋겠다.

교사들 방학 관련
청와대 국민 청원을 보고…

   2018년 7월, 청와대 국민 청원 코너에 '교육 공무원 41조 연수 폐지를 청원합니다'라는 글이 올라와 논란이 일어난 적이 있었다. 이 청원의 주요 내용은 '학생들의 방학 기간에 교사들은 왜 같이 쉬는 것이며, 방학 기간 동안 수업에 필요한 연구·연수를 집이 아닌 학교에 출근해서 해야 한다'는 것이었다.

   이와 반대로 교사들의 입장에서 작성된 '교육 공무원에 대한 가지각색 사회적 불만에 대해 교사 입장으로 청원합니다'라는 글이 같은 해 7월 6일 청와대 국민 청원 코너에 올라와 있었다. 교육 공무원 41조 연수 폐지 청원보다 11일 먼저 올라와 있던 이 청원은 '교육 공무원을 위한 임금 협상', '학생으로부터 자유로운 점심시간 확보', '1시간 연장 근무', '방학 기간 무임금' 등의 내용을 담고 있었다.

41조 연수 폐지 청원과 관련하여 한 K교사는 "이 청원을 읽고 다시 잠들지 못했다. 그동안 비판적인 사고 없이 행정 업무를 나눴는데, 그런 나의 행동에 대해 깊이 반성하고 앞으로는 좀 더 단호하게 행정적 업무를 거부하고 교사로서의 책무에 최선을 다 할 것이다."라는 날선 다짐의 글을 올렸다. 반대로 사회적 불만에 대한 교사 입장 청원과 관련하여 한 P교사는 "교사는 호봉제이므로 방학을 제외하고 근무하는 달에 월급만 확실하게 챙겨주면 된다. 다만 교권을 지켜주고 교육의 질을 결정하는 교사를 소중히 대해 달라."는 동의의 글을 올렸다.

양쪽 청원과 관련하여 J교사는 "유독 교사만 공격하는 사회 현상에 대단히 유감스럽다. 같은 계열인 교수들은 여름 방학에는 한 달 반, 겨울 방학에는 두 달 반을 쉬고, 6년마다 '유급 안식년'을 사용한다. 또 의사들은 건강 보험금이 들어간 '의료수가(醫療酬價)'를 받으면서 평균 월급이 1,300만 원이나 되는데, 이는 과연 정의로운 현상인가?"라고 반문하는 글을 올렸다.

국민들에게 생소한 용어인 41조 연수는 「교육 공무원법」 제41조(연수 기관 및 근무 장소 외에서의 연수)에서 '교원은 수업에 지장을 주지 아니하는 범위에서 소속 기관장의 승인을 받아 연수 기관이나 근무 장소 이외의 시설 또는 장소에서 연수를 받을 수 있다'고 나와 있다. 이 법의 입법 취지는 교원 연수에 관한 규정으로써, 학생들의 방학 기간을 이용하여 지난 교육 활동을 정리하고, 향후 교육 활동을 준비하는 등 자기 연찬을 목적으로 심도 있고 다양한 연수가 가능하도록 연수 장소의 제한을 열어주는 데 그 목적이 있다. 물론 학교 현장에서 본래의 취지와 어긋난 방향으로 운용이 되는 문제가 발생하면 '교육 공무원의 복무 관리상 감사 지적(징계)'의 사유가 된다. 또 제41조 연수는 국·공·사립 교원에게만 적용되며, 사립 교원의 경우 「사립학교법」 제55조에 따라 국·공립 교원의 복무를 준용하게 되어 있다. 그리고 여기서 말하는 '수업에 지장을 주지 아니하는 범위'는 학생들이 등교하지 않아 수업이 이루어지지 않는 날을 말하며, 학교 현장에서는 '방학' 또는 '휴업일'이 수업에 지장을 주지 아니하는 범위에 해당한다.

이러한 논란의 핵심은 교사가 방학 중 학교에 출근하지 않고 연수를 받는 것에 대한 삐뚤어진 시선에서부터 시작되었다. 하지만 법적인 테두리 안에서 보면 이는 전혀 문제의 소지가 없다. 대부분의 교사는 '수업에 지장을 주지 아니하는 범위' 내에서 근무, 연수, 출장, 공무 외 국외 여행 등을 소속 기관장의 사전 승인을 맡아 실시한다. 논란이 되었던 공무 외 국외 여행과 관련해서는 외국에 있는 연수 기관에 등록하거나 해외 기관의 초청 또는 국내 기관의 해외 연수 참가 계획이 첨부된 경우에만 가능하기에 전혀 문제가 되지 않는다. 또 제41조 연수를 활용한 국외 자율 연수를 하는 경우, '국외 자율 연수 계획서'를 작성하고 소속 기관장의 사전 승인을 맡아야 하며, 귀국 후 30일 이내에 '국외 연수 결과 보고서'를 작성하고 제출하여야 한다.

교사는 방학 기간을 활용하여 다음 학기의 교과 교육 과정을 연구해야 할 필요가 있는 직업이다. 교육 과정이 자주 변경되며, 다양한 수업 방법이 존재하기 때문이다. 이러한 이유로 교사들은 다양한 직무 연수나 원격 연수를 수강하면서 자주 변경되는 교육 과정과 평가 계획을 준비하고자 한다.

6년 이상 근무한 교사는 1년에 총 23일의 연가를 사용할 수 있다. 이렇듯 시간이 지나면 꽤 많은 연가 일수를 사용할 수 있으나, 교사는 학기 중에 연가를 거의 사용하지 않는다. 연가의 사용은 기본적인 권리이지만, 학생들의 학습권이 침해 받는 일을 만들지 않기 위해서이다. 따라서 방학 기간에 교사가 무작정 쉰다고만 생각하는 것은 사회적 불만에 대한 대상을 교사로 한정하여 분노를 표출하는 것으로 밖에 볼 수 없다. 만약 독자들 중, 교사에 대한 불만이 조금이라도 있다면 집이나 직장에서 가까운 학교에 가 보길 권한다. 방학 중 근무하는 교사, 방과 후 학교 활동을 운영하는 교사, 보충 수업을 운영하는 교사, 돌봄 교실을 관리하고 있는 교사 등 다양한 학생들을 지도·관리하고 있는 교사들의 모습을 볼 수 있을 것이다.

최근 들어 대부분의 교사들이 62세 이전에 명예퇴직을 희망하고 있으며, 방학이 없는 학교 현장이라면 언제든지 떠날 것이라고 말하고 있다. 그만큼 예전처럼 교사에 대한 예우나 교권이 녹록치 않음을 반증하는 것이다. 이제는 사회적 불만을 표출하는 대상의 입장을 명확하게 바라보고 행동했으면 한다. 그리고 교사 역시 '제41조 연수'에 대해 진중하게 생각해보는 기회가 되었으면 한다. 자신들의 직업과 비교해봤을 때 삶의 질이 더 좋은 직업이 있다면, 그 직업을 공격하여 하향평준화 시킬 것이 아니라 자신들의 근무 환경을 더 좋게 개선해 달라고 요구해야 한다. 그래야 자신의 직업에 대해 사명감과 책임감을 느끼며, 모두가 즐겁게 일할 수 있는 환경이 만들어지기 때문이다. 이제는 한 학기를 비롯해 방학 중에도 늘 아이들의 수업과 생활 지도, 상담 등을 하고 있는 교사에 대한 따뜻한 배려가 필요하다.

만성적 보직 교사 기피, 실질적인 대책이 필요하다

매년 12월이 되면 각급 학교 교사들은 내년도 업무 분장에 있어 자신이 희망하는 보직을 학교 측에 제출한다. 그러나 서로 담임 교사나 부장 교사 등을 기피하는 문화가 만연하게 이루어져 업무 분장을 하는 데 큰 어려움이 따르고 있다.

2019년 4월, 교육부는 '2020년도 교육 공무원 성과상여금 지급 행정 예고안'을 전국 시도교육청에 통보하였다. 이에 따라 담임 교사와 부장 교사, 학교 폭력 담당 교사는 교원 성과급 S등급을 받게 되었다. 또 성과급 평가 시 정성 평가 비율이 5% 이하로 낮아져, 현행 성과급이 정량 평가 80%와 정성 평가 20%로 구성되었다. 이처럼 교육부가 교원들의 성과상여금 지급안을 수정하면서까지 행정 예고안을 마련한 것은 업무 분장으로 인해 어려움을 겪고 있는 일선 학교들을 돕기 위해서였다. 실제로 2019년 교총이 초등학교 교사 1,437명을 대상으로 실시한 '보직 교사 역할의 중요성'에 대한 설문 조사에서 전체 응답자의 91.5%가 '중요하다'고 응답하였으며, '보직 교사 기피 현상의 정도'에 대해서는 응답자의 58.2%가 '심각하다'고 답하였다.

이렇듯 보직 교사의 역할이 중요하다는 것을 교사들 역시 알고는 있다. 그러나 과도한 업무 분장, 각종 민원에서 오는 스트레스 등으로 많은 교사들이 외면하고 있는 상황이다. 이는 초등 교사뿐만이 아니라 중등 교사들 사이에서도 심각하게 나타났다. 그렇기 때문에 이러한 보직 교사를 비정규직 기간제 교사들이 전부 떠맡고 마는, 일명 '보직 교사 쏠림 현상'이 나타나고 있는 것이다.

교사들을 대상으로 '보직 교사를 기피하는 원인'에 대해 조사한 결과(복수 응답 가능), '과중한 업무량(67.6%)', '과중한 책임(41.4%)', '부족한 보상(35%)' 등이 원인임을 확인할 수 있었다. 실제로 보직 교사는 많은 업무 처리와 동시에 수반되는 책임이 과도하며, 그 책임에 비해 턱없이 부족한 보직 수당을 받고 있는 것으로 밝혀졌다. 물론 2015년 인사혁신처의 '공무원 수당 등에 관한 규정 개정안 입법 예고'를 통해 보직 수당이 인상되었지만, 월 13만 원이라는 담임 수당은 아직도 턱없이 부족한 수당이다. 부장 교사 역시 현재 월 7만 원밖에 되지 않는 보직 수당을 받고 있다.

십여 년째 제자리걸음인 보직 수당

시간이 지날수록 많은 교사들이 담임 교사와 보직 교사를 맡지 않으려는 경향은 더욱 뚜렷해지고 있다. 따라서 이에 따른 대책을 마련해야 한다는 현장의 목소리 역시 높아지고 있는 상황이다. 이러한 현상을 조금이라도 해결하기 위해서는 무엇보다도 담임 교사나 부장 교사를 맡게 되면 겪는 각종 '교권 침해', 생활 지도 및 학교 폭력 업무 등에서 오는 '잦은 민원' 등 담당 교사들의 피로감과 스트레스를 해소시켜주는 것이 매우 중요하다.

다행히 2019년 10월에 열린 국무 회의에서 「교원지위법(교원의 지위 향상 및 교육 활동 보호를 위한 특별법)」이 개정·의결되어 교원의 교권 침해 행위에 대한 규제가 이전보다 대폭 강화되었다. 하지만 그럼에도 불구하고 담임 교사와 부장 교사를 기피하는 현상은 날이 갈수록 심화되고 있다. 또 과거와는 다르게 현대 사회에서는 일과 삶을 동시에 누리는 '워라벨(Work-Life Balance)'을 희망하는 교사가 급증하고 있다. 이는 더 이상 소수점 이하의 점수를 모아야 승진하는 기존 승진 체제로는 보직 교사의 과중한 업무와 책임, 부족한 수당 등을 상쇄시키기 어렵다는 얘기이다.

매년 담임 교사 13만 원, 부장 교사 7만 원으로 희생을 강요당하는 교사들은 처우 개선 사항으로 '수당의 인상', '행정 업무의 보조 인력 배치', '수업 경감의 확대' 등이 선행되어야 한다고 입을 모으고 있다. 경기도에서 근무 중인 K중학교 Y교사는 "기피 업무인 담임 교사와 부장 교사의 유인책으로 교육부가 제시한 성과급 우대 제도의 취지는 좋지만, 승진에 크게 관심이 없는 교사들에게는 아무 의미가 없어요."라며, "교사들의 행정 업무 경감과 보직 수당 인상 등 현실적인 처우 개선이 먼저 되어야 해요."라고 말하였다.

담임 교사는 30명 내외 학생들을 1년 동안 맡아서 상담, 학력 관리 등 다양한 학생 지도 및 행정 업무를 수행해야 하며, 학생마다 학교생활기록부의 빈칸을 모조리 채워줘야 하기 때문에 심리적인 압박감이 상당하다. 부장 교사 역시 과중한 업무와 책임이 뒤따르는 보직이다. 그렇기에 16년째 동결된 13만 원과 7만 원의 보직 수당은 유인 대책이 될 수 없다. 모든 사람들은 업무와 책임에 따른 적절한 수당을 받고 싶어하기 때문이다. 대학교 교수들은 적게는 50만 원에서 많게는 200만 원 내외 정도의 보직 수당을 받는다고 한다. 부장 교사가 받는 7만 원이라는 보직 수당은 대학교 교수들이 가장 적게 받는 50만 원과 비교해 봐도 7분의 1수준밖에 되지 않는 것이다. 이처럼 더 이상은 교사들에게 열정 페이를 강요해서는 안 되며, 하루 빨리 이와 관련된 교육 정책들이 개선되어야 한다. 이제 온갖 넘치는 업무와 책임이 따르는 보직 교사의 처우에 대해 교육부와 교육청이 답할 차례이다.

분노조절장애 사회, 아동·청소년에게
감정 다스리는 법 가르쳐야…

■ 분노조절장애 학생, 주먹으로 교사 폭행

2016년, 경기도 북부에 위치한 고등학교에서 복도에 있던 1학년 A군이 40대 여교사 B씨의 머리를 주먹으로 10여 차례 폭행하는 사건이 발생하였다. 당시 학교 측이 조사한 결과, 이날 B교사는 A군이 수행평가 과제를 제출하지 않아 "다음 시간에 벌을 주겠다."라며 혼을 내었고, 이에 A군은 B교사가 있는 교무실에 찾아가 "다음번에 더 잘할 테니 이번만은 벌을 받지 않게 해 달라."라고 하였다. 하지만 B교사는 이를 받아들여 주지 않았고, 그 모습에 화가 난 A군이 B교사에게 주먹을 휘두른 것이었다.

이후 B교사는 당시의 충격으로 인하여 병가를 내었고, 교육청이 지정한 병원에서 정신·심리 치료를 받았다. 한편 교육청은 교권보호위원회를 열어 A군의 전학을 결정하였으며, A군이 분노조절장애가 있어 정신과 상담을 받아 왔다는 부모의 말에 형사 고발은 하지 않았다.

■ 화를 참지 못하는 분노조절장애

2017년 부산의 한 고등학교에서 2학년 C군이 50대 E교사를 폭행하는 일이 발생하였다. 생활 지도 담당 교사인 E교사가 등교 시간이 늦은 C군에게 지적을 하자 화를 참지 못하고 주먹을 휘두른 것이다. 이에 해당 학교 학생은 "평소에 C군이 학교에 잘 나오지 않아서 지적을 많이 당했어요."라고 말하였으며, 교육청 관계자는 "학생이 가정적으로 불안하다 보니까 심리 상담도 계속해서 받고 있었어요."라고 말하였다. 당시 해당 학교에서는 교권보호위원회와 학교생활교육위원회를 열어 C군을 징계 처리하였다.

이처럼 분노조절장애는 주의가 산만한 ADHD나 우울증과는 달리, 순간의 화를 참지 못해 폭력적으로, 또 공격적으로 변하는 증상을 보인다. 이는 가정에서 아이들의 행동을 무조건 수용해주고, 아이의 문제를 부모가 대신 해결해주는 양육 태도가 영향을 미친 것으로 볼 수 있다. 또 아동·청소년들의 지나친 인터넷 게임과 학업 지상주의 교육이 학생들의 감정 조절을 힘들게 하고 있다. 일선 학교에서는 사소한 갈등으로 인한 말다툼이 폭력으로 이어져 학교 폭력 사안으로 지정돼 복잡하게 진행되는 경우가 흔하게 발생하고 있다. 하물며 사회에서는 이런 사소한 말다툼이 범죄로 이어지기도 한다. 최근 언론을 통해 보도된 대형 사건 중, 분노를 제대로 표출하지 못해 발생하는 범죄를 쉽게 찾아볼 수 있다. 점점 욱하는 사람들이 늘어나고 있는 것이다.

분노조절장애는 분노의 정의인 '분하여 성을 내는 것'과 관련된 감정을 이성적으로 조절할 수 없는 상태를 말한다. 그래서 많은 사람들이 이러한 사람을 언제 터질지 모르는 '지뢰'나 '폭탄' 등에 비유하기도 한다. 이 증상은 주로 청소년기에 발병하여 만성적인 질환으로 이어지기도 하는데, 발병 연령은 대체로 14세이며, 여성보다는 남성에게서 쉽게 나타난다.

분노조절장애와 유사한 용어로 '인격장애'를 찾아볼 수가 있다. 인격장애란 성격의 경향이 편향된 상태를 말하며, 사회적 기능과 행동이 불가능할 정도로 자신과 주변 환경에 대한 배려나 이해심 등 공감 및 지각 능력이 부족한 사람을 말한다. 물론 시간이 지나면서 자연 치유되는 경우도 있지만, 고질적으로 사라지지 않아 본인과 주변 사람들을 힘들게 하는 일이 많다. 그렇기에 이 증상을 앓고 있는 사람들 대부분은 인간관계에 큰 어려움을 겪는다.

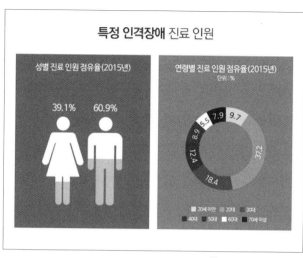

특정 인격장애 진료 인원

성별 진료 인원 점유율(2015년)

39.1%   60.9%

연령별 진료 인원 점유율(2015년)
단위: %

9.7
7.9
5.5
8.9
12.4
18.4
37.2

■ 20세 미만 ■ 20대 ■ 30대
■ 40대 ■ 50대 ■ 60대 ■ 70세 이상

(출처: 건강보험심사평가원)

2015년 건강보험심사평가원의 '보건의료 빅데이터 개방 시스템'에 따르면, 인격장애(특정 인격장애)로 인해 진료를 받고 있는 인원은 2015년 기준, 총 4,455명이었으며, 남성 진료 인원(60.9%)이 여성 진료 의원(39.1%)에 비해 많다는 것을 알 수 있었다. 연령대별로 보면 20대(37.2%)가 가장 많은 비중을 보였으며, 30대(18.4%), 40대(12.4%), 20세 미만(9.7%), 50대(8.9%), 70세 이상(7.9%), 60대(5.5%)가 그 뒤를 이었다.

또 더불어민주당 소속의 최혜영 의원이 국민건강보험공단의 관련 자료를 분석해 공개한 데이터를 살펴보면, 최근 5년간 분노조절장애로 인해 진료를 받고 있는 환자의 수는 2015년 1,721명, 2016년 1,995명, 2017년 2,161명, 2018년 2,242명, 2019년 2,249명으로 꾸준히 증가하는 추세를 보였다.

◆ 연령대별 분노조절장애(F63.8) 진료실 인원 현황

(단위: 명)

연령대	2015년	2016년	2017년	2018년	2019년	2020년	2015년 대비 2019년 증가율
계	1,721	1,995	2,161	2,242	2,249	1,389	30.7%
10대 미만	25	31	15	22	22	7	-12.0%
10대	1,721	330	376	365	340	160	-0.6%
20대	542	701	777	767	829	541	53.0%
30대	336	380	413	411	405	251	20.5%
40대	220	267	271	303	303	178	37.7%
50대	148	168	190	205	194	139	31.1%
60대	53	59	63	105	101	78	90.6%
70대	38	39	37	48	45	33	18.4%
80대 이상	17	20	19	16	10	2	-41.2%

※분노조절장애(F63.8)로 진료받은 건강보험 및 의료급여자
※국민건강보험공단 제출 자료, 최혜영의원실 재구성

　이렇듯 매년 증가하는 분노조절장애는 스스로 분노를 조절하지 못하여 아예 이성을 잃어버리는 '블랙아웃(Blackout)' 상태가 되기도 하며, 상대방의 사회적 지위와는 전혀 상관없는 행동을 하기도 한다. 그리고 이러한 행동은 사회생활을 이어나가지 못하게 만든다.

　사람마다 성격이 다르듯, 분노를 조절하는 능력 역시 다르다. 하지만 스스로 분노를 조절하지 못한다면, 다른 사람들에게 엄청난 피해를 줄 수 있다. 2016년 경찰청이 발표한 '2015 통계 연보'에 따르면, 2015년 발생한 폭력 범죄 37만 2,723건 중 우발적이거나 현실에 불만을 품고 저지른 분노조절장애형 범죄가 전체의 41.3%(14만 8,035건)를

차지하는 것으로 나타났다. 10건 중 4건이 분노조절장애로 인하여 충동적으로 저지른 범죄인 것이다. 가령 '나보다 센 사람에게는 분노 조절이 잘 된다'라는 말도 들리지만, 이는 분노조절장애가 잘못된 인식으로 고착되어 만들어진 이미지일 뿐이다.

가정에서부터 자라나는 아동·청소년들이 감정 조절을 잘할 수 있도록 많은 관심과 노력을 기울여야 한다. 자신의 감정을 숨기지 말고 솔직하게 표현할 수 있는, 즉 자존감이 높은 어른으로 성장할 수 있도록 만들어줘야 하는 것이다. 어른들은 아동·청소년들이 자신의 감정을 모르는 경우도 있다는 것을 인지하고, 감정에 대한 다양한 사례를 알려주어 스스로 감정을 이해할 수 있도록 조력자의 역할을 해 주어야 한다.

아직도 많은 어른들은 아동·청소년들이 짜증을 내는 경우, 화부터 내면서 윽박을 지른다. 그러나 아동·청소년이 무엇을 원하는지 솔직하게 들어줘야 이들의 감정을 들춰서 이야기를 이어갈 수가 있다. 따라서 이제부터라도 자라나는 새싹들에게 화를 내지 말고, 토닥여주며 자신의 감정을 다스리는 방법을 가르쳐 주어야 한다. 그래야지만 아동·청소년들이 자신의 감정 표현에 자신감을 갖고, 다양한 상황에 적절히 대처하는 능력이 구비되어, 상대방을 배려하는 자존감 높은 어른으로 성장할 수가 있다.

잠재적 범법자,
SKY 캐슬이 교사에게 남긴 것

    2019년, JTBC에서 방영한 드라마 〈SKY 캐슬〉은 대중들 사이에서 큰 화제를 이끌었고, 아직까지도 회자되고 있다. 드라마의 내용은 대한민국 상위 0.1%가 모여 사는 SKY 캐슬 안에 남편은 왕으로, 자식들은 천하의 왕자와 공주로 키우고 싶은 명문가 출신 사모님들의 처절한 욕망을 샅샅이 들여다보는 리얼 코믹 풍자극이다. 1회 시청률이 고작 1.727%에 불과하여 종합 26위였던 이 드라마는 최종회에서 23.779%의 시청률을 기록하며, 종합 1위로 막을 내렸다.

입시 제도를 바라보는 '두 개의 시선'

'학생부 종합 전형 때문에 공교육이 무너진다', 'SKY 캐슬은 학벌 세습 현장', '내신 비리 전수 조사하라' 등의 구호는 드라마 SKY 캐슬 종영일에 맞춰 정시 확대 기자 회견을 진행한 한 시민 단체의 푯말에 쓰인 구호들이다. 이 시민 단체는 드라마에서 보여주는 내용처럼 신분 세습의 도구로 전락한 대입 제도의 불투명과 불공정이 학벌 세습을 만들었다고 주장하였다. 또 부모의 능력이 자녀의 대학 당락을 결정한다며, 수시와 학생부 종합 전형 제도는 서민의 자식은 그저 서민밖에 될 수 없는 제도라고 비판하였다.

이처럼 정시 확대를 주장하는 쪽의 입장은 대학교마다 서열이 존재하고 입시 경쟁이 불가능한 현 상황에서 경쟁 자체는 공정해야 하며, 이를 위해 수시와 학생부 종합 전형을 폐지하고 수능 위주의 전형으로 대입 제도를 개편해야 한다고 말한다.

이와 반대로 수시 확대와 학생부 종합 전형 확대를 주장하는 쪽의 입장은 공교육과 교육 과정의 정상화와 더불어 다양한 소질과 진로를 가진 학생들에게 다양한 전형을 제공하여 선발하는 것이 학교에서도 더욱더 많은 체험을 할 수 있게 하는 방법이며, 교육의 본질이 돌아오게 하는 방법이라는 것이다.

이에 따라 교육부, 교육청, 일선 학교에서는 공교육의 혁신을 통한 학생·현장·학교 중심의 문화를 만들고 있으며, 교육 과정 재구성, 배움 중심 수업, 과정 중심 평가 등에 있어 학생이 주도하는 방식으로 변화를 모색하고 있다.

교사를 잠재적 범법자로 내몬 SKY 캐슬

이 드라마 속에서 학교는 그야말로 '한 줄 세우기'의 요람으로 묘사된다. 일부 교사들은 수업을 대충 진행하며, 검은 세력에 매수되어 시험지를 빼돌리는 등 가뜩이나 교권이 나날이 추락하고 있는 시점에 일선 학교와 교사들을 악의 축으로 만들어 부정적인 이미지를 심어준 것이다. 또 일부 학교와 교사답지 못한 행동을 한 교사를 싸잡아서 공교육에 종사하는 모든 교사들을 잠재적인 범법자로 보이게 하였다. 아무리 드라마라고는 하지만 너무나도 무책임한 설정들이 곳곳에서 비친다. 이처럼 입시를 소재로 한 SKY 캐슬의 흥행은 공교육의 붕괴를 더욱더 촉진시키는 촉매제가 되었다. 드라마 속, 금전적으로 넉넉한 자들이 어떠한 수단과 방법을 가리지 않고 행하는 행위와 사교육에 의존하는 왜곡된 사실들이 공교육에 대한 불신을 초래하게 만든 것이다.

한편, 내신 성적과 관련된 사건·사고가 터지면 일선 학교들은 자율성을 침해받는 매뉴얼로 곤욕을 치른다. 각종 학업 성적 관리지침이 하달되고, 시험지 출제와 검토 단계 방식, 그리고 시험지 보관 장소에 CCTV를 설치하는 등 너무나도 많은 올가미로 교사들의 숨통을 조여 오는 것이다. 또 어쩔 수 없이 교사인 부모와 같은 학교에 다녀야 하는 자녀의 경우, 일부 교육청의 지침으로 교사인 부모와 다른 학급에 배정되어야 한다.

교사를 잠재적 범죄자로 바라보는 순간, 교사의 자존감과 효능감은 땅에 떨어진다. 매년 5월, 스승의 날만 되면 언론에서는 그동안 발생하였던 교사들의 잘못된 행위를 보도하여 교권을 바닥으로 추락시킨다. 물론 교사답지 못한 행동을 하였다면 비판받아야 마땅하나, 한참 전에 있었던 일까지 스승의 날에 맞춰 보도하는 이유는 무엇인지 묻고 싶다.

학생들의 장래 희망 순위에 교사는 어김없이 상위 순위에 매겨지고 있다. 하지만 현실은 교사를 교사로 인정하지 않는다. 이걸 어떻게 해석해야 할까?

교사들을 부정적으로 바라보는 시선의 원인은 공정성에 있다. 학생들은 학기마다 수업 시간에 배우고 익힌 내용을 지필 평가나 수행 평가로 평가받는다. 이때 '학생들의 평가를 채점하는 교사들의 채점 방식은 공정한가?'라는 의문이 생긴다. 서·논술형이나 수행 평가의 출제 및 채점에 있어서 교사의 주관적인 생각이나 기준이 작용될 여지가 있기 때문이다. 따라서 컴퓨터가 채점하는 평가 방식이 아닌 이상고도의 공정성을 발휘해야 한다. 평가를 주관하는 연구부에서는 동일 교과 교사들의 교차 검토 및 점검 등을 통해서 공정성을 담보하는 장치를 마련해야 하며, 가르치는 교사들은 학생들에게 평가에 대한 사전 안내와 채점 기준, 점수 공개 등을 통해서 교육에 대한 부정적인 시선을 제거해야 한다.

'수시와 정시 중 어느 것이 더 공정한가?'라는 질문이 중요할 수는 있다. 그러나 그보다 더욱 중요한 것은 '과연 자녀 역시 부모가 원하는 대학에 진학하길 원하고 있는지', '혹시 다른 대학, 또는 공부 이외에 다른 것에 더 흥미를 느끼고 있지는 않은지', '자녀가 무엇 때문에 스트레스를 받아가며 공부를 하고 있는지' 등을 파악하는 것이다. 수시와 정시는 부모의 관심과 배려와는 비교도 안 되는, 그저 대학교 입학을 위한 수단이기 때문이다.

껍데기 학업 중단 숙려제,
촘촘한 정비와 개선이 필요하다

아직도 많은 학생들이 혼자서 급식을 해결하거나, 아예 먹지 않고 교실에 홀로 앉아 있는 경우가 있다. 마음이 맞는 친구가 없거나 학교 생활에 적응을 하지 못하였기에 즐거워야 할 점심시간조차 즐겁지가 않은 것이다.

예전보다 많은 학생들이 학교를 떠나 학교 밖으로 이동하고 있다. 2019년 10월, 국회 교육위원회 소속 전희경 의원이 교육부로부터 제출받은 '2015~2018 전국 초중고 학업 중단률' 현황 자료에 의하면, 학령 인구의 감소로 전체 초중고 학생의 수는 2015년 '608만 8,827명'에서 2018년 '558만 4,249명'으로 크게 감소하였지만, 학업을 중단하는 학생의 수는 오히려 증가하였다는 것을 알 수 있었다. 실제 2015년 전

구분		학생 수	학업 중단 수	학업 중단율
2018	초	2,711,385	17,797	0.66%
	중	1,334,288	9,764	0.73%
	고	1,538,576	24,978	1.62%
	계	5,584,249	52,539	0.94%
2017	초	2,674,227	16,422	0.61%
	중	1,381,334	9,129	0.66%
	고	1,669,699	24,506	1.47%
	계	5,725,260	50,057	0.87%
2016	초	2,672,843	14,998	0.56%
	중	1,457,490	8,924	0.61%
	고	1,752,457	23,741	1.35%
	계	5,882,790	47,663	0.81%
2015	초	2,714,610	14,555	0.54%
	중	1,585,951	9,961	0.63%
	고	1,788,266	22,554	1.26%
	계	6,088,827	47,070	0.77%

(출처: 전희경 의원실)

체 초중고 학생 중, 학업을 중단한 학생의 수는 4만 7,070명(0.77%)이었으나, 2016년 4만 7,663명(0.81%), 2017년 5만 57명(0.87%), 2018년 5만 2,539명(0.94%)으로 매년 증가하고 있었다. 특히 고등학교 학업 중단 학생의 수가 2015년 2만 2,554명(1.26%)에서 2018년 2만 4,978명(1.62%)으로 가장 많이 늘었다. 학업을 중단하는 이유로는 초등학생은 유학이나 해외 출국, 중학생은 유학, 해외 출국 및 기타 사유, 고등학생은 학교 부적응과 기타 사유 등이 대표적이었다.

이처럼 매년 늘어나는 학업 중단 학생을 사전에 예방하고자 시행한 것이 바로 '학업 중단 숙려제'이다. 하지만 생각만큼 숙려제의 효과가 나타나지 않고 있다. 「초·중등교육법」 제28조(학습 부진아 등에 대한 교육)에 따라 운영되는 학업 중단 숙려제는 학업 중단 위기 학생에게 일정 기간(최소 1주 - 최대 7주)의 숙려 기회를 제공하며 신중한 고민 없이 이뤄지는 학업 중단을 예방하고자 하는 제도이다.

◈ 숙려 기간 및 횟수 운영 예시

구분	1회차	2회차	숙려기간(횟수)	비고
예시 1	상담(2주)	–	2주(1회)	숙려횟수 1회 남음
예시 2	상담(2주)	매일 프로그램(3주)	5주(2회)	숙려횟수 2회 사용으로 숙려제 종료
예시 3	상담(2주)+매일 프로그램(2주)	매일 프로그램(3주)	7주(2회)	
예시 4	상담(1주)+매일 프로그램(1주)	상담(1주)+매일 프로그램(4주)	7주(2회)	
예시 5	상담(2주)+매일 프로그램(5주)	–	7주(1회)	7주이므로 숙려제 종료

(출처: 경기도교육청 2019학년도 학업 중단 숙려제 운영 매뉴얼)

학교는 학업 중단 위기 학생에게 숙려 기회를 부여하고 안내해야 할 의무를 지니고 있으며, 상담 및 매일 프로그램 등을 운영하여 1일 1회 이상 참여하도록 하는 다양한 숙려 프로그램을 진행하고 있다. 2015년 숙려제에 참여한 학생의 수는 4만 3,854명이었으나 2018년 3만 3,002명으로, 약 1만 명이 감소하였다. 그러나 숙려 기간을 갖고도 다시 학업에 복귀하지 않는 학생의 수는 날이 갈수록 늘고 있다. 숙려제에 참여한 학생 중, 학업 지속자의 비율은 2015년 3만 7,935명(86.5%)에서 매년 줄어 2018년에는 2만 4,777명(75.1%)으로 집계되었다. 이는 2018년을 기준으로 숙려제에 참가한 뒤, 계속해서 학업을 지속하는 학생은 100명 중에서 75명뿐이며, 나머지 25명은 학교를 떠나고 있다는 말이 된다.

학생들이 숙려제를 받고도 학교를 떠나는 이유에는 여러 가지의 이유가 있겠지만, 가장 큰 이유는 매끄럽지 못한 운영 때문이라고 생각된다. 학업 중단 숙려제는 상담과 다양한 프로그램으로 운영되고 있지만, 위기 학생에 대한 정확한 진단과 처방이 이루어지지 않다 보니 상당수의 학생들이 학교를 떠나고 있는 것이다.

'어떻게 하면 학생들이 학교 안에서 행복해 할까?'라는 질문을 스스로에게 던져보자. 사실 학생들의 행복에는 특별한 게 없다. 그저 학교 안에 친구가 있고, 그 친구와 함께 점심을 먹으며, 때로는 고민을 털어놓고 이야기를 나눌 수 있으면 된다. 그러므로 홀로 밥을 먹거나 교실에 남겨진 학생에게 친구처럼 친근하게 다가가는 것도 하나의 방법이다. 그 작은 관심이 힘들어하는 학생에게 다시금 생각해 볼 기회를 제공하고, 학교에 적응할 수 있는 적응력을 키워주기 때문이다. 또 학생들은 교사가 형식적으로 상담하는 것을 누구보다 정확하게 알고 있기에 '너는 어차피 학교를 떠나겠지만, 학업 중단 숙려제 때문에 어쩔 수 없이 상담하는 거야' 같은 인상을 주지 않도록 각별히 신경을 써야 한다. 진실되게, 또 진심으로 학생들의 마음을 이해하며, 상담을 진행해야 하는 것이다.

점점 자발적으로 학교 밖 청소년이 되는 학생들이 늘고 있다. 다양한 이유가 있겠지만, 공교육에 대해 다시 한번 심각하게 고민해 볼 필요가 있는 것은 맞다. 따라서 '학생들이 왜 학교를 떠날까?', '떠나는 학생들에게 학교는 무엇을 제공해줄 수 있을까?'에 대한 고민과 함께 학업 중단 숙려제에 대한 촘촘한 정비와 개선이 필요하다. 이제는 급증하는 학업 중단 학생 수라는 통계로 공교육을 욕해서는 안 된다. 학교 밖 청소년이 되는 것은 부끄러운 일이 아니며, 학교 울타리만을 공교육의 범위로 정하는 것은 시대에 뒤처지는 행위이다. 학생이 행복할 수만 있다면, 언제든지 학교를 떠나 학교 밖의 청소년이 되어 행복한 삶을 살아가도록 사회가 배려해 줘야 한다. 그리고 무엇보다도 학생이 학업 중단을 고민할 때, 부모의 관심과 배려가 매우 중요하다. 학업을 중단하려는 학생들이 무엇 때문에 힘들어하고 안타까워하는지 그 아픔을 이해하고 원인을 해결해주려는 노력이 필요한 것이다.

성희롱 예비 교사에 대한
처벌 강화해야 한다

2019년 3월, 서울교대에서 발생한 성희롱에 대해 교대 학생들은 학내 대자보와 청와대 국민 청원 코너에 사건을 올려 사안의 심각성을 알렸다. 그리고 이 사건은 국민들로부터 따가운 질타를 받았다. 가해 학생으로 지목된 21명 등에게는 유기 정학과 상담 교육 이수 명령이라는 징계가 내려졌다. 이들은 신입생 대면식에서 여학생들의 외모를 평가하며, 품평한 의혹을 받고 있다. 문제는 이 가해 학생들이 해당 연도에 있는 교생 실습 과정을 이수하지는 못하지만, 추후 교생 실습 과정을 이수한다면 언제든지 교직으로 임용될 수 있다는 것이다. 이에 해당 학생들에게 더 큰 징계가 내려져야 한다는 목소리가 높아졌지만, 해당 교육청은 요지부동의 자세로 묵인하였다.

현재 초중고교에서는 성희롱을 포함한 성폭력이 발생하였을 경우, 학교 폭력(성폭력) 사안으로 인지하여 즉시 수사 기관에 신고해야 하며, 피해 학생의 보호자에게도 신속하게 성폭력 발생 사실을 알려줘야 한다. 또 피해 학생에 대한 응급조치를 위해 할 수 있는 선에서 최대한의 노력을 해야 하며, 성폭력 전문 상담 기관과 신속하게 연계하여 피해 학생이 전문적인 상담 및 조치를 받을 수 있도록 해야 한다.

하지만 서울교대에서 발생한 성희롱 사안에 대응하는 서울교대의 수준은 가히 기가 막힐 노릇이다. 서울교대는 3월에 발생한 이 사안에 대해 5월이 되어서야 징계위원회를 개최하여 가해 학생들에 대한 징계를 내렸다. 무려 2달 가까이 지나고 나서야 사안에 대한 징계를 진행한 것이다. 여기서 더 놀라운 사실은 그 기간 동안 가해 학생과 피해 학생을 같은 대학, 같은 공간에서 지내게 하였다는 것이다.

일선 초중고교에서 성(性) 관련 사안이 발생하면, 성고충 심의위원회나 학교폭력 전담기구에서 피해 학생을 중심으로 보호 조치에 만전을 기하고, 가해 학생과 적극적인 분리 조치를 통해 피해 학생의 심신 안정을 도모한다. 또 피해 학생의 보호자와 긴밀하게 협력하여 피해 학생이 다시 학교생활에 적응할 수 있도록 가능한 범위에서 최대한의 보호 조치를 강구한다. 학교폭력대책 자치위원회도 마찬가지이다. 성 관련 사안이 발생하면, 14일 이내에 징계위원회를 개최하여 사안에 대한 심의·의결을 진행한 뒤, 피해 학생에 대한 보호 조치와 가해 학생에 대한 선도 조치 여부를 결정한다.

그러나 서울교대 사건은 주먹구구식으로 진행되었던 부분이 많았으며, 특히나 국민들의 공분을 샀던 것은 서울교대 가해 학생들이 미래에 일선 학교 교사로 교단에 들어올 수 있다는 사실 때문이었다. 이같은 '스쿨 미투'를 계기로 교육계에 종사하고 있는 사람들로부터 자성(自省)의 목소리가 터져 나오고 있다. 교원 양성 교육 과정 시스템의 전면 개편이 필요하다는 것이다. 현재의 교원 양성 과정에서는 교사로서 부적합하다고 판단되는 인원을 걸러주는 임용 시험 체제가 구축되어 있지 않기 때문이다.

교대 임용 시험은 교사로서 전문적인 능력을 갖추었는지를 평가하는 문항으로 출제되고 있다. 1차 시험으로 총 3과목 '교직 논술(20점, 논술형)', '교육 과정(80점, 기입형, 서술형)', '한국사(한국사능력 검정시험으로 대체)'를 보고 있으며, 2차 시험으로는 총 4과목 '교직 적성 심층 면접', '교수·학습 과정안 작성', '수업 실연', '영어 면접 및 영어 수업 실연'을 보고 있다. 그러나 이 시험들 중 교사로서의 적성, 교직관, 인격 및 소양을 파악하는 시험 과목은 '교직 적성 심층 면접'밖에 없으며, 과거의 이력을 확인해 평가 반영하는 방법은 전혀 없다.

대부분의 교육 대학은 학생들이 선호하는 대학으로 분류되어 수시와 정시에서 높은 합격 라인을 유지하고 있다. 또 입학해서 별 탈없이 교육 과정을 이수하면 쉽게 임용 시험에 합격할 수 있다는 장점도 있다. 이에 반해 국·공·사립 사범 대학의 경우, 넘치는 임용 시험 응시자로 인해 '낙타가 바늘구멍 통과하기'라는 말까지 돌고 있다. 이제 이러한 임용 시험 시스템의 획기적인 변화가 필요하다. 과거 문제가 있었던 예비 교사들에 대한 문제처럼 어떤 과정을 거쳐 임용 시험에 부적격하다고 판단할 것인지에 대한 고민이 필요한 것이다. 그렇지 않으면 서울교대 사건 같은 일들이 계속해서 발생할 수밖에 없다.

누구나 순간의 실수나 잘못을 저지를 수는 있다. 하지만 미래의 사회를 책임질 인재를 양성하는 학교에게는 서울교대 가해 학생과 같은 예비 교사들의 과오를 인정하는 것은 너무나 큰 부담이다. 그러므로 교사 임용 시험에 대한 '대학생활 종합 평가'가 반영되어야 한다. 짧은 면접으로는 부적격 예비 교사를 걸러낼 수가 없기 때문이다.

수능 감독관 차출, 진단서까지 요구. 교육부·평가원이 나서라!

　매년 수능 감독관 차출 관련 문제로 인해 전국의 중·고등학교가 몸살을 앓고 있다. 교사들은 수능 시험일이 되면 감독관으로 차출이 된다. 이때 차출된 교사들은 수능 시험 하루 전날에도 해당 시험 장소에 방문하여 장시간 전달 연수를 들어야 한다. 그러다 보니 정작 본인들의 수업을 다른 교사에게 부탁하거나 추후 보강 처리하고 출장에 임할 수밖에 없다. 이렇듯 1박 2일 동안 차출이 되기 때문에 차출 교사가 많은 학교에서는 정상적인 교육 과정이 운영되지 않아 휴업을 하거나 단축 수업을 진행하는 등 비정상적인 교육이 이루어지고 있다.

겁박으로 다가오는 수능 감독관 차출, 진단서까지 요구

수능 감독관 경험이 많은 H교사는 "수능 시험장교 담당관들 대부분이 본인의 면피를 위해 관리 매뉴얼을 첫 페이지부터 마지막 페이지까지 그냥 읽기만 해서 연수 효과가 낮아요. 게다가 극단적인 상황을 열거해 가며 모든 책임을 수능 감독관들에게 돌려 차출된 교사들의 심리적 부담감을 가중시키고, 공포감을 유발해요."라고 말하였다.

매년 대학수학능력시험을 앞두고 일선 학교에는 '대학수학능력시험 감독관 선정을 위한 교사 추천 협조 요청' 공문이 하달된다. 공문에 따르면 수능 감독관이 곤란한 교사의 경우, 학교에 진단서를 제출해야 하며, 학교장은 진단서를 통해 사유를 확인한 뒤, '학교장 의견서'에 학교장 사인을 날인하여 PDF 파일로 교육청에 제출해야 한다. 즉 수능 감독관 차출을 거부하기 위해서는 신체적·정신적으로 힘든 이유에 대한 진단서를 제출해야만 하는 것이다. 이는 수능 감독관 차출에 있어 진단서를 제출하지 않으면, 무조건 차출 명단으로 올리겠다는 겁박 수준의 처리 방식으로밖에 보이지 않는다.

과연, 수능 감독관을 하지 못하는 경우 진단서까지 발급하여 제출하는 것이 교육적으로 옳은 일인지 교육청에 되묻고 싶다.

수능 감독관 차출 관련 공문

마. 행정 사항

　1) 중·고등학교는 수능 당일 현장체험학습 등을 지양하며, 감독관 추천에 적극 협조바람

　2) 고등학교 3학년 담임교사도 감독관 추천 대상임(고3 필수 요원 2~3명 제외)

　3) 각 학교에서는 특별한 사유(입원, 임신 등)가 없는 한 '감독 가능'으로 추천 바람

　4) 학교장은 진단서를 통해 사유를 확인하고 '학교장 의견서'에 학교장 사인을 날인하여
　　PDF 파일로 변환한 후, 하나의 파일로 압축하여 송부

　5) 시험장교 종사 인원수는 도교육청 수능 예산 배부액에 따라 추후 조정될 수 있음

　6) 시험장교 복도감독관은 가급적 수험생과 동성(同性)의 교사로 배치

바. 기타 사항 : 감독교사 추천 명부는 2020학년도 대학수학능력시험 종사요원 외에는 사용
　하지 않으며, 관련 자료는 수능 이후 즉시 파기함

(출처: 2019년 경기도교육청이 지역 학교에 발송한 공문 일부 발췌)

수능 감독관, 교사들만 해야 한다는 타당한 이유나 근거

　교육청에서 하달되는 공문 어디에도 교사들만 수능 감독관을 해야 한다는 타당한 이유나 근거가 전혀 보이지 않는다. 그럼에도 불구하고 교사들은 그동안 지도하였던 제자들을 위해 힘들더라도 자긍심을 가지고 수능 감독관에 임하였다. 문제는 최근 급증하고 있는 수험생들의 민원과 선택 과목 수의 증대 등으로 해마다 신체적·정신적 부담감을 호소하는 교사들이 늘어나고 있음에도 수능 관리 시스템은 여전히 과거에 고착되어 있다는 것이다.

　2018년 10월 '실천교육교사모임'이 전국 중·고등 교사 5,032명을

대상(중학교 38.7%, 고등학교 60.1%, 기타 1.2%)으로 대규모 설문 조사를 실시하였다. 조사 결과, 교사들 사이에서 수능 감독관 차출을 기피하게 된 가장 큰 이유는 '과도한 심리적 부담 및 체력적 부담'(복수 응답 항목에서 각각 71.8%와 71.5%를 기록)때문인 것으로 나타났다. 이는 3순위인 '낮은 감독 수당(28.2%)'과 비교해 봐도 상당히 높은 수치이다.

통상적으로 시험 감독 업무는 물론 수험생들의 소지품 관리 업무까지 포괄하는 감독관들은 2~3시간에 이르는 업무 수행 시간 동안 극도의 긴장감 속에서 고정·경직된 기립 자세를 취하고 있어야 한다. 이처럼 한 명의 감독관이 수능의 4과목 중, 3과목에 투입되고 있는 까닭에 식사 시간을 제외한 모든 시간 동안 정신적·신체적인 부담을 감내해야 하며, 이런 이유 때문에 기립성 저혈압 등의 건강상 문제가 발생하는 것이다. 실제로 1교시 국어는 80분, 2교시 수학은 100분, 3교시 영어는 70분, 4교시 선택 과목은 한국사 30분, 탐구(사회/과학/직업탐구) 30분(최대 2과목 60분)이며, 5교시 제2외국어/한문은 과목당 40분으로 시험 시간이 편성되어 있다. 따라서 1, 2교시를 연달아 감독하는 교사의 경우는 180분 동안 서 있어야 하며, 3, 4교시를 연달아 감독하는 교사는 최대 160분을 고정·경직된 자세로 감독관의 역할을 수행해야 하는 것이다. 이는 철저하게 감독관의 인권이 무시되는 처사이다.

이에 대한 해결 방안으로 실천교육교사모임의 한 관계자는 "단기적으로는 '감독용 키 높이 의자 배치'와 같은 긴급한 조치가 필요하며,

중장기적으로는 '수능 시험의 수혜를 보는 대학의 적극적인 동참' 등도 모색할 필요가 있다."고 밝혔다. 물론 수능이 자격 고사라면 고교에서 진행하는 것이 합당하나, 최근의 정시 확대 흐름에서처럼 선발에 방점이 찍혀지게 된다면, 그 수혜를 받는 대학에서도 일정 부분 책임을 분담하는 것이 합당하다는 지적이다.

[서명서] 수능 감독 대책 마련을 요구하는 전국 교사들의 서명서

수능을 전후로 하여 수능 시험 감독 차출과 이로 인한 정신적, 육체적 부담을 호소하는 교사들이 늘고 있습니다. 정부는 민감한 수능 시험 관리에 대한 부담을 교사들에게 떠넘기고 그들의 고충에 대해서 나 몰라라 하고 있는 실정입니다. 이에 우리는 선생님들의 뜻을 모아 10.4 교육감 협의회에 다음과 같은 사항을 전달하여 실질적인 수능 감독 부담 경감 조치를 시행할 것을 촉구하는 서명을 받고자 합니다.

1. 시험장에 키높이 의자를 배치하라.
2. 감독교사 2교대 배치 실시하라.
3. 대학은 수능 감독 관리에 적극적으로 협조하라.

(출처: 페이스북 캡처)

수능 감독관 관리(차출 및 배정)의 합리화 및 투명화에도 관심을 기울여야 한다. 앞서 실천교육교사모임이 실시한 대규모 설문 조사의 세부 서술형 설문 결과를 보면, '수능 시험을 보는 학교 소속 교사들의 텃세(중학교 등 타교에서 차출된 교원에게 어려운 업무 전가)', '연줄 및 연공서열식으로 업무 난이도가 낮은 예비 감독관 및 서무 요원 배정', '버티기 능력에 따른 학교별 감독관 차출 인원(비율) 격차 극심', '허위 진단서 발급을 거르지 못하는 시스템', '업무 난이도가 낮은 서무 요원에게 과다 지급되는 수당' 등에 대한 지적도 집중 제기되고 있기 때문이다.

교육부와 한국교육과정평가원이 나설 때

수능 시험을 주관하는 기관은 교육부와 한국교육과정평가원으로, 이 두 기관에서 수능 시험과 관련된 모든 것들을 책임지고 있다. 하지만 어떠한 이유때문인지 수능 감독관 차출에 있어서는 오직 현직 교사들에게만 의지하는 경직된 자세를 보이고 있다. 그러나 이제는 교사뿐만 아니라 대학교원, 공무원 등도 수능 감독관에 자발적으로 참여할 수 있도록 감독관 인력풀을 재구성해야 한다. 또 과도한 신체적 부담감을 경감시킬 수 있는 키 높이 의자 배치, 연공서열이나 인맥 중심의 감독관 관리 체계 정비, 수능 감독관 연수 내실화, 수능 관리를 대학과 분담할 방안 모색 등의 대안이 절실히 필요하다.

정부에서 시행하는 모든 국가시험은 다양한 직렬과 직종의 공무원들 중에서 감독관을 희망하는 사람을 차출하여 시험이 진행된다. 따라서 조속히 공론화를 거쳐 교사에게만 고통을 전가하는 수능 감독관 차출은 없어져야 한다. 매년 일선 학교들의 교육 과정에 있어 파행을 불러오는 교사 차출이 과연 교육적인 방법인지 고민하고 올바른 방법을 찾아 실천해야 하는 것이다.

늘어나는 아동 학대,
국가가 나서 아동 인권 지켜내야…

■사례 ①

계부와 친모 손에 숨진 12세 여중생은 사망하기 직전까지 친아버지에게 체벌을 당하였고, 계부에게 성추행을 당했으며, 친모는 계부의 살해를 방조하였다. 아이를 보호해야 할 부모가 모두 가해자였던 것이다. 이 사건이 있기 전, 여중생은 본인이 직접 계부의 성범죄를 경찰에 신고하였다. 그러나 그 사실이 계부에게 알려져 살해를 당한 것이니, 결국 국가도 이 아이를 지키지 못한 셈이다.

■사례 ②

'7개월된 여아가 유모차에 탄 채 현관문 앞에서 울고 있다'는 신고를 받고 출동한 경찰은 짧은 현장 조사와 함께 A양의 부모와 면담을 진행한 뒤, 아무런 조치도 취하지 않고 복귀하였다. 그리고 그로부터 얼마 지나지 않아 A양은 인천의 한 아파트 거실에서 종이 상자 안에 담겨 숨진 채로 발견되었다. 이후 A양의 부모는 경찰 조사에서 "아이가 숨지자 두려운 마음이 들어 각자 친구 집으로 도피했다."라고 진술하였다.

점점 늘어나는 아동 학대와 '자녀 체벌 금지법' 논란

정부가 매년 '아동 학대 근절 대책'을 내놓고 있지만, 아동 학대 사례는 매년 증가하고 있는 것으로 나타났다. 그리고 그 결과, 사망하는 아동의 수도 꾸준히 증가하여 최근에는 30명 이상을 유지하고 있다. 보건복지부 산하 중앙아동보호전문기관의 보고서에 따르면, '연도별 신고 접수 건수' 중 아동 학대 의심 사례는 2001년 2,606건, 2013년 1만 857건, 2017년 3만 923건으로 빠르게 늘어나고 있었다. 또 2019년 보건복지부가 더불어민주당 남인순 의원에게 제출한 '아동 학대 사망 사고 발생 현황'에 따르면, 아동 학대 사망자는 2014년 14명, 2015년 16명, 2016년 36명, 2017년 38명, 2018년 30명으로, 5년간 134명의 아동들이 학대로 인해 사망한 것으로 파악되었다.

문제는 2018년 아동 학대 행위자의 76.7%(1만 8,756건)가 아동을 보호해야 할 의무가 있는 부모였으며, 재학대 비율도 10.3%로 높은

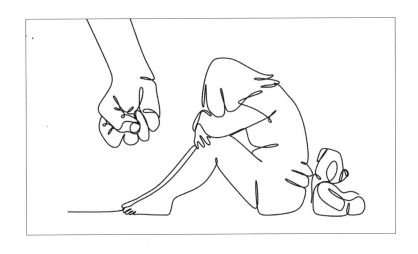

수준이라는 점이다. 이에 따라 부모의 자녀 체벌을 금지하는 방안이 검토되어 논란이 불거졌다. 체벌 금지에 찬성하는 쪽은 '아동 학대가 훈육이라는 이름으로 방치되고 있다.', '체벌은 아이 교육에도 도움 되지 않으며, 체벌이 당연하다는 인식을 개선해야 한다.'는 입장을 밝혔다. 이와 반대로 체벌 금지를 반대하는 쪽은 '체벌은 가정의 문제이기 때문에 정부나 경찰, 보호 기관이 과도하게 개입해서는 안 된다.', '학대나 체벌의 기준과 범위가 모호하며, 아동 학대는 극소수에 불과하다.'는 입장을 고수하였다.

2019년 5월, 정부에서는 부모가 자녀를 체벌할 수 없도록 하는 민법 개정안을 추진하였다. 이와 관련하여 여론 조사 전문 기관인 리얼미터가 '친권자 징계권 개정'에 대한 찬반 여론을 조사하였다. 조사 결과, '자녀를 가르치다 보면 현실적으로 체벌이 불가피하므로 이 개정에 반대 한다'는 반대 응답이 47.0% 나왔으며, '심각해지고 있는 부모에 의한 아동 학대를 근절하기 위해 찬성한다'는 찬성 응답이 44.3%가 나왔다. 반대 여론이 오차 범위 내에서 소폭 우세한 것으로 나타난 것이다(모름/무응답'은 8.7%).

이제는 국가가 나서서 아동 학대 피해를 막아야 한다

2020년 한 해 동안 학대로 사망한 아동은 총 43명이며, 대부분의 아동 학대가 부모(82.1%, 2만 5,380건)에 의해 발생하고 있다. 그러나 가정이라는 환경 안에서 벌어지는 일이기에 조기에 발견하기가 쉽지 않다. 또 지금과 같은 아동 학대 방지 체계, 신고 의무자 교육으로는 아동 학대로 인한 사망자가 계속해서 나올 수밖에 없다. 이제는 국가가 직접 나서 적극적인 전수 조사, 전문가 상담 및 치료 서비스, 아동 학대 의심 사례 관리 등을 실천해야 하며, 지역 사회와 연계를 통해 아동들이 건강하고 안전한 환경 속에서 성장할 수 있도록 해야 한다.

아동 학대 행위자 10명 중 8명이 부모라는 통계는 매우 부끄러운 일이며, 이중에서 10%의 부모가 재학대 한다는 것은 더욱 충격적인 사실이다. 이처럼 아동을 존중하며 동등한 인격체로 생각하지 않고,

그저 부모의 소유물로 여기는 것은 우리나라의 잘못된 사회 통념도 한몫하고 있다. 그러나 아동들의 인권도 어른들과 마찬가지로 똑같이 존중받아야 한다. 더 이상 부모의 자녀라는 이름으로 수많은 아동들이 억울하게 죽음을 맞이해서는 안 되며, 어떤 식으로도 아동을 학대해서는 안 된다. 이제는 아동 학대에 대한 적극적인 대처 및 처벌 강화와 함께 보호가 필요한 아동은 국가와 지자체가 나서 확실히 책임지고 돌봐주는 시스템이 마련되어야 한다. 또 아동 학대로 인해 원가정과 떨어져 있는 아동의 경우, 부모와 아동 간의 정기적인 접촉을 통해 재결합할 수 있도록 보호 시설과 원가정 복귀 시스템도 살펴봐야 한다. 그리고 무엇보다도 올바른 훈육·양육 기술과 방법을 제공하는 부모 교육 활성화와 아동 학대 사전 예방 및 재학대 방지를 위한 아동 보호 대책이 절실히 필요하다.

일년지대계 입시,
학생은 '피해자' 어른은 '가해자'

학년별로 다른 입시, 누더기가 되다

고교에 재학 중인 학생들이 치르게 되는 대학 입시는 매년 시험 시기가 달라져 입시를 준비하는 학생은 물론, 학부모와 교사들에게도 큰 혼란을 주고 있다. 교육부가 2019년도에 발표한 '2022학년도 대학 수학능력시험 기본계획'에 따르면, 현재 고3 학생들은 국어와 수학 영역 공동·선택 과목 간 공통 과목 75%(22문항 내외), 선택 과목 25%(8문항 내외) 수준에서 문제가 출제되고, 제2외국어와 한문 영역은 절대 평가로 진행되며, 5점 간격 등급 분할, 4교시 한국사 영역 답안지 분리 등으로 변경된 수능 시험을 치러야 한다. 이는 2018년 8월 발표된 '2022

학년도 대학입학제도 개편 방안에 따라 반영되었으며, 주요 내용은 다음과 같다.

2022학년도 대입제도 개편 방안 주요 내용

- 2015 교육 과정 취지(문·이과 폐지)에 따라 국어·수학·직업 탐구에 공통+선택 구조, 사회·과학 탐구는 계열 구분 없이 최대 2과목 선택
- 수학 및 과학 선택 과목에 기하 및 과학 II 포함
- 국어·수학·탐구는 상대 평가, 영어·한국사·제2외국어/한문은 절대 평가
- 수능과 EBS 연계율을 기존 70%에서 50%로 축소하고 과목 특성에 따라 간접 연계로 전환

2019년 기준, 고2(2021학년도 대입) 학생들은 '수능 위주 모집 30% 이상 선발'이 적용되기 전 정시의 확대가 반영된 학년이며, 2015 개정 교육 과정으로 학습을 하였지만, 과거의 대입 제도를 유지해야 하는 그야말로 과도기를 겪은 학년이었다. 국어 영역은 화법, 작문, 문학, 독서, 언어에서 출제되었으나, 현행 수능과 출제 범위는 동일하였고, 수학 가 유형은 수학 I, 확률과 통계, 미적분에서, 수학 나 유형은 수학 I, 수학 II, 확률과 통계에서 출제되도록 범위가 조정되었기 때문이다. 또 당시 고3(2020학년도 대입) 학생들은 수시 확대와 정시 축소로 확정된 입시 계획을 가지고 수능을 치르게 되었으나, 2009 교육 과정을 학습하며 입시를 준비해야만 하였다. 따라서 대학 입시를 준비하던 고3 학생들에게는 수시 모집이 매우 중요할 수밖에 없었다. 수시

모집 제도가 도입된 후 가장 많은 인원을 선발하는 시기였기 때문이다. 당시 한국대학교육협의회가 확정 발표한 자료에 따르면, 2020학년도 4년제 대학 모집 정원의 77.3%(268,536명)를 수시로 선발하였는데, 이는 2019학년도 76.2%(265,862명), 2018학년도 73.7%(259,673명)보다도 더 많은 수치였다. 이처럼 2019년도 당시 고1이었던 학생들과 고2, 고3 학생들은 학년마다 다른 수능 출제 범위로 인해 서로 다른 대입 수능을 치를 수밖에 없었다.

◆ 수시, 정시 선발 인원 및 비율

구분	수시모집	정시모집	합계
2020학년도	268,776명(77.3%)	79,090명(22.7%)	347,866명
2019학년도	265,862명(76.2%)	82,972명(23.8%)	348,834명
2018학년도	259,673명(73.7%)	92,652명(26.3%)	352,325명

(출처: 대한교육협의회)

그동안 정부는 새로운 대학입학제도 개편 방안에 있어 공론화 결과 및 국가교육회의 권고안 등 국민의 뜻을 담아 반영하였다고 밝혔다. 그러나 매번 이뤄지는 정권 교체와 교육 과정 개편, 학생·학부모 의견 반영 등으로 대입 제도는 누더기처럼 기워 입는 옷이 되어 버렸다. 물론 대학입학시험 제도의 변화는 시대의 흐름에 맞춰 자연스럽게 변하는 현상이라고도 할 수 있다. 또 수시에서 실패한 학생들을 위해 재도전의 기회를 제공해야 한다는 여론 형성에 따라 정시 확대의 정책 기조 변경 역시 좋은 현상이다. 이렇듯 학생들의 교과목 선택권 확대와 더불어 수능 평가 방법에서 절대 평가로 전환하는 것은 학생들의 부담을 완화시켜주는 올바른 방법이다. 그러나 이러한 변화보다도 수시의 대부분을 차지하고 있는 학생부 종합 전형 등의 공정성과 투명성이 먼저 강화되어야 하며, 그러기 위해서는 고교 교육의 혁신이 추진되어야 한다. 다가오는 미래가 현실이 되는 시점에서 입시 제도에 몰입하는 교육 정책 추진은 모든 국민들을 지치게 만들기 때문이다.

다양한 변수로 무장한 수시와 정시 전형은 시험을 준비하는 학생과 학부모, 그리고 교사 모두에게 재앙으로 다가오고 있다. 일선 학교의 고3 교실은 수시 원서 접수 시즌만 되면 모두가 패닉 상태에 빠져버린다. 당장 입시를 치르고 준비해야하는 학생조차 수시 전형에 있어 자신이 어디에 지원할 수 있는지 알 수가 없기 때문이다. 그러다 보니 학생과 학부모뿐만 아니라 고3을 지도하는 담임 교사와 진로 진학 교사 등은 본인들의 아까운 시간을 쪼개가며, 사교육 업체나 대학에서 진행하는 다양한 입시 설명회를 찾아다니고 있다.

이처럼 학생들의 입시를 지도해야 할 고3 담임조차 멘붕에 빠져버리게 만드는 입시 제도로 인해 수많은 학생들과 학부모는 당장 기댈 수 있는 사교육에 노크하게 된다. 문제는 매년 수능에 재도전하여 정시 시험에서 강세를 나타내는 재수생들조차도 매번 바뀌는 입시 제

◈ 전국 학생 수 현황

〈2019.01.24. 기준〉

학년도	학년	학생수(명)	증감(전년 대비)
2019	작년 고3	572,121	+11,175명 (+2%)
2020	고3	509,485	-62,636명 (-11%)
2021	고2	457,070	-52,415명 (-10.3%)
2022	고1	468,837	+11,767명 (+2.6%)

(출처: 교육부)

도로 인하여 사교육을 받아야 한다는 사실이다.

2020학년도 입시에서 학생들의 수가 전년 대비 11%(62,636명)나 감소하였다. 대입에 도전하는 많은 수험생들이 어려운 수능 시험으로 인해 재수를 결정하게 되면서 입학 정원은 그대로지만, 경쟁하는 수험생이 늘어나는 기형적인 구조가 되어 버린 것이다. 따라서 점진적으로 감소하는 학생 수가 대학 입시에 영향을 주기는커녕, 매년 난이도 조절 실패로 불수능과 경쟁을 부추기는 역효과가 발생하고 있다. 그리고 그 결과로 인해서 수험생들이 손해를 보는 구조가 반복된다.

현재 우리나라의 교육이 백년지대계가 아닌 일년지대계로 변해가고 있는 것 같아서 매우 안타깝다. 대한민국을 이끌어 갈 청소년들은 어른들이 만든 제도의 희생양이 아니다. 더 이상 학생들에게 스트레스와 고통을 주어서는 안 된다. 학생들의 미래에 피해를 주는 것은, 대한민국의 미래에 고스란히 영향을 준다는 것을 어른들 모두가 깨달아야 한다. 매년 바뀌는 입시 제도, 자주 변경되는 교육 과정, 학벌·경쟁 중심의 사회가 개선되지 않는 한 학생들의 스트레스와 고통은 지속될 것이다. 나비의 작은 날갯짓이 지구 반대편에서는 태풍을 일으킨다는 사실을 잊지 말자.

입시에 올인하는 사회,
그래도 희망을 품자

교육을 백년지대계라고 하지만, 매년 또는 정권이 바뀔 때마다 같이 바뀌어 버리는 교육 정책으로 인해 학생, 학부모, 교사들은 벙어리 냉가슴 앓듯 괴로워하며, 고통을 받고 있다. 일단 대한민국의 대부분 학생들이 방학이나 학기 중에 어떠한 생활을 하고 있는지 살펴보면 이러한 교육 정책이 얼마나 잘못되었는지를 확인할 수 있다.

학생들의 하교 시간이 되면 교문 앞에는 노란색 학원 버스들이 줄지어 대기하고 있다. 그리고 학생들이 하나둘 버스에 올라타면, 학원으로 학생들을 옮겨준다. 그렇게 학생들은 정해진 과목의 선행 학습을 하며, 많은 양의 과제를 소화하고 늦은 밤이 되어서야 집으로 귀가한다. 학생들에게 충분한 휴식 시간이 전혀 주어지지 않는 것이다.

선행 학습은 남들보다 좋은 상급 학교에 진학하기 위해 공교육보다 앞서 사전 지식 또는 기술을 배우는 것을 말한다. 이는 입시 위주의 고입과 대입 정책이 한몫을 하고 있다. 따라서 부모는 자식이 남들보다 뒤처지지 않도록 하기 위해, 또 더 좋은 대학에 진학시키기 위해 가계 지출비의 상당 부분을 사교육비에 할애하고 있다.

2014년부터「공교육 정상화 촉진 및 선행교육 규제에 관한 특별법(선행학습금지법)」이 시행되고 있지만, 학교 밖에 학원, 과외 등의 장소에서 선행 학습은 버젓이 자행되고 있다. 마땅한 처벌 규정이 없기에 많은 곳에서 자극적인 선행 학습 광고로 학생과 학부모를 유혹하고 있는 것이다. 따라서 실효성이 없다는 지적이 제기되고 있다.

또 이러한 선행 학습으로 인해 일부 학교에서는 수업을 진행하는데 큰 어려움을 겪고 있다. 많은 학생들이 미리 수업과 관련된 내용들을 배웠기 때문에 수업 시간에 졸거나 휴대폰을 만지기도, 심지어 학원이나 과외에서 내준 숙제를 하는 경우도 있기 때문이다. 그러나 입시가 급한 고3 수험생들에게는 선행 학습으로 인한 심리적인 안정감, 해당 수업에서의 자신감 등을 얻을 수 있다는 장점도 상존하고 있어 쉽사리 선행 학습의 유혹에서 벗어날 수가 없는 실정이다. 이처럼 사교육은 공교육을 좀먹으며, 학교 수업을 방해하는 괴물로 급성장하고 있다. 하루빨리 실효성 있는 법의 개정이 필요한 이유이다.

현재 우리나라의 고입·대입 제도에 종속된 초중고 교육 과정은 알고 보면 현실과 이상이 따로 놀고 있는 교육 과정이다. 저학년일수록 교육 과정에 맞게 삶을 살아가는 지식과 지혜를 주는 교육을 하고 있지만, 고학년이 되면 될수록 또 상급 학교에 진학하게 될수록 대학에 들어가기 위한 수시와 정시의 그늘에서 벗어날 수 없음을 알게 되기 때문이다. 그렇다고 학교나 교사는 법의 미비함과 제도의 부족함을 핑계로 교육의 책무성을 포기할 수는 없다. 교사는 학생들에게 스스로 세상을 살아갈 수 있는 자아 정체성과 자존감을 키워줘야 하는 스승이자 어른이기 때문이다.

현시대에 교육 전문가는 교사뿐만이 아니다. 2018년부터 교육부에서는 다양한 사람들의 의견을 수렴하고, 수렴된 의견을 발표하는 '국민참여 정책숙려제'를 실시해 왔다. 그리고 이를 통해 다양한 교육 의견이 쏟아지고 있으며, 우리나라 교육의 지향점과 함께 많은 국민들이 교육에 관심을 가지고 있다는 사실을 알 수 있었다.

교육이란 인간이 삶을 영위하는 데 필요한 모든 행위를 가르치고 배우는 과정이기에 아이들에게 틀에 박혀 있는 고정된 목표가 아닌, 변화무쌍한 목표들을 가르쳐야 한다. 정해진 길보다 낯선 길을 가는, 그리고 변화를 두려워하지 않는 용기가 있어야 교육이 바뀔 수 있기 때문이다.

학생, 학부모, 교사 참여, 실질적 '학교 자치' 필요

최근 들어 부쩍 '자치(自治)'라는 용어가 널리 쓰이고 있다. 자치란 자신과 관련된 일을 스스로 책임지고 처리하는 것을 뜻하며, 학교에서는 '학교 자치'라는 단어를 사용하고 있다. 상급 기관인 교육부나 교육청 역시 '현장 중심', '학생 중심'으로 교육 행정을 지원해 나아가고 있으며, 단위 학교에 보내는 부담스러운 정책이나 지시, 지침을 없애고 있는 추세이다. 2019년 1월, 전라북도교육청은 전국 최초로 학교 자치 조례를 통과시켜 학생, 학부모, 교직원 등이 함께 학교 운영에 참여할 수 있도록 하는 자치 기구를 설치하였다. 민주적인 학교의 학생들이 공교육에 대한 만족도가 높았기 때문이다.

민주적인 학교 문화를 조성하는 토대는 학교 자치를 기반으로 하

고 있다. 이는 현재도 널리 쓰이고 있는 '학급 자치회', '학생 자치회', '자치공동체' 등의 용어로 사용되며, 학생 자치 범주에서 활발히 움직이고 있다. 또 민주적인 학교를 완성하기 위해서는 학교 자치를 '어디서부터 고민하고, 어떻게 실천할 것인지', '교육의 주체인 학생, 학부모, 교사, 교육청, 지역 사회에서 생각하는 고민 지점은 무엇인지'가 반영되어야 한다.

학생, 학부모, 교사는 학교 자치 확립의 '키'

학생 자치는 학생 스스로 자발성에 기초하여 자신의 삶에 대한 문제를 해결할 수 있도록 핵심 역량을 함양하는 방향으로 설계되어야 한다. 지금까지 학급 자치회, 학생 자치회 범위에서는 이를 넘어설 수 없는 부분이 많았지만, 교수 학습 과정 속에서는 학생이 주도성을 지닌 학생 중심의 프로젝트형 수업을 지향해야 한다. 즉 창의적인 체험 활동이나 각종 체험 학습 속에서도 학생이 스스로 판단하고 체험 및 실천하여 결과에 대한 피드백을 받을 수 있도록 하는 학생 자치 시스템의 완성이 필요한 것이다.

이와 마찬가지로 학생 자치와 쌍두마차격인 '교사 자치' 역시 조속히 실현되어야 할 과제이다. 학교 민주주의 지수를 토대로 민주주의의 척도 결과를 매겨보면, 늘 교사의 수평적이지 못한 의사 결정 구조에서 좋지 못한 답변을 받는다. 이는 많은 교사들이 학교 정책을 추진하는 의견 수렴의 과정에 정당하게 참여하지 못한다는 것을 의미한다.

대부분의 학교에서는 교직원 회의를 점심시간, 수업 사이의 짧은 휴식 시간 또는 퇴근 전 비어 있는 시간에 진행한다. 그리고 이때 교무 부장 등이 나서 상급 기관의 지침, 의무 전달 연수 같은 기본적인 사항만 전달하고 끝이 난다. 정작 학교 자치의 핵심인 민주적인 의사소통이 전혀 이루어지지 않는 것이다. 이러한 상황 때문에 특정 교사의 전달과 독점으로 진행되는 교직원 회의의 위상을 강화하고 재정립할 필요성이 제기되고 있다. 물론 민주적인 의사소통 문화를 만드는 데 있어 학생들의 인권과 교사들의 교권은 존중받아야 한다.

교사 자치를 구현하기 위해서는 교직원 회의뿐만 아니라 교원들이 참여하는 각종 위원회, 부장 교사들이 참여하는 기획 회의 등에서도 일방적인 회의 내용 전달이 아닌, 토의 안건을 사전에 알려주고 준비해서 다 함께 소통하는 회의가 되어야 한다. 또 학교 자치에서 가장 말도 많고, 탈도 많은 '학부모회'가 학교 주체로써 적극적으로 참여할 수 있도록 방향의 재정립이 필요하다. 매년 신학기에 이뤄지는 학부모 총회에만 참석하고, 선출된 학부모들만이 학교의 주체로 참여하는 기형적인 구조와 문화를 혁신해야 하는 것이다. 상호 존중을 바탕으로 학부모가 학교 정책에 참여해야 올바른 학교 민주주의로써 행복한 학교를 꿈꿀 수가 있다.

아직도 대다수의 학교에서는 각종 위원회를 개최하기 위한 정족수를 만들기 위해 이곳저곳에 전화를 돌리는 교육적이지 않은 노력을 기울이고 있다. 안타깝고 딱한 현실이다. 이러한 상황을 해결하기 위해서는 무엇보다도 학부모의 학교 참여를 보장하는 사회 전반의 인식이 개선되어야 한다. 아직도 학부모의 학교 참여에는 다양한 제약이 뒤따르고 있기 때문이다.

학생, 학부모, 교사의 학교 자치는 결국 학교를 신뢰하고 소통하는 민주적 풍토에서 자라나고 형성된다. 이때 무엇보다 중요한 것이 바로 교육부와 교육청의 포지션이다. 단위 학교가 스스로 자율성과 책임감을 가지고 자치를 실현할 수 있도록 자양분을 공급해줘야 한다. 또 지시와 간섭, 그리고 강제적인 지침에서 벗어나 학교가 자율적으로 민주적인 문화를 조성할 수 있도록 자율 장학 시스템을 가동해야 한다. 학교 현장을 존중하고 이해하는 지원이 필요한 것이다. 이제 더 이상 교육청이나 교육부는 단위 학교 위에 존재하는 '상전'이 아니다.

학교와 마을, 지역 사회는 공생 생태계

올바른 학교 자치를 구현하기 위해서는 학교를 둘러싸고 있는 마을과 지역 사회의 적극적인 협조가 필요하다. 학교라는 교육 생태계의 확정 관점에서 보면 학교와 마을, 그리고 지역 사회는 독립적으로 존재할 수가 없다. 서로 유기적으로 연결되어 인적·물적 자원을 수혈받는 공생 생태계여야 한다. 그래야지만 학교가 민주적으로 생기 있게 돌아가고, 마을과 지역 사회가 발전한다.

학교 자치는 거창한 구호가 아니다. 또 학교장에게 권한과 책임이 독보적으로 존재하지 않는다. 그저 교육 공동체의 구성원인 학생, 교사, 학부모가 공동으로 참여하는 협의체에서 합의된 내용으로 현안과 대안을 결정하는 것을 뜻한다. 따라서 이러한 분산된 책임으로 학교 자치가 구현되고 성장한다는 것을 잊어버린다면, 학교 자치는 더 이상 발전하지 못한 채 제자리걸음만 하게 될 것이다.

'편의점 알바보다 못하다'
직업계고 현장 실습 개선해야…

통상적으로 특성화고와 마이스터고를 직업계고(또는 전문계고)라고 칭하며, 이 직업계고에서는 '현장 중심의 실무 교육', '직무 능력 및 취업 역량 강화', '올바른 인성과 직업의식 함양'을 주요 골자로 하여 교육을 진행한다. 또 '전문 기술 습득', '현장 실습 체험', '해외 연수', '수업료 면제' 등 일반계고와 다른 혜택들이 존재한다.

최근 이 직업계고의 주요 취업 준비 통로였던 현장 실습이 2018년 2월에 있었던 '최저 임금 인상'과 '현장 실습 규제 강화'로 인해 급격히 감소하였다. 동시에 직업계고에 진학을 희망하는 학생들 역시 덩달아 감소하고 있는 추세이다. 최근 2년 사이 정원 미달인 직업계고가 두 배 가까이 늘어났다.

'특성화고'는 소질과 적성 및 능력이 유사한 학생을 대상으로 특정 분야의 인재 양성을 목적으로 하는 교육 또는 현장 실습 등 체험 위주의 교육을 전문적으로 실시하는 학교를 말한다.

－「초·중등교육법」 시행령, 제91조

'마이스터고'의 공식 명칭은 '산업수요 맞춤형 고등학교'이며, 유망 분야의 특화된 산업 수요와 연계하여 예비 마이스터를 양성하는 특수목적고로 분류된다.

－「초·중등교육법」 시행령, 제90조

기업들의 '직업계고 현장 실습 현황 통계(2019년 1월 기준)'를 보면, 2016년에 3만 1,060개의 현장 실습을 진행하였으나, 2017년 1만 9,709개, 2019년 1만 2,266개로 급격히 줄어든 것을 확인할 수 있었다. 이는 2016년 대비 약 39%가 감소한 것이다. 또 초·중등 교육 정보 공시 사이트 '학교알리미'에 의하면 직업계고 학생들의 취업률 역시 2017년 53.6%, 2018년 44.9%, 2019년 34.8%로 급격히 하락하여 약 7년 만에 30%대를 기록하였다.

2014년 울산에서, 2017년 1월 전주와 같은 해인 11월 제주에서 발생한 '현장 실습 고교생 사망 사고' 등으로 인해 현장 실습 기업에 대한 부정적인 인식이 커졌다. 그리고 이러한 사망 사고는 현장 실습 참여 기준을 강화(현장 실습 기간이 6개월에서 3개월로 축소됨)시키는 계기가 되었고, 안전사고에 대한 부담감이 커진 기업체에서는 자연스럽게 현장 실습을 자제하거나 지양하게 되었다.

2018년 7,530원이었던 최저 임금이 2019년 8,350원으로 크게 오른 것도 현장 실습 감소에 큰 영향을 미쳤다. 임금이 비싸지니 기업들은 채용 인원을 줄이고, 이에 따라 대졸자들의 취업문 역시 낮아지면서 직업계고 학생들까지 피해를 보는 것이다. 이처럼 시간이 지날수록 점점 더 현장 실습에 나갈 수 있는 기업들이 감소하고 있다. 그러다 보니 현장 실습을 통해 취업을 해야 하는 직업계고 학생들의 대다수가 취업이 아닌, 대학교 진학을 선택하는 어처구니없는 일이 발생하고 있다. 현장 실습을 통해 취업이 되어야 하는 시스템이 막혀 대학교 진학을 선택하고 있는 것이다.

직업계고 학생,
10명 중 4명은 수당 못 받아…

　　2018년을 기준으로 현장 실습생 1만 7,656명 중, 42.6%인 7,519 명이 주당 34시간의 현장 실습을 하고도 참여 기업으로부터 수당을 지급받지 못하였으며, 평균적으로 주당 33시간의 현장 실습을 하고 최저 임금인 117만 원의 절반도 안 되는 53만 8천 원을 지급받고 있다는 사실이 감사원의 감사 보고서를 통해 밝혀졌다. 또 2019년 11월, 감사원의 '직업 교육 추진 및 관리 실태(2018년 기준)'에 대한 감사 보고서에 따르면, 우리나라의 전체 고등학교 학생의 수인 153만 명 중, 직업계고 학생의 수는 28만 3천여 명으로 약 18.5%의 비중을 차지하고 있는 것으로 나타났다. 이는 OECD 국가들의 평균인 45.9%(2014년 기준)와 비교해 봐도 훨씬 적은 비중이다.

2018년, 교육부에서는 직업계고 학생들의 각종 사망 사고로 인해 '현장 실습 제도'를 전면 개정하였다. 취업 실습을 나온 직업계고 학생의 신분을 학생 및 근로자에서 학생으로, 취업 시기를 3학년 2학기에서 동계 방학 이후로 변경한 것이다. 그러나 학생들의 안전을 보장하려고 변경한 이 정책으로 인해 많은 학생들이 피해를 보기 시작하였다. 현장 실습생의 근로자 신분 요소를 배제한 결과, 현장 실습생은 노동 관련 법령에서 근로자를 보호하기 위한 산업 안전 관련 최저 기준을 보장받지 못하게 되었으며, 참여 기업에서는 최저 임금 상당의 급여가 아닌, 현장 실습 수당을 자율적으로 지급할 수 있게 되었다. 이와 관련하여 고용노동부에서는 "현장 실습생을 노동 관련 법령상 근로자로 볼 수 없어 참여 기업에 대한 안전 점검을 실시할 수 없다."며 참가 기업에 대한 지도·감독마저 하지 않고 있는 상황이다.

이런 악순환이 반복되면서 취업을 목적으로 하는 직업계고 취업률이 하락하고 있는 것이다. 따라서 정부와 교육부에서는 적절한 개선 방안을 제시해야 한다.

2019년 교육부가 현장 실습 보완 방안으로 제시한 '2019학년도 직업계고 현장 실습 운영 매뉴얼'에 의해 현장 실습을 조기 취업의 역할이 아닌, 직무 체험 등을 통한 취업 준비 과정의 역할로 보고 학습 중심으로 학생들을 관리하도록 안내하였다. 또 근로 계약 체결 시 학생들의 최저 임금을 보장받을 수 있도록 하던 것을 없애고, 기업 또는 학교에서 현장 실습 지원비를 지급하는 것으로 개선하였다. 이는 당시 현장 실습에 참여하는 학생에 대한 명확한 수당 지급 기준이 없어 기업 간 수당 지급의 격차가 심하였던 것과 경제적인 보상이 없는 학생의 경우 현장 실습에 대한 참여 의지가 저하되었던 것을 해결해주는 적절한 개선 방안이었다. 이렇듯 앞으로의 현장 실습은 일을 통한 경험이 학습될 수 있도록 운영되어야 하며, 산업체에서는 학생에게 실습 기간 등을 기준으로 현실적인 수당을 지급해야 한다. 그리고 현장 실습 기간 동안 직무와 연계한 실무 교육을 통하여 취업으로 전환할 수 있도록 산업체 적응 기회(수습 또는 인턴)로 현장 실습을 진행해야 하며, 해당 기간에 대한 교육 훈련 수당 역시 지급해야 한다.

현재 현장 실습 산업체에서 현장 실습생에게 지급하는 현장 실습 수당은 시간당 최소 7,400원 이상이다. 따라서 월 단위로 현장 실습 계약을 체결하는 경우, 주당 35시간의 현장 실습과 108만 원 이상의 월급을, 주당 40시간 이상의 현장 실습을 실시하는 경우에는 123만 원 이상의 월급을 지급해야 한다. 그러나 월 단위의 계약이 아닌 경우에는 현장 실습에 대한 전체 이수 시간을 최소 지급 기준으로 적용하여 표준 협약서에 명시해야 한다. 이와 관련하여 교육부 역시 현장 실습 수당으로 「최저임금법」 제5조(최저 임금)에 따른 월 최저 임금 상당액의 70%(약 122만 원) 이상이 적절하다는 각계(各界)의 의견에 따라 2021년 1인 가구 최저생계비(약 110만 원) 이상이 반영될 수 있도록 해야 한다. 학교에서는 최저 임금도 모르는 학생들에게 노동의 가치와

「근로기준법」을 이해할 수 있도록 노동 인권 교육을 실시해야 하며, 현장 실습 제도의 안전성 강화를 위한 방안을 마련해야 한다. 즉, 현장 실습생에 대한 현장 실습 시기, 기간, 수당 등을 현실적으로 조정하여 참여율 및 취업률 제고에 힘써야 하는 것이다. 학생들의 안전이 보장되지 않는 현장 실습 제도는 무용지물이기 때문이다.

직업계고 학생들은 편의점 알바보다도 열악한 중소기업체의 현장 실습에 나가려고 하지 않는다. 손님들의 바코드 스캔만 해도 충분히 최저 임금 이상을 받을 수 있기 때문이다. 더 이상 학생의 안전을 보장하는 정책으로 인해 학생들의 현장 실습 길이 막혀서는 안 된다. 이제는 국민들과 기업체에서 현장 실습을 바라보는 인식의 개선이 필요하다. 직업계고 학생들의 현장 실습을 단순히 일로만 보지 말고, 일을 통한 학습 경험으로 이해해야 하는 것이다. 또 아직도 많은 직업계고 학생들이 열악한 현장 실습 환경에서 위험하고 단순한 노동에 시달리고 있음을 기억해야 한다. 따라서 정부와 교육부에서는 현장 실습이 교육 과정과 연계되어 운영될 수 있도록 현장 실습 수업 및 전환 학기에 대한 법적 근거를 마련하여야 하며, 체계적인 현장 실습 운영을 위해 「직업교육훈련 촉진법」을 개정해야 한다.

이제 직업계고 학생들에게 학습 중심의 현장 실습을 통해 일과 학습 경험을 동시에 제공해 주어야 하며, 양질의 일자리 확보 및 고졸 취업 연계 강화를 통해 고졸 희망 사회를 실현해야 한다.

제4장

미래 교육,
폭력을 넘어
안전하고 평화로운 학교

우리의 생활 속에
침투한 폭력

　교육부에서는 매년 2회씩 학교 폭력에 관한 실태 조사를 진행하고 있으며, 실태 조사 결과를 바탕으로 학교 폭력 예방 및 근절 방안을 마련한다. 그러나 코로나19 바이러스로 인하여 2020년 학교 폭력에 관한 실태 조사는 1회 실시되었으며, 조사 결과 2019년과 비교하여 약간의 감소 추세를 보이고 있는 것으로 나타났다.

　학교 폭력의 유형으로는 언어 폭력, 집단 따돌림, 사이버 폭력, 신체 폭력 등이 확인되었는데, 이중 사이버 폭력의 비중이 점점 높아지고 있는 형국으로 나타났다. 이는 2020년 코로나19 바이러스의 영향으로 비대면 수업과 대면 수업이 병행되면서 나타난 부작용으로 분석된다. 현재 사이버 폭력은 온라인 수업 진행과 함께 사이버 언어 폭력, 사이버 성폭력 등 다양한 사이버 폭력의 양상으로 변질되고 있다.

폭력 양상의 변화

카카오톡, SNS 등의 메신저를 통해 특정 학생을 대상으로 한 따돌림, 괴롭힘 등이 자행되고 있다. 특히 카카오톡 채팅방 속에서는 다수의 학생들이 동조 및 가담하여 다수 대 소수의 가해 행태를 보이고 있다. 또 사이버에서의 다툼이 실제 만남으로까지 이어지며, 신체 폭력과 언어 폭력이 병행되는 폭력의 변이 현상이 나타나고 있다.

그러나 더욱 큰 문제는 사이버 상의 익명성을 이용하여 피해 학생에게 지속적이면서도 고의적인 언어 성희롱, 부적절한 합성 사진 투척 등의 사이버 폭력이 가해지고 있다는 점과 가해 학생들은 자신이 저지르고 있는 사이버 폭력의 심각성을 모르고 있다는 점이다. 대다수의 학생들이 그저 익명이기에 경찰에서도 알아차리지 못할 것이라고 생각하며, 지속적으로 범행을 저지르고 있는 것이다. 하지만 피해자가 가해자를 특정하지 못하는 경우, 경찰을 통해 사이버 수사를 의뢰하면 진범을 특정할 수 있다. 다만 생각보다 시간이 걸리기에 가해자가 밝혀질 때까지 지속되는 괴롭힘으로 피해자의 아픔과 상처가 더욱 커진다는 단점이 있다.

유명인의 학교 폭력 미투 확산

　스포츠계, 연예계 등에서 연일 폭로되고 있는 유명인들의 학교 폭력과 관련된 미투(Me Too) 운동[5]으로 인하여 대중들은 충격의 도가니에 빠지고 있다. 평소 우리가 알고 있던 이미지와는 너무나 상반된 모습으로 과거에 끔찍한 악행을 저질렀다는 사실이 큰 충격으로 다가오기 때문이다. 이 학교 폭력 미투 운동은 피해를 호소하는 피해자들이 과거의 겪은 학교 폭력 후유증을 사이버 공간을 통해 국민들에게 호소하여 해소하고자 하는 정화 작용이 작동하였다고 볼 수 있다.

　미투 운동의 핵심은 사실 관계 여부의 파악이다. 거짓된 폭로 내용으로 인하여 자칫하면 엉뚱한 사람이 누명을 쓰는 억울한 일이 벌어질수도 있기 때문이다. 그러나 폭로된 내용이 사실일 경우에는 진심 어린 반성과 용서를 통해 자신의 잘못을 깊이 뉘우치고 있는 모습을 보여줘야 한다. 피해를 호소한 피해자에게 직접 연락하여 상처와 트라우마에 대한 진심 어린 사과와 용서를 구해야 하는 것이다. 이때 폭로한 피해자나 목격자에게 진심 어린 반성이나 사과를 구하지 않고, 순간의 상황을 넘어가기 위해 사과문이나 전문 등을 작성하는 것은 오히려 역효과를 거둘 수 있다. 평생을 트라우마가 되어 피해자를 괴롭혔던 사건에 대한 진정성 있는 사과가 아닌, 사과문이나 전문 등을 통해 상황을 빠르게 벗어나려는 모습으로밖에 보이지 않기 때문이다.

---

5 나도 고발한다는 뜻을 가지고 있으며, 자신이 겪었던 성범죄를 여론의 힘을 결집하여 사회적으로 고발하는 것을 뜻한다.

폭력의 뿌리는 청소년만의 문제는 아니다

청소년 폭력의 단초를 청소년들만의 문제로 치부하기에는 무리가 있다. 아직 완벽한 인격체로 성장하지 않은 청소년들에게는 부모와 교사 등 어른들의 역할이 매우 중요하기 때문이다. 요즘 청소년들의 대화를 들어 보면 대화 내용의 절반 이상이 욕과 비속어, 줄임말이며, 일상적으로 사용하는 욕설은 욕으로 받아들이지 않을 만큼 익숙한 대화체가 되어 버렸다. 또 청소년들이 좋아하는 게임은 중독성이 강하면서도 폭력적이고 잔혹하다. 그렇기에 청소년들이 자연스럽게 폭력에 무뎌지는 부정적인 효과를 수용하는 것이다. 여기에 대중 매체의 선한 영향력이 없는 것도 아쉬운 현실이다. 요즘 TV 채널을 돌리면 등장하는 예능, 드라마, 뉴스 속에 등장하는 다양한 사건 및 사고는 폭력적이면서도 선정적인 부분들이 많은데, 이러한 부분을 여과 없이 방송에 내보내어 청소년들에게 폭력은 때론 당연하고 문제없다는 인식을 심어주고 있기 때문이다. 이제는 어른들이 먼저 폭력에 대한 인지 능력을 배양시켜야 하며, 청소년들이 보고 느끼고, 배우는 모든 부분에 있어서 인성이 먼저라는 것을 인지시켜줄 수 있는 시스템을 마련해야 한다.

생명을 소중히 생각하는 인격체로 바라보기

폭력은 상대방을 소중한 인격체로 바라보지 않기에 발생하는 것이다. 따라서 욕설이나 비속어를 사용하지 말고, 상대방에 대한 예의를 갖춰 존중하는 단어들을 사용해야 한다. 언어가 순화되지 못하면, 언어 폭력으로 비화되기 십상이기 때문이다. 또 청소년들은 대학 입시, 경쟁 위주의 교육으로 인해 엄청난 학업 스트레스를 지니고 있기에, 학교나 가정에서는 청소년들의 스트레스를 긍정적으로 해소시켜 줄 수 있는 방안을 마련해야 한다.

올바른 언어 순화 및 사용 습관이 폭력을 줄이는 시발점이다. 지금부터라도 청소년들에게 생명을 경시하지 않고, 존중할 수 있는 문화가 착근되도록 어른들부터 생명을 소중한 인격체로 바라보려는 노력이 필요하다.

'학교 폭력' 용어
재정립해야…

　　2021년 2월, 교육부에서 '2020년 학교 폭력 실태 조사(전수 조사) 결과'를 발표하였다. 조사 결과, 전체 피해 응답률은 0.9%였으며, 이는 2019년 1차 조사 결과(2019. 4. 1.~ 2019. 4. 30)와 대비하여 0.7%가 감소한 결과였다. 또 학생 천 명당 피해 응답 건수 역시 2019년과 비교해 봤을 때 모든 유형에서 감소한 것으로 나타났다. 그러나 이러한 결과는 코로나19로 인해 등교 수업 일수가 대폭 감소한 데서 비롯된 것으로 보인다. 같은 해 1차 조사 결과와 비교해 보면, 학교 폭력 피해·가해·목격 응답률은 모두 감소한 것으로 나타났지만, 사이버 폭력(3.4%), 집단 따돌림(2.8%)의 비중은 증가하였기 때문이다. 따라서 현 상황에 주목해 예방 교육의 방향을 정할 필요가 있다.

시대상이 반영된 학교 폭력의 양상

시간이 지날수록 직접적·물리적 폭력 행위보다는 집단 따돌림의 양상이 고착화·일상화되어 가고 있다. 지속적인 괴롭힘과 따돌림은 물론, 익명성을 지닌 휴대폰 앱 속에서 뒷담화 및 혐오적인 표현 등을 포함한 각종 언어 폭력 및 집단 폭언 등으로 다변화되어 가고 있는 것이다. 현재 일선 학교와 교육청 등에서는 이러한 상황에 맞춰 어울림 프로그램, 사이버 어울림 프로그램 등을 개발하여 보급하고 있지만, 온·오프라인상에서 만연하게 진행되고 있는 집단 따돌림에 대해서는 선제적이고 적극적인 예방 교육이 부족한 상황이다.

코로나19로 인해 비대면 시대가 길어짐에 따라 온라인은 급속도로 청소년들의 생활을 파고들었다. 그리고 그 결과, 온라인상에서의 익명성과 장난 등을 가장한 각종 사이버 폭력과 채팅방 등에서의 따돌림(일명, 블링) 등이 온라인의 문제점으로 부각되고 있다. 집단 따돌림의 경우 집단으로부터 배제 및 조롱, 뒷담화 등이 은밀하게 진행되기에 정황만을 가지고 판단하기에는 애매한 경우가 많다. 하지만 사이버 폭력은 증거가 확보되기에 가해자와 피해자가 구분이 된다. 따라서 아직 이러한 현실에 둔감한 청소년들을 위해 인터넷·스마트폰의 올바른 사용을 위한 네티켓[6] 교육이 절실하다. 즉 사이버 폭력 증가에 따른 관련 교육이 절실히 필요한 것이다.

---

6 네트워크(network)와 에티켓(etiquctte)의 합성어로 네트워크상에서 지켜야 할 예절을 말한다.

학교 폭력 정의부터 바꿔야

예방 교육 못지않게 학교 폭력의 정의 역시 다시 살펴봐야 한다. 특별법으로 만들어진 「학교폭력예방법」에서 정의하고 있는 학교 폭력의 정의가 과도하다는 지적이 잇따르고 있기 때문이다. 「학교폭력예방법」에서는 학교 폭력을 '학교 내외에서 학생을 대상으로 발생한 상해, 감금, 폭행 등 여러 행위'로 정의하고 있다. 그러나 학교 외부에서 발생한 사안까지 학교로 가져와서 처리한다는 것은 학교 내부에서조차 기피하는 업무로 전락하고만 학교 폭력 사안 업무를 더욱 기피하게 만드는 원인밖에 되지 않는다.

학교폭력 전담기구에서는 학교 폭력과 관련된 사안을 조사할 때면, 양쪽의 입장과 목격자의 진술에만 의존해 학교장이 자체로 해결하거나 교육청으로 이관된 학교폭력대책 심의위원회를 통해 징계 여부를 결정한다. 그러나 이때마다 근거 부족, 상반된 진술 등으로 많은 어려움을 겪고 있다. 따라서 사회적인 공감대 형성을 통해 학교 폭력의 정의를 재조정할 필요성이 있다.

가족과 떠난 여행에서 형제들끼리 싸운다면, 현행법의 정의로는 이 싸움 역시 학교 폭력으로 간주된다. 또 실제 이런 사건이 학교 폭력으로 신고·접수되어 처리되고 있다. 이제는 지나치게 광범위하게 설정되어 있는 학교 폭력 정의를 현실에 맞게 구체적으로 재정립해야 할 시기이다.

'학교 밖 청소년' 급증, 사회 연결 대책이 필요하다

 '학교 밖 청소년'이 꾸준히 증가하고 있지만, 이에 대한 마땅한 대책이 마련되지 않아 학교를 떠난 청소년들은 재학생 수준의 교육 서비스를 받지 못하고 있다. 또 학교 밖 청소년이 학교 폭력 가해자의 40%를 차지한다는 통계 보고도 있어 이와 관련된 대안 마련이 시급하다. 「학교 밖 청소년 지원에 관한 법률」 제2조에서는 학교 밖 청소년을 '장기 결석', '취학 의무 유예', '제적', '퇴학', '자퇴' 등을 한 청소년으로 정의하고 있다. 그러나 학교 밖 청소년에 대한 정확한 현황 파악이 쉽지 않아 유사한 개념인 '학업 중단 청소년 현황 파악'으로 대신해서 그 수를 파악하고 있다.

 2019년 2월 한국교육개발원에서 발표한 '학업 중단 청소년 현황 통계'에 따르면, 2017년도 학업 중단율은 초등학교 0.6%(1만 6,422명), 중학교 0.7%(9,129명), 고등학교 1.5%(2만 4,506명)인 것으로 조사되었다. 또 초중고 모두 최초 학년의 학업 중단율이 가장 높게 나타났으며, 이 중에서 고등학교 1학년의 학업 중단율이 무려 2.5%에 육박하는 것으로 조사되었다.

◈ 학업 중단 청소년 유형별 비율(학업 중단 이후 3년간 이행 경로 기준)

구분	정의	비율
학업형	검정고시 공부, 대학 입시 준비, 복교 등	50.4%
직업형	직업 기술을 배우는 경우, 아르바이트·취업 등	32.4%
무업형	특정 목표 없이 아무것도 하지 않는 경우	11.1%
비행형	가출하거나 보호시설·사법 기관 등의 감독을 받는 경우	6.0%
은둔형	사회적 관계를 맺지 않고 집에서 나오지 않는 경우	*미조사

학교 밖 청소년 이행경로에 따른 맞춤형 대책 연구
(출처: 한국청소년정책연구원)

2012년 6월 이후 학업 중단 청소년을 3년간 추적한 결과, 학업형(50.4%), 직업형(32.4%), 무업형(11.1%), 비행형(6.0%) 순으로 조사되었다. 여기서 무업형은 특정 목표 없이 아무것도 하지 않는 경우를 말하며, 비행형은 가출하거나 보호 시설 및 사법 기관의 감독을 받는 경우를 뜻한다. 이처럼 매년 약 5만 명에 가까운 청소년이 학교를 떠나고 있으며, 추적 조사 결과, 학교 밖 청소년 중 약 3,000여 명 가량이 비행형(6%)인 것으로 나타났다.

2017년, 국회 행정안전위원회 소속 박남춘 의원이 경찰청으로부터 제출받은 자료에 의하면, 학교 폭력 사건으로 검거된 학교 밖 청소년은 2012년 2,055명에서 2016년 5,125명으로, 4년 사이 약 2.5배 급증하였다. 같은 기간 전체 학교 폭력 사건 검거자의 수가 2만 3,877명에서 1만 2,805명으로 50% 급감한 것과는 사뭇 대조적인 흐름이다. 이렇듯 학교 밖 청소년이 증가하는 요인과 그로 인해 발생하는 사회적인 문제에 대해 관련 당국의 대책이 요구되는 시점이다.

현재 학교에서는 학업 중단을 고민하는 학생들을 위해 학업 중단 숙려제를 진행하고 있다. 그러나 숙려제 기간 1~2주 차에 이뤄지는 주 2회 상담만 받으면, 대상 학생이 나머지 방과 후 시간에 학교 밖에서 무엇을 하고 다니는지는 아무도 모른다. 따라서 학교 안에서 이뤄지는 학업 중단 숙려제 역시 학생 및 학부모의 충분한 의견 수렴 과정을 거쳐야 효과를 높일 수 있다. 형식적인 업무로 인식하고 추진하는 순간 학생과 학부모는 학교 밖으로 떠날 수밖에 없다.

시간이 흐를수록 학교 밖 청소년의 학교 폭력 가해 비율이 증가하고 있다. 이제는 학교 폭력 예방에 대한 접근 방식의 변화가 필요하다. 이에 따라 학교 밖 청소년 지원센터(약칭 꿈드림센터)에서는 의무적으로 학교 폭력에 관한 예방 교육을 분기별 1회 실시해야 하며, 학업 중단을 고민하는 학생들을 위해 총제적인 위기 관리 시스템을 마련하여야 한다. 또 학교 밖 청소년에 대한 가족들의 신속한 개입 및 사회의 인식 전환 역시 요구된다. 학교 밖 청소년들도 우리나라의 사회 구성원 중 한 명으로서, 건강하고 소중하게 성장할 권리를 가지고 있기 때문이다.

2018년 기준, 학교 밖 청소년은 연간 약 46만 원의 금액을 지원받고 있다. 이는 재학 중인 중학생 약 1,000만 원, 고등학생 약 880만 원과는 확연히 비교되는 금액이다. 청소년의 학업 중단은 개인의 손해뿐만 아니라 국가적인 손실로 다가와 막대한 사회적 비용을 발생시킬 수도 있다. 그러므로 지금부터라도 재학생에 준하는 교육 서비스의 제공이 필요하며, 학교 밖 청소년에 대한 정확한 실태 조사를 토대로 지원 정책을 마련해야 한다. 학교에 다니지 않는다고 차별하는 것은 공정한 교육이 아니다.

헌법에 보장된 교육받을 권리,
'학교 밖 청소년'

매년 4~5만여 명의 청소년들이 학교를 그만두고 있다. 그러나 학업 중단 이후 보호의 사각지대에 놓이게 되는 경우가 많아 학교 밖 청소년에 대한 적극적인 지원 및 연계가 필요한 시점이다.

어린이와 청년의 중간 시기인 청소년은 법령이나 규범에 따라 정의의 기준이 다르다. 「청소년기본법」에서는 '9세에서 24세 사이의 사람'을 말하며, 「청소년보호법」에서는 '19세 미만(19세가 되는 해의 1월 1일을 맞이한 사람은 제외한다)인 사람'을 청소년으로 정의하고 있다. 「청소년기본법」과 「청소년보호법」 두 개의 법 중, 어떤 것이 정답이라고 확실하게 말할 수는 없다. 하지만 청소년들이 어른들의 보호를 받아야 하는 것은 틀림없는 사실이다.

학교 밖 청소년에 대한 다양한 대책

2019년, 서울시는 대안학교를 중심으로 학교 밖 청소년에 대한 지원을 강화할 것을 밝히며, 연간 약 100억 원을 투입해 제도권 교육에 적응하지 못하였던 청소년들을 대안학교로 흡수한다는 계획을 발표하였다. 경기도 역시 학교 밖 청소년 1만 5천여 명에게 94억 원을 지원하기로 결정하였다. 학교 밖 청소년에 대한 복지 지원과 청소년지원센터 내실화를 위해 도비 21억 원을 포함해 총 94억 원의 예산을 투입하기로 결정한 것이다. 당시 경기도가 발표한 계획은 청소년지원센터를 이용하는 청소년들에게 1일 1만 원 이내 급식(도시락 등)을 제공하고, 월 6회 이상 센터 프로그램을 이용하는 청소년에게 10개월 간월 3만 원의 교통비를 지원하기 등의 내용이었다. 그러나 금전적인 지원도 좋지만, 학교 밖 청소년들을 위해서는 대안학교나 자격증 등을 딸 수 있도록 도움을 주는 다양한 교육 프로그램을 지원해주는 것이 더 좋다. 이러한 지원이 바로 교육 평등권 보호 차원에서 근본적인 해결책이 될 수 있기 때문이다.

현재 시도교육청이나 지자체별로 학교 밖 청소년들에 대한 각종 대책을 쏟아내고 있다. 이때 무엇보다 중요한 점은 다양한 지원 확대 정책이 제도권에 편입된 학교에 가기 싫어하는 학생들의 자퇴를 유도할 수 있다는 점이다. 또 정부와 지자체, 교육청은 학교 밖 청소년들이 학교를 그만두었다는 이유로 소외되고 어려움을 겪지 않도록 적절한 방안을 마련해야 한다. 그리고 동시에 학교 밖 청소년들이 겪는 편견이나 사회적 차별 등을 해소하기 위해 국민들의 인식 개선 역시 적극적으로 추진해야 된다.

점점 학교라는 제도권을 벗어나는 청소년들이 증가하고 있다. 이는 학교 밖 청소년들만의 문제가 절대로 아니다. 교육 정책에 수긍하지 못하는 청소년들을 학교 제도권 밖으로 몰아붙이는 교육 정책도 크게 한몫하고 있다. 정부 당국은 하루빨리 학교 밖 청소년들을 발굴하고 이들에 대한 맞춤 서비스를 제공하여 모든 청소년들의 자립과 복지 역량이 향상될 수 있도록 해야 한다. 무엇보다 학교 밖 청소년들이 자신의 재능과 끼를 스스로 발견하여 성공적으로 학업에 복귀하거나 사회에 진입할 수 있도록 아낌없는 격려와 지원을 보내야 한다.

학교 밖 청소년 지원 정책은 청소년들의 교육 평등권 확보 차원에서 매우 중요한 부분이다. 모든 국민은 능력에 따라 균등하게 교육을 받을 권리를 가지고 있기 때문이다. 따라서 이제는 학교 밖 청소년들의 개인적인 특성과 상황을 고려한 상담, 교육, 취업 지원 및 직업 체험 등의 프로그램을 통해 꿈을 가지고 자신의 미래를 스스로 준비하여 공평한 기회를 얻을 수 있도록 지원해야 한다. 학교를 다니는 청소년이나 다니지 않는 청소년들 모두가 건강하게 성장할 수 있는 사회를 만들어 가야 하는 것이다.

10명 중 1명은
아르바이트를 하는 청소년

사회를 처음으로 경험하는 청소년들에 대한 부당 처우와 노동 인권 침해가 관심 이슈로 떠오르고 있다. 2018년, 바른미래당 이찬열 의원(국회 교육위원장)은 17개 시도교육청으로부터 '최근 5년간 학생 근로 현황 분석 결과' 자료를 제출받았다. 이 자료에 의하면, 2014년부터 2018년까지 약 70%가 넘는 교육청에서 '학생들의 근로 관련 실태 조사'를 단 한 번도 진행하지 않았다는 것을 알 수 있었다. 또 통계청과 여성가족부가 합동으로 발표한 '청소년 통계'에 따르면, 중·고등학생인 13~18세 청소년들의 아르바이트 경험은 12.8%로 2016년(11.3%)보다 1.5% 상승하였고, 10명 중 1명은 여전히 아르바이트를 경험하고 있는 것으로 나타났다.

2018년 경기도교육연구원의 통계에 의하면, 경기도에 거주 중인 중·고등학생의 12.9%가 아르바이트를 경험하였고, 이중 중학생보다 고등학생이 5배 정도 더 많았으며, 남학생보다 여학생이 더 많은 것으로 나타났다. 또 아르바이트를 하는 중·고등학생의 일주일 평균 근로 일수는 2일 이하가 가장 많았고, 일일 평균 근로 시간은 중학생 6시간, 고등학생 7시간으로 고등학생이 중학생보다 근로 일수 및 일일 근로 시간이 더 많은 것으로 나타났다. 중·고등학생들이 아르바이트를 하는 주된 이유는 '자신이 원하는 것을 사기에 돈이 부족해서'인 경우가 50.4%, '경제적 사정'인 경우가 14.7%에 달하였다. 그러나 여기서 우리가 가장 주목해야 할 점은 아르바이트를 하는 학생의 61.7%는 노동 인권 교육을 받은 경험이 없었다는 점과 근로 계약서를 작성하는 비율이 고작 42.2%밖에 되지 않는다는 사실이다. 게다가 중학생 같은 경우에는 전체의 77.8%가 근로 계약서를 작성하지 않았다. 나이가 어릴수록 근로 계약서 작성 비율이 낮게 나타난 것이다. 이뿐만이 아니다. 아르바이트를 하는 학생들은 임금 또는 급여를 제때 받지 못하거나 약속된 금액보다 적게 받기도 하며, 일하기로 약속한 시간 또는 약속한 날이 아닌데도 초과 근무를 요구받기도 한다. 이때 초과 근무 요구, 임금이나 급여의 체불, 감봉 등 주요한 부당 행위 및 처우 경험은 남학생보다 여학생에게서 더 많이 나타났다.

이처럼 10명 중 6명의 학생들이 부당한 처우를 당해도 '참고 계속 일한다'고 답할 정도로 대다수의 학생들이 부당한 상황에서 소극적인 대처를 취하고 있는 것으로 밝혀졌다. 노동 인권 교육이 절실히 요구되는 21세기의 현실이다. 대부분의 학생들은 주로 학교에서 노동 인권 교육을 받는다. 하지만 일반계고와 중학교에서는 이 교육마저도 극히 저조하게 나타났다. 한편 현장 실습 등 근로 기회가 있는 특성화고의 경우에는 노동 인권 교육이 활성화되어 있었다.

특성화고를 제외한 대부분의 학교에서 이뤄지는 노동 인권 교육은 체험 위주의 방식이 아닌 강의식으로 진행되고 있기에 학생들에게 큰 도움을 주지 못한다. 그렇다고 학교 밖에서 노동 인권 교육이 활성화되어 있는 것도 아니다. 즉, 학교 밖 청소년들에 대한 노동 인권 교육이 전무한 실정인 것이다. 실제 아르바이트를 하고 있는 S학생은 "노동 인권 교육이 꼭 필요하지만, 학교에서 형식적인 시간 때우기 형태로 진행이 되다 보니 큰 도움이 되지는 않아요."라고 말하였다. 또 노동 인권 전문가인 C씨는 "노동 인권 교육의 초점이 일반계고에 맞춰져 있다 보니 학교 밖 청소년과 중학생들은 더욱 취약할 수밖에 없어요."라며, "이제는 경계에 있는 비진학 청소년과 중학교에서도 노동 인권 교육을 강화해야 해요."라고 말하였다.

아르바이트를 하는 학생들은 돈을 벌기 위해 평일 주말할 거 없이 밤늦게까지 열악한 환경에서 근무를 하고 있다. 그러다 보니 자연스럽게 학교 수업 시간에 집중하지 못하고 잠을 자게 되는 것이다. 게다가 배달 아르바이트를 하는 학생들의 경우 대부분이 헬멧을 착용하지 않은 채로 과속을 하다 보니 크고 작은 사고로 힘들어하는 경우를 자주 보게 된다. 따라서 지금부터라도 일반계고에서 이루어지는 노동 인권 교육에 대한 전면 개편이 필요하다. 아르바이트나 실습을 나가는 특성화고 학생들이 노동 현장에서 부당한 조건에서 일하거나, 노동력을 착취당하지 않도록 사전 예방 교육이 필요한 것이다. 이때 편의 위주의 강의식 교육뿐만이 아니라 모둠 활동식이나 온라인 교육 등을 병행하여 학생들에게 노동 인권 교육이 자연스럽게 스며들 수 있는 환경을 조성해주는 것이 중요하다. 교육청 역시 아르바이트 실태 조사를 통해 학생들의 처한 환경을 파악하고, 다시는 어려움이 발생하지 않도록 법과 제도를 재정비해야 한다. 이제라도 청소년들 스스로가 노동자로서의 권리를 이해하고, 주장할 수 있는 사회적 토양을 만들어 주어야 하는 것이다.

학교 비정규직 파업 선언,
학생·학부모의 동의는 받았나?

2019년 7월, 학교 급식 조리원과 돌봄 전담사 등 비정규직 노동자들은 청와대 분수대 앞에서 '총파업 돌입 선포' 기자 회견을 개최하고, 3일간의 총파업을 결정하였다. 또 같은 해 6월, 전국학교비정규직노동조합과 공공운수노조 전국교육공무직본부, 전국여성노조 등이 속한 '전국학교비정규직연대회의'에서도 조합원 투표를 통해 3일 이상의 전국 총파업 투쟁을 결의하였다. 당시 연대회의에서는 임금 교섭 승리, 공정 임금제 실현, 교육 공무직 법제화, 학교 비정규직의 정규직화 등을 주요 내용으로 삼으며 투쟁을 이어 나갔다. 이들은 '학교 현장이 공공 부문 비정규직의 절반을 차지하고 있어 비정규직 종합 백화점이라고 불림에도 불구하고, 교육부와 교육청에서는 여전히 비정규

직 철폐, 차별 해소에 대한 근본적인 대책을 내놓지 못한 채 뒷짐만 지고 있다'고 성토하며, 관련 대책 마련을 요구하였다.

　문제는 최장 기간 학교 운영을 멈출 수도 있게 하는 총파업을 앞에 두고 있었음에도 불구하고 교육 당국에서는 뚜렷한 대안을 내놓지 않았기에, 그 피해는 애꿎은 학생들과 학부모들에게 돌아갈 수도 있었다는 것이다. 연대회의 조합원은 전체 학교 비정규직 노동자의 66%를 차지해 이들이 파업에 들어가면 급식과 돌봄 교실 등 학교 운영에 지장이 발생할 수도 있는 상황이었다. 그러나 당시 교육청들은 총파업 직전까지도 집중 교섭을 통해 어떻게든 이견을 좁혀 보려고 하였던 노동조합의 요구를 거부하며, '어차피 할 파업'이라는 식의 언행과 함께 대화를 이어가려는 의지조차 포기하는 행태를 보였다. 또 일부 교육청에서는 파업 참가율 등에 따라 학생들에게 도시락을 싸오게 하거나 빵과 우유 제공 등 식단 간소화를 검토하였으며, 돌봄 교실 등 다른 교육 활동 지원 업무는 교직원들을 활용하여 운영한다는 방침을 내놓았다. 즉 노동조합과의 타협 의지를 전혀 들어내지 않은 것이다.

그동안 교사들의 연가 투쟁은 공무원의 집단 행위를 금지하고 있는「국가공무원법」을 위반하는 불법적인 단체 행동으로 간주하여, 교사가 수업에 참여하지 않고 거리에 나가 투쟁하는 것은 어떠한 명분으로도 정당화될 수가 없었다. 하지만 2018년부터 교육부에서는 교사의 연가 투쟁에 대한 징계 방침을 세우지 않았으며, 각 교육청에 교원 복무 관리 준수를 위한 공문만 하달하고 있다. 이러한 교육청의 태도는 교사가 연가를 사용함으로써 결손 될 우려가 있는 수업을 다른 교사의 보강으로 대체할 수가 있기 때문으로 보인다.

과거 정부는 교사의 연가 투쟁이나 조퇴 등에 있어서 강력한 대응 자세를 보여줬다. 2015년 '역사 교과서 국정화 철회' 참여와 관련하여, 당시 교육부에서는 집회 참가를 위해 조퇴나 연가 신청을 한 경우, 이를 불허하고 허가한 교장에게 반드시 책임을 묻겠다는 공문을 하달할 정도였다. 또 예고된 연가 투쟁에 대해서는 교육부가 사전 공문을 통해 사법 조치를 받을 수 있다는 엄포성 복무 관리 지침을 하달하기도 하였으며, 경우에 따라 집회에 참가한 교사들을 징계하기 위해 명단을 요구하기도 하였다.

교사의 연가 투쟁을 놓고 소송으로까지 번지는 사례도 있었다. 2006년 11월, 전교조에서는 성과상여금제도 시행을 반대하는 집회를 개최하였는데, 정부에서는 이 집회에 참여한 교사들 전부를 징계 처리하였다. 그리고 이에 불복한 교사가 소송을 제기하였지만, 2008년 법원은 '연가 투쟁은 법적으로 허용되는 정당한 단결권의 행사를 벗어나는 행위이고, 수업권의 침해를 막기 위한 교육부의 연가 신청 불허 지시는 부당 노동 행위로 볼 수 없다.'고 판결하였다. 한마디로 정권이 바뀌면서 교사의 연가 투쟁에 대한 해석이 달라졌으며, 정책과 법률 적용이 다르다는 것이다. 보수 성향의 정권에서는 연가 투쟁에 대한 정책과 법률 적용이 엄격하였지만, 진보 성향의 정권에서는 연가 투쟁에 대한 징계가 다소 유연한 추세로 변화되었다.

2019년 7월, 당시 비정규직 총파업 예고 소식에 교육계에서는 파업 전에 신속하고, 완만하게 해결되길 희망하였다. 장기간 이어질 수도 있는 파업은 일선 학교의 급식과 돌봄 교실에 지대한 영향을 줄 수도 있었기 때문이다.

무엇보다 이러한 파업으로 인해 고통을 감내해야 하는 쪽은 학생과 학부모들이다. 전국교육연합네트워크 구자송 상임 대표는 "그들의 요구로 인해 학생들에게 무엇이 개선되고 변화가 나타나는지를 설명하는 것이 중요해요."라며, "단순하게 투쟁이 합법이라는 논리보다 투쟁을 통해 무엇을 얻을 수 있는가를 알려주는 것이죠. 또 학교의 사용자는 학생이기 때문에 아이들과 학부모들의 동의와 이해를 구하고 연대하는 것이 가장 중요해요."라고 주장하였다.

학교 안에서 만큼은 차별적인 요소가 사라져야 한다. 학생들이 성장하여 이끌어 갈 미래에는 차별이 존재하지 않고, 비정규직이 없는 따뜻한 사회여야 하기 때문이다. 그러므로 학교 비정규직의 파업은 정당하다. 하지만 고통을 감내해야 하는 학생과 학부모들의 마음을 먼저 얻길 바란다. 매년 반복되는 투쟁이나 파업은 사전에 조율할 수 있다. 정부는 교육 분야 비정규직의 공정 임금제 실현을 위한 강력한 의지 표현과 함께, 학교 일반회계 예산 반영 및 예산 편성 지침의 개정을 통해 지원해야 한다.

'장래 희망' 가질 수 없게
만드는 사회

초중고교 학생들의 생활상을 고스란히 기록하는 학교생활기록부에는 '진로 희망 사항'이라는 항목이 존재하지만, 학생들은 그곳에 아무것도 기록하지 않는다. 더군다나 자기표현을 하기에도 벅찬 중증장애 학생에게까지 장래 희망을 기재하라고 강요하는 것은 옳지 않은 교육이다. 이에 따라 학교생활기록부에 기재하는 진로 희망 사항을 없애야 한다는 목소리가 힘을 얻고 있다.

서울시 소속 여명 의원은 2019년 6월 3일부터 28일까지 여론 조사 전문 기관인 타임리서치와 함께 서울 시내에 재학 중인 중학생 1,390명을 대상으로 설문 조사를 진행하였다. 이 조사 결과에 의하면, 10명 중 4명의 중학생은 장래 희망이 없다고 응답하였으며, 장래

(출처: 여명 서울시의원 보도 자료)

희망을 결정하지 못한 이유에 대한 응답(복수 응답 가능)에서는 '스스로 무엇을 할 수 있는지 모름(73.1%)', '장래를 깊게 생각해 본 적이 없음(32.1%)', '한가지로 정하기 어려움(21.2%)', '직업의 종류를 자세히 모름(14.9%)', '가족의 기대와 내 적성이 다름(6.1%)', '기타(6.6%)'로 나타났다.

반대로 중학생들이 선호하는 희망 직업 1순위는 공무원(19.9%)이었으며, 전문직(10.4%), 예체능 종사자(10.2%)가 그 뒤를 이었다.

◈ 진로 희망 사항

[1학년]

학년	❷진로 희망	❸희망 사유

[2·3학년]

학년	❶특기 또는 흥미	❷진로 희망		❸희망 사유
		학생	학부모	

장래 희망이 없는 학생들이 늘어나는 원인은 다양하다. 학생 개인

의 문제일 수도 있고, 가정의 문제일 수도 있으며, 학교의 문제일 수 있다. 그러나 가장 큰 원인은 매번 바뀌는 교육 관련 정책들 때문이다. 교육을 백년지대계라고 부르지만, 현실은 대통령이 바뀔 때마다 공약이 변경되고, 임기 중에도 여론에 따라 수시로 움직이는 바람 앞의 갈대이다. 그렇기에 국민들은 변화된 교육 환경이 아닌, 혼돈의 도가니로 교육을 바라볼 수 밖에 없다.

2019년은 그야말로 나라 전체를 뒤흔들어 놓은 교육계의 이슈들이 많은 한해였다. 자사고 존폐 논란, 학생부 종합 전형의 공정성, 수시와 정시 비율 논란 등으로 상급 학교에 진학을 준비하는 학부모와 학생들에게 큰 혼란을 주었으며, 교육 현장에서 불철주야 혼신의 힘을 보태고 있는 교사들에게는 좌절감을 주었다. 또 이러한 교육 정책으로 인해 현장 교사들 사이에서도 다양한 탄식이 쏟아져 나왔다.

"과연, 대통령이 국회 연설에서 밝힌 정시 확대 정책의 패러다임이 현장 교육 과정 운영에 도움이 될까?"
"혹시라도 정시 확대 정책이 확정된다면, 정시를 준비하는 학생을 위한 반복적 문제 풀이 기술이 올바른 교육일까?"

이처럼 복잡하고 급변하는 교육 정책 환경 속에서 과연 학생들에게 일관되고 올바른 장래 희망을 심어줄 수 있을지 고민해보지 않을 수 없다. 급변하는 교육 정책의 흐름 속에서 학생, 학부모, 교사는 사람이 아닌 인공 지능을 탑재한 AI 로봇이 되어야만 그나마 정신을 차리고 교육의 본질을 직시할 수 있다. 참으로 어려운 형국인 것이다. 그렇기에 이런 녹록치 않은 환경 속에서도 학생들이 꿈과 희망을 가질 수 있도록 미래형 교육 과정을 운영해야 한다. 학생들이 장래 희망을 결정하지 못하는 이유에서 답을 찾아야 하는 것이다.

공무원은 정치적 중립을 취해야 한다. 특히 교육 공무원인 교사들은 교육 활동을 하는 상황에서 정치적인 행위를 해서는 안 된다. 2021년 7월, 전북의 한 고등학교에서 정치 편향성 문제가 출제되어 논란이 되었다. 이처럼 교사는 현실의 정치·사회 문제를 다룰 때 어떻게 접근해야 할지 고민을 할 수밖에 없다. 학생들에게 왜곡된 편견을 주입해서는 안 되기 때문이다. 그러나 교사의 교육 활동은 보장되어야 한다. 교육은 사회적 현안에 대해 학생들이 서로 존중하는 가운데 의견을 밝히며 대안을 찾아가는 시민으로 성장하도록 지원하는 역할을 하기 때문이다.

2019년부터 중학교 1학년 학생들에게는 자유 학기제와 자유 학년제를 실시 및 운영하여 자신의 장래 희망에 대해 많은 생각을 해 볼 수 있는 기회가 제공되고 있다. 하지만 고등학생에게는 직업을 체험할 수 있는 기회가 전무하다. 학생들은 학교생활을 통해 사회에 나가기 전, 다양한 경험을 체험해 보고 싶어 한다. 학교에서 자신의 꿈을 키우고, 그 꿈을 행복하게 만들어갈 수 있는 힘을 기르고 싶은 것이다. 그러므로 교육은 철저하게 정치로부터 독립되어야 하고, 미래로부터는 종속되어야 한다. 이제는 학생들에게 정해진 교과서의 내용만을 강제·주입하는 교육이 아닌, 학생들 스스로가 정답을 찾을 수 있도록 배려하는 교육 과정이 이루어져야 할 때이다.

폭력의 시작은 올바르지 못한 언어의 사용

　일상생활 속에서 아무렇지 않게 사용하는 욕은 오늘날 말하는 동시에 가장 먼저 듣고 쓰는 언어로 자리를 잡아가고 있다. 이는 스스로 자신의 뇌에 상처를 입히는 사람들이 증가하고 있다는 의미로도 해석된다. 2010년, 한국교육개발원이 발표한 자료에 따르면, 사람들이 욕을 하는 이유로는 습관(25.7%)이 가장 많았으며, 그 다음으로는 남들도 하니까(18.2%), 스트레스를 풀기 위해(17%), 남들이 만만하게 볼까봐(8.2%), 누군가를 무시하거나 비웃기 위해(4.6%)의 순으로 나타났다.

　또 2018년 8월 28일 교육부가 발표한 '2018년 1차 학교 폭력 실태조사' 결과, 전국 초중고(초4~고3) 학생들의 '학교 폭력 경험 및 인식'에서 학생 천 명당 피해 응답 건수는 언어 폭력(8.7건), 집단 따돌림(4.3건), 스토킹(3.0건) 등의 순으로 나타났으며, 피해 유형별 비율 역시 언어 폭력(34.7%), 집단 따돌림(17.2%), 스토킹(11.8%) 등의 순으로 나타났다. 또 학급별 공통으로 언어 폭력, 집단 따돌림이 큰 비중을 차지하고 있었으며, 언어 폭력이 34.7%로 가장 높은 피해 유형인 것으로 파악되었다. 이처럼 학교 폭력에서 높은 비중을 차지하고 있는 언어 폭력은 자칫하면 몸싸움으로까지 이어지기에 이에 대한 대책이 마련이 절실하다.

욕에 관한 흥미로운 실험 결과가 있다. 실험 참가자들에게 긍정 단어, 부정 단어, 금기어(욕), 중립 단어 등 총 12개의 단어(자유, 청춘, 이기다, 퇴화하다, 잔인함, 우울, *같다, *발, 지*하다, 항만, 주변, 걸다)를 주고, 어떤 단어가 기억나는지 질문을 던졌는데, 대부분의 실험 참가자들이 "단어를 기억하려고 하다가 욕이 나오는 순간 앞에 있던 단어가 잊혀졌다."라고 답하였다. 이렇듯 욕은 다른 단어들보다 머릿속에 4배나 강하게 기억되며, 분노와 공포 등을 느끼게 하는 '감정의 뇌'를 강하게 자극하고, '이성의 뇌'의 활동을 막는다. 화를 내고 욕을 할 때 만들어지는 갈색의 침전물을 모아 쥐에게 주사하였더니 쥐가 죽어버린 실험 결과도 있다. 이처럼 욕은 인간의 뇌를 자극하고, 해로운 영향을 끼치기에 더 이상 습관적으로 욕을 사용하는 학생들을 방관하고 있을 수만은 없다. 잘못하면 학교 폭력으로 연결되기 때문이다.

무엇보다 학생과 교사 모두 '언어 순화 교육'이 필요하다. 학생들은 부모와 교사의 언어를 따라 들으면서 생활하기 때문에 어른이 먼저 나서 올바른 언어를 사용한다면, 학생들의 습관적인 욕설을 어느 정도 해소시켜줄 수도 있다. 또 부모가 아이 앞에서 욕설 등 비속어를 사용하면, 자녀 역시 욕설 등 비속어를 사용하게 된다는 연구 결과가 있다. 따라서 부모의 가정 교육(밥상머리 교육)이 학생의 건전한 언어 사용에 걸림돌이 될 수도 있다는 것을 인지하고, 자녀의 올바른 언어 습관을 위해서라도 순화된 말과 언어를 사용해야 한다.

학교에서도 마찬가지로 학생 체험 위주의 언어 순화 운동과 캠페인을 지속적으로 전개해야 한다. 학생이 스스로 실천하고 행동하는 교육이 진정한 교육이기 때문이다. 선플달기운동본부에서 실시한 '언어 순화 설문 조사'에서도 응답자의 50% 이상이 본인의 언어 순화가 학교 폭력 감소에 효과가 있었다고 밝혔다. 또 언어 폭력을 예방하는 스마트한 지도 방법이 필요하다. 시대가 변함에 따라 많은 학생들이 스마트폰 메신저를 이용해 실시간으로 이야기를 주고받으며 욕설을 사용하고 있다. 학교에서는 이와 관련된 사항들을 인지하고 학생들이 실시간으로 주고받는 문자나 통화 내용이 언어 폭력으로 이어지지 않도록 시대의 흐름에 맞게 대처해야 한다.

최근 '지랄 총량의 법칙'이 학부모들 사이에서 큰 호응을 얻고 있다. 지랄 총량의 법칙이란 사람에게는 살면서 평생 사용해야 할 '지랄의 총량'이 정해져 있다는 것을 의미한다. 이른바 중2병이 사회적 문제로 떠오르면서 주목을 받고 있는 것이다. 이 법칙에서 말하는 핵심은 지랄을 사춘기에 다 떨고 가는 사람이 있는 반면, 뒤늦게 나이 들어 떨고 가는 사람 등 모든 사람은 결국 죽기 전까지 반드시 남은 지랄의 양을 다 쓰게 되어 있다는 것이다. 따라서 지랄을 사춘기에 다 떨고 가지 않으면, 나중에 엉뚱한 방향으로 분출될 수 있다는 논리를 제공함으로써 학부모들을 위로하고 있다. 이 시기에 이해할 수 없는 행동을 하는 자녀들을 보면, 부모는 애써 태연한 척하며 아무렇지 않게 넘어간다. 그러나 자녀의 바람직하지 못한 언어 사용 및 행위들은 모든 학생들에게 피해를 주는 행위임을 반드시 명심해야 한다. 학교 폭력의 시발점은 올바르지 못한 언어 사용에서 비롯되기 때문이다.

매년 10월 9일은 세종대왕의 훈민정음 반포를 기념하는 한글날이다. 자랑스러운 한글이 우리 학생들에게 많은 사랑을 받고, 올바르게 사용될 수 있도록 학교에서는 언어 순화 교육이 정착되고, 촉진되어야 한다.

자해, 자극적 놀이 문화가 되면 절대로 안 된다

청소년들의 자해 인증샷이 SNS상에 넘쳐나고 있어 관계 당국과 일선 학교에는 비상이 걸렸다. 더욱 심각한 점은 모방을 통한 청소년들의 자해 인증 영상이 SNS를 타고 빠르게 확산되고 있다는 점과 자해를 시도해 본 경험이 있는 청소년이 추가적으로 자해를 시도하는 현상을 보인다는 것이다.

중앙자살예방센터에서는 2018년 7월 18일부터 31일까지, 총 2주간의 기간 동안 집중적으로 '국민 참여 자살 유해 정보 클리닝 활동'을 벌였다. 그리고 그 결과, 총 1만 7,338건의 자살 유해 정보를 신고 접수(전년 대비 43% 증가) 받았고, 그중 5천 957건(34%)을 허위 신고로 삭제 조치하였으며, 4건의 자살 암시글 게시자에 대해 경찰에 구호 조치를 하였다. 발견된 자살 유해 정보의 내용 중에는 자살 관련 사진·동영상 게재(46.4%)가 가장 많았으며, 자살 방법 안내(26.3%), 기타 자살 조장(14.3%), 동반 자살자 모집(8.4%), 독극물 판매(4.6%) 등이 그 뒤를 따르고 있었다. 특히 자살 유해 정보의 대부분은 SNS(1만 3,416건, 77.3%)를 통해 유통되고 있었으며, 자살 관련 사진·동영상 게재(8,039건, 46.4%)는 2017년(210건)에 비해 무려 3,728% 증가한 것으로 나타났다. 또 수많은 게시글 중 자해 사진(6,808건, 84%)이 압도적이었으며, SNS의 인스타그램(56.7%)을 통한 자해 관련 사진 신고 건수(4,867건, 63%)가 가장 많은 것으로 나타났다.

자살 유해 정보 클리닝 활동을 하고 있는 임모씨는 "많은 사람들이 죽음에 대한 생각을 하고 있으며, 심지어 자해하는 영상을 게재하는 경우도 있어요."라고 말하며, "그 정보를 본 다른 사람이 모방하는 등 악순환이 반복되고 있으니 시급하게 차단해야 해요."라고 주장하였다.

포털 사이트에 '자해'를 입력하면 수만 건의 자해 인증샷을 포함한 글·동영상들이 등장한다. 여기에 등장하는 게시글의 대부분은 청소년들이 학교나 가정에서 손쉽게 구할 수 있는 커터 칼을 이용해 자신의 팔이나 손목 부위를 그은 사진이나 영상들이다. 심지어 많은 사람들이 검색하고 볼 수 있도록 해시태크(#)까지 걸어 놓는다. 이렇듯 최근 유행처럼 번지고 있는 자해 인증은 청소년들의 위험한 장난 문화이자 자극적인 놀이 문화로 변질되고 있다. 한 음악 사이트에는 '자해'라는 제목의 노래가 섬뜩한 가사들로 채워진 채, 버젓이 도배되어 있다. 한편 누구나 손쉽게 접근할 수 있는 SNS에 자해 인증 관련 게시글들이 즐비하다 보니, 미국의 심리학자인 알버트 반두라(Albert Bandura)의 '보보인형 실험7'이 현실화되어 가고 있는 것이 아니냐는 우려의 목소리가 나오기 시작하였다.

보보인형 실험은 영상을 통해 아이들에게 어른(연구자)의 공격적인 행동을 관찰하게 한 뒤, 그 결과를 통한 아이들의 모방을 알아보는 실험이었다. 먼저 영상의 초반 보보인형을 때리는 어른의 모습을 보여주고, 영상의 끝에 보보인형을 때린 어른에게 '칭찬', '처벌', '방관'이라는 세 가지의 보상이 주어지는 것을 보여주었다. 그 결과, 아이들의 공격성 역시 칭찬, 처벌, 방관의 보상을 받은 어른들과 동일하게 나타나는 것을 알 수 있었다. 이는 어른들의 공격적인 행동을 아이들이 다함께 학습하였어도 그 행동에 대한 보상으로 상을 받느냐, 처벌을 받느냐, 중립적인 태도를 보이느냐에 따라 다른 반응이 나타난다는 것을 보여주는 것이다. 즉 다른 사람의 행동과 그 결과를 관찰하는 것만으로도 아이들의 행동에 영향을 끼친다는 것을 시사한다.

이 실험의 가장 중요한 핵심은 공격적인 행동에 대한 '처벌'을 했음에도 불구하고 아이들은 관찰을 통해 그 행동을 똑같이 따라한다는

---

7 1960년 미국의 심리학자인 알버트 반두라가 3세에서 6세 사이의 미취학 아동을 대상으로 시행한 실험이다. 여기서 보보인형은 아무리 넘어뜨려도 다시 일어나는 오뚝이처럼 생긴 인형을 말한다.

것이다. 이렇듯 아이들은 '관찰'을 통해 보기만 해도 무의식적으로 행동을 학습하게 된다. 따라서 SNS를 통해 독버섯처럼 퍼지고 있는 자해 인증 사진이나 동영상을 관찰하는 것 자체만으로도 청소년들에게 얼마나 위험하고 해로운 영향을 줄 수 있는지 충분히 알 수 있다.

전문가들은 청소년들이 불특정 다수가 보는 SNS상에 자해 인증을 올리는 것을 두고 자신들의 힘들고 외로운 상황을 알리고 싶어 하는 잠재적 심리가 발현된 것이라고 해석하기도 한다. 이러한 전문가들의 의견은 틀린 말은 아니다. 청소년들은 자신의 힘든 상황, 심리를 예전처럼 주변의 부모, 교사, 또래 친구 등에게 제대로 얘기를 하지 않고, SNS를 통해 자극적으로 표출한다. 그리고 결국에는 극단적인 방법으로 상황을 해결한다.

학교는 현재 자해하는 학생들로부터 무방비한 상태이다. 위기에 빠진 학생을 고위험군으로 분류하여 주기적인 상담이나 학교 자체 프로그램을 안내하는 정도에 그쳐 있다. 마땅한 매뉴얼이 없는 것이다. 학교는 자해 경험이 있는 학생을 위기 학생으로 관리하고 실질적인 도움을 줘야 한다. 더불어 온라인상 자살 유해 정보 차단을 위해 관련 기관들과 긴밀히 협조하여 상시 모니터링 시스템을 가동해야 하며, 법령 개정을 추진하는 등 지속적으로 함께 노력하여야 한다.

학교 폭력 예방 정책에 '학생'은 없다

학교 폭력과 관련된 사안 처리로 인해 가해자와 피해자뿐만 아니라 담당 교사 및 학교 폭력 학부모 위원까지 민·형사 소송에 휩싸이고 있어 충격을 안겨주고 있다.

통상 민사 소송은 누구의 말이 옳은지를 판결해달라고 요청하는 것이지만, 형사 소송은 누군가 살인, 강도, 절도 등의 중대한 범죄를 저질렀을 때 그 사건의 가해자에 대한 유죄나 무죄를 가리기 위해 재판을 요청하는 것이다. 또 형사 소송의 경우 고소장은 검찰 또는 경찰에게 제출해야 하며, 이를 가지고 검사가 판단하여 법원의 판결을 받을 수 있게 기소 요청을 한다. 그러나 검사가 죄가 되지 않는다고 판단하면 기소를 하지 않고 그대로 사건이 종결될 수도 있다. 여기서 중요한 점은 민사 소송은 누구나 원고 또는 피고가 될 수 있지만, 형사 소송에서는 피고인이 되면 자신의 무죄를 주장하기 위해 변호사를 선임해야 하기에 막대한 소송 비용이 발생한다는 것이다. 최근 들어 이러한 소송 관련 부분을 학교 폭력 예방 업무를 수행했다는 이유만으로 개인이 온전히 감당해야 하는 상황들이 발생하고 있어 문제점으로 지적되고 있다. 학교 폭력 처리와 관련된 절차상의 문제나 불가피한 누설에 의해 검찰이나 경찰에 출석하여 조사를 받는 교사와 학부모가 늘어나고 있는 것이다.

문제는 학교라는 울타리 안에서도 서로 기피하는 업무를 그저 봉사하는 마음으로 접근하여 처리하고 있는 것임에도 불구하고, 학교 폭력 당사자의 소송 대상으로 변질되어 피해를 입고 있다는 것이다. 이러한 이유로 많은 교사와 학교폭력위원회 소속 학부모 위원들이 고충을 호소하고 있다. 또 형사 소송은 죄의 성립을 주장하기가 힘든 경우가 많기에 무혐의나 무죄로 처리되어 사건이 종결되면, 상대방을 무고죄로 고소할 수 있다는 맹점을 가지고 있다. 하지만 학교 폭력과 관련하여 가해자 또는 피해자로부터 고소를 당해 검찰이나 경찰을 오가며, 오랜 시간 동안 학교 폭력의 굴레에서 벗어나지 못하는 교사나 학부모에 대한 비용적인 정책은 전무하다.

이와 관련하여 교사들은 "학교 폭력은 한쪽으로 치우친 운동장이다.", "학교 폭력과 관련된 법이 「형사 소송법」의 틀에서 만들어졌다는 것부터가 큰 문제다."라고 말하고 있다. 또 학교 폭력과 관련된 법의 개정 운동을 전개하는 구자송 전국교육연합네트워크 상임 대표는 "학교폭력위원회를 개최할 때, 관련 위원들에게 사전에 정보를 주지 않고 개최하고 있어요. 법치 국가에서는 법을 지키는 게 맞는데, 정말 아이러니한 상황인거죠."라며, "학교폭력위원회의 결과에 따라 당사자들은 조치 결정 통보서만을 수령 받는데, 결과에 불복할 경우 참고할 만한 정보가 없기에 소송으로 확인해야 하는 방식이에요."라고 말하였다. 즉 충분한 정보를 가지고 논의해도 해결하기 어려운 것이 학교 폭력을 바라보는 현실이며, 이러한 학교 폭력 사안을 처리하는 교육청과 일선 학교의 규정과 절차를 이해하기 어렵다는 것이다.

날이 갈수록 심해지는 학교폭력위원회 심의 건수의 급증, 학교폭력위원회 처분 관련 행정 소송의 증가(10건 중 4건이 법원에서 뒤집힘) 등으로 인해 교총에서는 '학교장 자체 종결제 도입'과 '학교폭력위원회 교육청 이관' 등을 요구하고 있다. 이에 따라 2019년 교육부는 학교 폭력에 대한 정책 숙려제를 발표하였다. 숙려제의 주요 골자는 경미한 학교 폭력에 대해서는 학교장이 학교폭력위원회를 열지 않고 자체적으로 종결할 수 있도록 하는 '교장 자체 종결제' 도입과 경미한 처벌이 내려진 경우, 이를 학생부에 기재하지 않는 '학생부 미기재 방안' 등이었다. 그러나 경미한 사안으로 학생부에 기재되지 않는 교장 자체 종결제로 인해 많은 사안들이 은·엄폐될 가능성이 상존하며, 일부 학생들이 이를 악용할 가능성이 농후하다는 지적이 나오고 있다.

이렇듯 학교 폭력 예방을 위한 다양한 방법과 정책이 가안으로 발표되고는 있지만, 가해자와 피해자로 가르는 현행의 「학교폭력예방법」에서는 교육적인 조치를 찾아볼 수 없다는 맹점이 있다.

「학교폭력예방법」에 나오는 처벌 중에는 전학 처분이 있다. 이 처분은 피해자와 가해자를 격리시킨다는 점에서는 올바른 처분으로 보이지만, 알고 보면 이쪽 학교에서 저쪽 학교로 가해자를 보내는, 일명 '폭탄 돌리기' 식의 전형적인 방법이다. 즉 비교육적인 처사인 것이다. 또 학교 폭력에 대한 교육부의 숙려제, 학교 폭력 예방을 위한 각종 토론회 등에서 교사, 학부모, 시민 단체의 목소리는 있지만, 정작 학생들의 목소리는 없다. 안전한 학교를 위해서 도입된 「학교폭력예방법」에 학생들의 의견은 존재하지 않는 것이다. 이제는 어른들의 입장으로 굴절된 학교 폭력 정책이 당사자인 학생들의 입장을 반영하여 개선되기를 바란다.

괴물로 성장한 학교 폭력, 회복적 생활 교육이 필요하다

인터넷 포털사이트에 '학교 폭력'이라는 단어를 검색하면 어김없이 등장하는 직업이 있다. 바로 '변호사'와 '행정사'이다. 이들은 자신들을 '학교 폭력 전문 변호사', '학교 폭력 전문 행정사'라고 소개하며, 학교 폭력 사건이 재심이나 소송으로 비화할 경우 이를 책임져 주겠다고 홍보하고 있다. 이는 학교 폭력의 재심 비율 증가나 법률적 자문을 받아야 할 처지에 놓인 당사자나 학부모의 입장에서 지푸라기라도 잡아야 한다는 심리가 작용한 결과일 것이다.

학교 폭력 관련 업무는 교사들의 업무 분장 기피 1순위도 아닌 0순위로 전락한 지 오래되었다. 일부 학교에서는 학교 폭력 책임 교사나 관련 부장 교사 지원이 없자, 기간제 교사에게 그 일을 떠넘기고 있다. 이렇듯 교사들의 기피 업무로 자리 잡은 학교 폭력 업무는 매년 담당자가 바뀌고, 경력이 적은 교사, 신규로 들어온 교사, 복직한 교사, 기간제 교사 등으로 채워지고 있다. 하지만 상급 기관에서는 여전히 이에 대한 전수 조사나 개선 방안에 대해 별다른 입장을 내놓고 있지 않다. 오로지 학교 폭력과 관련된 법에서 정한 학교 폭력 업무 유공 교원에게 부여하는 가산점으로 유인하고만 있는 것이다. 그러나 이러한 가산점 제도가 있음에도 불구하고 기간제 교사들은 학교 폭력 업무를 기피한다. 대부분의 학교 폭력 업무를 맡고 있는 기간제 교사들은 현행법상 가산점을 부여받을 수가 없기 때문이다. 그리고 그 결과, 매년 연말이 되면 학교 폭력 예방에 유공한 실적이 없는 다른 교사들이 가산점을 신청하고 받게 되는 어처구니없는 상황이 발생한다.

다양한 사안으로 전개되는 학교 폭력은 당사자 누구도 한 치의 양보도 할 수 없는 싸움으로 전개된다. 그리고 이런 상황 속에서 사안과 관련 있는 당사자 확인서, 목격자 확인서, 학부모 확인서 등 각종 서류를 처리해야 하는 담당 교사는 정작 자신이 맡고 있는 수업과 학생에게는 전념하지 못하는 상황이 발생하게 된다. 게다가 이런 상황에서 만약 담당 교사의 실수로 학교 폭력 업무 절차를 위반하는 경우가 발생하기라도 한다면, 사안 당사자들은 교사의 실수에 대해 쉽게 넘어가지 않고 물고 늘어진다. 심할 경우 변호사나 행정사를 동원하여 학교의 실수로 둔갑시키거나 약점으로 이용해 교사를 옥죄는 수단으로 활용하기도 한다. 이처럼 학교 폭력 업무를 담당하는 교사가 사안에 대해 심각한 어려움에 직면하게 되면, 이는 엄청난 트라우마로 교사를 더욱 지치게 만들어 두 번 다시 학교 폭력 업무를 맡지 않게 만든다.

최근의 학교 폭력은 학교 안에서만 발생하지 않는다. 인터넷이 발달하여 사이버상의 명예 훼손, 악성 댓글, 사이버 따돌림 등 학교나 교사가 일일이 대처하기 힘든 상황이 벌어지고 있다. 더욱이 학교 밖에서 이뤄지는 학교 폭력의 경우 교사는 그 사안에 대해 목격을 하지 않았기에 피해 학생, 가해 학생, 목격 학생, 보호자 등의 진술에만 의존해야 한다. 이렇듯 학교 안에서 발생하는 학교 폭력 사안을 처리하는 데도 어려움이 따르는데, 학교 밖에서 발생한 사안을 처리하는 데에는 더욱더 큰 어려움이 따를 수밖에 없다.

현재 학교 폭력과 관련된 법에서 규정하고 있는 학교 폭력의 범위는 학교 내·외에서 학생을 대상으로 발생한 상해, 폭행, 감금, 협박, 약취, 유인, 명예 훼손, 모욕, 공갈, 강요, 강제적인 심부름 및 성폭력, 따돌림, 사이버 따돌림, 정보 통신망을 이용한 음란, 폭력 정보 등에 의하여 신체·정신 또는 재산상의 피해를 수반하는 행위 등을 말한다. 이처럼 학교의 책임 교사는 1명인데, 학교 폭력의 범위는 점점 확장되고 있다. 또 여러 학교가 관여되었거나 학교 밖 청소년과 관련이 많아지고 있기에 사안 처리에 촘촘하고 세심한 주의가 요구된다.

지금까지 학교 폭력은 사후 처리에 온 힘을 발휘하고 있는 듯하다. 하지만 학교 폭력은 사전 예방에 그 초점이 맞춰져야 한다. 제대로 된 예방 교육이 부재한 상태에서의 사후 처리는 에너지만 소진하는 비효율적인 일이기 때문이다.

사안이 발생하고 처리되면 학생은 결국 학교로 돌아오게 되어 있다. 따라서 학생들의 갈등과 장난 등은 학생들 스스로가 풀어 나갈 수 있도록 해야 한다. 즉 학교 폭력 예방 교육은 교사가 주도하는 교육이 아닌, 학생들이 만들어가는 교육 방식으로 전환이 필요한 것이다. 또 평화로운 학교를 위해 학생, 학부모, 교사, 지역 사회의 인식 전환이 급선무이다.

학교 폭력 방관자를 넘어
신고자로

일상생활을 하다보면 누군가 도움을 필요로 하는 상황을 목격하게 된다. 그리고 대부분의 사람들이 이때, '나 말고도 누군가 신고하겠지', '맞을만한 이유가 있으니 맞는 거겠지', '도움은 주고 싶지만 저 상황에 개입하고 싶지는 않아' 등 직접 나서서 해결하려고 하지는 않는다. 즉 방관자의 모습을 띠게 되는 것이다.

1964년 3월 13일 새벽, 미국 뉴욕의 퀸스 지역 주택가에서 키티 제노비스(Kitty Genovese)라는 여성이 강도에게 살해를 당한 사건이 발생하였다. 이 살인 사건이 대중들 사이에서 유명해진 이유는 살인이 발생하는 35분이라는 시간 동안 38명의 사람들이 자신의 집 창가에서 이 과정을 모두 지켜보고 있었지만, 어느 누구도 키티 제노비스를 도와주거나 경찰에 신고를 하지 않았기 때문이다. 그저 그녀가 숨진 뒤에 이들 중 한 명이 뒤늦게 경찰에 전화를 걸었을 뿐이다. 검거된 범인은 "불빛은 켜져 있었지만, 사람들이 아래로 내려올 것 같지는 않았다."라고 답하였다. 대중들에게 상당한 충격을 던져준 이 사건은 이후 '제노비스 신드롬(Genovese Syndrome)'으로 불려 졌다. 이는 목격자가 많을수록 책임감이 분산돼 개인이 느끼는 책임감이 적어져 도와주지 않고 방관하게 되는 심리 현상을 의미하며, 이른바 '방관자 효과' 또는 '구경꾼 효과'라고도 말한다.

이와 관련하여 미국의 심리학자인 빕 라탄(Bibb Latane)과 존 달리(John M. Darley)는 집단적 위기 상황에서 명확하게 책임질 사람이 없을 경우, 어떤 일이 일어나는지를 알아보기 위한 실험을 진행하였다. 이들은 대학생들이 모여 토론하는 방에 실험 참여자들을 모아 놓고, 한 학생이 갑자기 간질 발작을 일으키면 몇 명이 나서서 도와주는지를 알아보았다. 실험 결과, 토론방에 한 사람만 있을 때는 그 사람이 도와줄 확률이 85%로 비교적 높았으나, 5명이 있을 때는 고작 31%에 불과하다는 사실을 알 수 있었다(실험에 참여한 인원은 총 72명). 즉 사건을 목격한 사람이 많을수록 개인이 느끼는 책임감은 적어지는 '책임감 분산'이 발생하는 것이다. 이 실험을 통해 '방관자 효과'가 입증되었다.

2017년 성신여대 간호학과 김동희 교수는 매체와의 인터뷰를 통해 '학교 폭력 현장 방관자'를 3가지 유형으로 나눌 수 있다고 발표하였다. 서울의 한 중학교 1~3학년 416명을 대상으로 실시한 이 조사는 폭력 현장을 방관하고 보고만 있는 학생들을 '괴롭힘에 가담하는 학생', '아웃사이더', '피해자를 옹호하는 학생' 총 3개의 그룹으로 분류하였다. 또 방관자로 있다가 괴롭힘에 가담하는 학생들의 경우 저학년의 남학생일수록, 학업 성취도가 낮을수록 상관성이 큰 것으로 조사되었으며, 아웃사이더로 분류된 학생들은 폭력 상황을 회피, 무시, 부인하는 경향이 강한 것으로 나타났다.

반면 피해자를 옹호하는 학생들의 경우 상대적으로 높은 자존심과 공감 능력, 뛰어난 사회 문제 해결 능력, 교사와의 좋은 관계, 괴롭힘에 대한 낮은 부정적 인식, 괴롭힘 당하는 것에 대한 적은 걱정 등이 특징인 것으로 밝혀졌다. 그리고 이 같은 방관자의 유형을 결정하는 가장 큰 요인으로는 공감 능력, 교사와의 관계, 학교 폭력에 대한 생각, 괴롭힘에 대한 걱정 4가지를 꼽았다.

학교 폭력 현장을 보고도 신고하지 않은 방관자는 법적인 처벌 또는 학교폭력대책 자치위원회를 통해 다양한 처벌을 받을 수 있다. 「학교 폭력법」 제20조(학교 폭력의 신고의무)에 따르면, 학교 폭력 현장을 보거나 그 사실을 알게 된 자는 학교 등 관계 기관에 이를 즉시 신고해야 한다. 종종 학교 폭력에서 가해 학생과 어울리기는 했지만 학교 폭력에 직접적인 가담을 하지는 않았거나, 폭력을 행사하지 않았음에도 폭력 현장에 있었다는 이유로 가해 학생과 함께 학교 폭력 가해자로 신고를 당하는 경우가 발생한다. 물론 학교 폭력 방관자에 대한 처벌이 지나쳐서 현재는 방관자라고 하더라도 범행에 깊이 관련이 없는 단순 방관자라면 행정 심판에서 방관자에 대한 처벌을 취소하는 사례도 증가하고 있다. 하지만 「형법」에서는 타인의 범죄를 방조할 경우, 「형법」 제32조에 정의된 종범으로 처리되어 정범에 준하는 처벌을 받게 될 수도 있다. 즉 학교 폭력에 대한 방조(방관)가 인정될 경우 언제든지 가해 학생과 동일한 처벌을 받을 수도 있다는 것이다.

많은 학생들이 학교 폭력을 목격하고 방관하여 학교 폭력으로 처벌을 받고 있다. 그러나 이제는 방관자가 아닌, 떳떳한 신고자가 되어야 한다. 그러기 위해서는 학교 폭력 예방 교육에서도 수많은 방관자(목격자)를 고려한 프로그램을 설계해야 한다.

학교 폭력 예방,
또래 상담 활성화돼야…

"우리들의 사소한 갈등이나 다툼은 또래 상담을 통해 해결해요."

"선생님과 얘기하는 것보다 거부감이 적고, 저희들의 상황들을 잘 알고 있기에 해소하기가 더욱 쉬워요."

연일 터지는 학교 폭력으로 어수선한 교육계에 '청소년 또래 상담'이 학교 폭력 예방의 모범 사례로 떠오르며 큰 설득력을 얻고 있다. 여기서 말하는 또래 상담사란 전문 상담사는 아니지만, 또래 상담자 양성 교육, 개인 상담, 집단 상담 등의 프로그램 참여를 통해 상담 능력을 배양하여 또래를 상담하거나 조정하는 역할을 수행할 수 있는 비슷한 수준의 친구 상담사를 의미한다. 2017년 여성가족부가 발표한 청소년 백서에 따르면, 전국 초중고 8,005개 학교에서 지도 교사 5,552명, 또래 상담자 24만 7,386명이 상담을 위해 활동하고 있는 것으로 나타났다. 또 청소년들이 고민을 털어놓는 대상으로 '친구·동료(44.4%)'가 1순위였으며, 부모(24.1%), '스스로 해결(21.8%)', '형제·자매(5.1%)'가 그 뒤를 따랐다.

청소년 또래 상담은 학교 내 학생 상담자들이 상담을 통해 학교생활에 어려움을 겪고 있는 친구들을 심리·정서적으로 지원하는 활동을 말한다. 이들은 또래 상담을 통해 친구들과 좋은 인간관계를 맺을 수 있고, 대화를 나눌 수 있으며, 문제나 고민을 이해하고 해결하는 조력자의 역할을 수행한다. 그리고 이러한 활동 결과, 또래 상담 프로그램이 청소년들의 대인 관계 개선 및 학교 폭력 예방에 큰 효과가 있는 것으로 밝혀졌다. 또래 상담사는 통상 학기 초에 동아리 형태로 조직이 구성되며, 교내·외 또래 상담, 학교 폭력 예방 캠페인, 역할극, 캠프 등의 활동을 수행한다. 이를테면 학급에서 소외된 친구들에게 관심과 심리적인 지지를 보내기도 하고, 학우들 사이에 있는 갈등을 중재하기도 하며, 어려움에 처한 또래들에게 도움을 주거나 외부 전문 기관의 도움을 받을 수 있도록 연결해 주는 역할을 수행하는 것이다. 동시에 다양한 활동 영역을 구상할 수 있는 또래 상담사들은 또래 학습 지도, 약물 오·남용 예방과 교정, 성 문제 예방과 해결, 폭력 집단 가입 등의 문제 역시 예방하고 있다. 무엇보다 명시적인 역할을 받고 움직일 수도 있지만, 학우들과의 관계 속에 자연스럽게 녹아들어 또래들의 심리적 지원자로서 매우 중요한 역할을 차지한다.

한편 또래 상담사와 비슷한 역할을 하는 또래 조정자가 있다. 이미 많은 학교에서 또래 상담사보다 먼저 또래 조정자를 구성하여, 학우들 간의 갈등을 해소시키는 역할을 수행하고 있다. 친구들 사이의 문제를 해결하기 위해 도움을 준다는 점에서 또래 상담사와 유사하나, 또래 조정사는 갈등 당사자들이 직접 만나 대화를 통해 문제를 해결할 수 있도록 문제 해결 과정에 개입하여 돕는다는 점이 다르다.

경기도 K고에서 근무 중인 전문 상담 교사 J씨는 "또래 조정사의 경우, 예를 들어 친구가 내 험담을 하고 다닌다는 소리를 들었을 때, 친했던 친구와 다툰 후 화해하고 싶을 때, 현장 체험 학습에서 함께 다닐 친구가 없을 때, 체육 대회 때 입을 반티를 만들자고 하는데 하고 싶지 않을 때 등 학생들이 처한 다양한 상황에서 유용하게 적용돼요."라고 말하였다. 이처럼 이 둘의 성격은 다르지만, 학우들 간의 원활한 대인 관계 및 학교 적응 등 학교생활에 큰 도움을 준다는 점에서 매우 중요한 조력자의 역할을 수행하고 있는 것만은 확실하다.

상담이라는 것이 겉으로는 쉬워 보이지만 깊게 들어갈수록 어려운 분야이기에 신중하고 조심스럽게 여겨져야 된다. 더욱이 또래 상담은 상담 전문가에게 상담을 받는 것보다 심리적으로 편안함을 느낄 수는 있다는 장점이 있지만, 매우 조심스러운 부분도 함께 상존하고 있기에 반드시 전문 상담 교사가 상주하면서 함께 진행하는 것이 가장 좋은 방법이다. 현재 또래 상담 양성 과정을 거친 학생들은 학교 폭력 징후를 조기에 발견하고, 개입하여 모두가 배려하고 공감하는 비폭력 학교 문화 조성을 위해 노력하고 있다. 또 장난, 다툼, 오해 등으로 발생하는 학우들 간의 갈등을 해소시켜 모든 학생들이 원활한 학교생활을 이어갈 수 있도록 토대를 만들어가고 있다. 이제는 학교 현장에 대한 이해와 공감을 바탕으로 청소년 또래 상담사 활성화에 노력을 기울여야 한다. 그래야지만 어려움을 호소하는 학생들을 지원할 수 있고, 지지할 수 있는 건전한 또래 문화를 만들 수가 있다. 따라서 교육 당국과 교육청에서는 또래 상담 프로그램 개발, 지도 교사 연수, 또래 상담 운영 학교 컨설팅, 또래 상담자 양성, 운영 노하우 공유 등의 다양한 지원 방안을 모색해야 한다. 또래의 문제를 또래가 해결하는 또래 상담사 제도는 적극적으로 지지되고 장려되어야 하는 것이다.

또래 상담을 정착시키는 방법은 간단하다. 우선 전교생을 대상으로 상담 교육을 진행하고, 그중 관심이 있는 학생들을 선발하여 교육을 시키면 된다. 청소년들의 문제는 늘 어른들이 해결해야 한다는 고정 관념을 버리자. 버리는 순간 학생들은 상담자로 나설 수 있다.

학교 폭력으로
고통받는 사람들

　전국적으로 심각한 학교 폭력의 후유증을 앓고 있는 지금, 학교 폭력이 뜨거운 감자로 부상하고 있다. 2018년 교복 브랜드인 '스마트 학생복'은 초중고교생 총 1,179명을 대상으로 약 일주일간 '청소년들의 학교 폭력 상황 및 인식 변화'에 대한 설문 조사를 진행하였다. 조사 결과, 2017년 대비 학교 폭력이 감소했다고 느끼는지 묻는 질문에 전체 응답자 중 약 53.6%가 감소하지 않았다고 대답하였으며, 그중 절반이 넘는 학생이 '성인에 비해 낮은 수준의 솜방망이 처벌(51.7%)'을 가장 큰 이유로 꼽았다.

　2004년, 「학교폭력예방법」과 함께 도입된 '학교폭력대책 자치위원회' 이른바 학교폭력대책 위원회는 학교 폭력이 발생했을 때 당사자들을 직접 조사하여 결과에 따라 가해 학생에게는 처벌을, 피해 학생에게는 심리 치료나 보호 조치 등을 마련하는 법정 기구이다. 당연히 여기에 소속된 교사들은 수많은 사안들을 처리하게 되는데, 그러다 보니 정작 자신의 교육 활동과 수업 활동에는 정상적으로 참여하지 못한다. 그리고 그 피해는 애꿎은 학생들에게 전가되고 있다. 또 학생이나 학부모 측으로부터 소송을 당하기도 하고, 과도한 업무 부담으로 인해 몸과 마음이 망가져 병가나 휴직을 내는 교사들도 있다.

현재 대부분의 학교 폭력 담당 교사는 학교별로 1년을 간신히 채우고 있으며, 학기 초에 업무 분장에서도 기피 업무 0순위로 지목되고 있다. 학교 폭력 업무를 담당하는 책임 교사들은 한결같이 "힘들어요.", "내가 경찰, 판사, 검사, 변호사도 아닌데 왜 이런 업무를 해야 하죠?" 하며, 고충을 토로한다. 수원에서 근무 중인 L교사는 "점점 학교 폭력 담당을 연임하는 경우가 적어지고 있어, 이를 전입 교사, 경력이 적은 신입 교사들로 채우고 있어요. 중등의 경우 기간제 교사, 복직 교사가 이 모든 것을 떠맡고 있는 실정이에요."라고 말하며, "또 중등 교사의 경우 생활 지도 업무는 거의 맡지 않으려고 하고, 초등 교사의 경우 담임 교사가 학교 폭력 업무까지 수행하느라 수업은 물론, 다른 학생들의 상담마저 제대로 진행할 수가 없는 상황이에요."라며 학교 폭력 담당 업무의 고충을 밝혔다.

시간이 지날수록 학교 폭력과 관련된 사안이 증가하고 있으며, 재심 청구 역시 자연스럽게 증가하고 있다. 재심 청구가 증가하는 이유는 결정된 사안에 대해 인정하지 못하는 경우가 많기 때문이며, 이는 피해·가해 학생 모두 학교폭력대책 위원회를 신뢰하지 못하고 있다는 의미로도 해설할 수 있다. 또 가해 학생에 대한 징계 처분과 동시에 이뤄지는 학생생활기록부 기록이 이중 처벌이라는 논란을 일으키고 있다. 이는 법조계에서 「대한민국 헌법」 제13조1항 '모든 국민은 행위시의 법률에 의하여 범죄를 구성하지 아니하는 행위로 소추되지 아니하며, 동일한 범죄에 대하여 거듭 처벌받지 아니한다.'를 위반한다고 보고 있기 때문이다. 가해 학생에게 내려지는 조치 결정 중 경미한 1호, 2호, 3호의 조치와는 다르게 4호부터는 학교생활기록부에 기재가 된다. 이 경우 상급 학교 진학 시 학생부 종합 전형 등에서 불이익이 있을 수도 있기에 보호자의 입장에서는 기재되는 것을 유보하도록 불복 조치를 취하기도 한다.

학교 폭력 사안을 바라보는 시각은 다양하다. 따라서 학교는 가해·피해의 유불리를 떠나 교육적 본질을 찾을 수 있는 방법을 고민해야 하며, 교육 구성원인 학생, 학부모, 교사들은 공정하고 객관적인 시각으로 이를 지켜봐야 한다. 정부와 교육부에서는 학교 폭력에 대한 전반적인 재검토가 필요하다. 먼저 학교 폭력이라는 용어부터 '학교생활 갈등' 등으로 변경해야 하며, '교사는 힘들어도 가산점만 잘주면 잘할 거야.' 같은 비교육적인 정책을 당장 중단해야 한다. 또 교육 활동에서 이뤄지는 사소한 갈등은 일차적으로 학교에서 해결하고, 이후 발생하는 재심 같은 심각한 갈등들은 「소년법」이나 학교 밖 교육청에서 집행되도록 시스템을 마련해야 한다. 더 이상 교사들이 지칠 수밖에 없는 환경이 아닌, 고충 업무로부터 교사들을 해방시켜 수업과 생활 지도 및 상담에 전념할 수 있는 교육 환경을 만들어줘야 하는 것이다.

학교폭력예방법 개정안에 교사는 있나, 현장 안착을 위한 4가지 제안

현재 학교 폭력이라는 잘못된 표현으로 인해 학생 간의 갈등 및 폭력의 증가가 학교의 책임으로 귀결되고 있다. 또 「학교폭력예방 및 대책에 관한 법률」 시행 이후에도 '처벌 강화', '치료·회복 강화', '예방 활동 강화', '객관성 확보' 등 다양한 해결책들이 제시되고는 있지만, 제대로 된 해법으로 연결되지는 못하고 있다. 이처럼 그간의 문제의식을 바탕으로 교육부에서도 학교 폭력과 관련된 법의 개정을 추진하고 있으나 이 또한 미시적 접근에 그치고 있어 근본적인 문제 해결을 기대하기 어려우며, 그동안 드러난 심각한 법률의 결함을 치유하기 어렵다고 판단된다. 이에 다양한 관계자들과 의견을 조정하고 합의한 내용을 바탕으로 학교 폭력 문제를 '학교생활 갈등 조정'과 '청소년법 확장'으로 전환하는 「학교폭력예방법」의 개정 방향을 제안한다.

「학교폭력예방법」 개정에 대한 4가지 정책 제안

「학교폭력예방법」의 개정은 교육적 해법으로 접근해야 한다. 지금도 「학교폭력예방법」과 「소년법」이 있지만, 현행 폭력의 중대한 사안은 사법부에서 조치하고 있기에 「학교폭력예방법」은 명칭에 맞게 '사전 예방 활동'과 '사후 교육적 해법'이 중심이 되는 방향으로 개정되어야 한다. 따라서 지금부터 「학교폭력예방법」의 개정을 '용어', '경미한 사안에 대한 0호 조치', '재심 절차 개선(권한 부여)', '생활기록부 기록 실태 조사' 중심으로 제안해 보도록 하겠다.

■ 부정적 의미 '학교 폭력' 용어, '학교생활 갈등'으로

학교 폭력이라는 용어가 주는 부정적 의미로 인해 교육 주체가 느끼는 피로감은 높다. 따라서 학생 간 갈등, 학생과 교사의 갈등도 함께 포괄하는 '학교생활 갈등'으로 개정하는 것이 필요하다. 이렇게 용어의 개정이 이루어지다보면, 조치에 대한 내용 역시 출석 정지, 전학, 퇴학 등의 처벌이 아닌, 아이들을 회복시킬 수 있는 치료, 상담 등으로 더 세분화할 수 있다. 그리고 이에 따른 사전 예방과 사후 조치에 학교가 대응할 수 있도록 예산과 기능, 권한이

주어져야 한다. 현재 경기도 기준으로 1년에 학교당 20만 원, 시군 구당 500~1,000만 원 정도 주어지는 예산으로는 사전 및 사후에 대한 어떠한 회복적인 조치도 제대로 실행할 수 없기 때문이다.

■ 징벌보다 교육적 해법이 중요, '경미한 사안에 대한 0호 조치 신설'

현행법을 가지고 아이들 사이에서 발생하는 문제들을 교육적으로 해결하지 못하는 가장 큰 이유는 징벌적인 접근 중심으로 이루어진 법령 때문이다. 서로 간의 갈등을 원활하게 해결하여 화해시키는 과정이 교육적인 해법이다. 여기에 다른 것들이 개입하면, 사소한 문제도 교육적으로 해결할 수가 없을뿐더러, 일을 더욱더 커지게 만든다. 따라서 이러한 문제들을 해결하기 위해 경미한 사안에 대해서는 0호 조치(교육적 종결)를 추가할 것을 제안한다.

과거, 「학교폭력예방법」이 제정된 이유 중 하나는 학교장의 독단적인 판단에 의한 은폐를 보완하기 위해서였다. 그렇기에 '학교 자체 해결제'를 도입하는 것은 과거로 회귀하는 방법일 뿐 해법이 아니다. 또 학교폭력대책 자치위원회의 권한 경계선이 명확하지가 않다. 따라서 심의와 판단은 학교폭력대책 자치위원회가 하되, 사안의 경중에 따라 교육적인 해결이 가능한 '0호 조치'를 신설하여 처리하는 것이 바람직하다. 당연히 이때 발생하는 0호 조치는 당사자 간의 합의하에 진행되어야 하며, 1심은 학교의 선도 규정을 적용하여 진행하고, 2심부터는 교육청에서 담당해야 한다.

학교 폭력 발생 후, 학교폭력대책 자치위원회의 결정에 불복한 피해자나 가해자는 14일 이내 광역시도 단위 지역위원회나 징계 조정위원회에 재심을 청구할 수 있다. 2018년 8월 31일 교육부가 발표한 재심 기구의 단일화는 피해자의 항변권 보장을 위한 방식이지만, 단일화에서 발생할 수 있는 구조적인 문제를 해결하기에는 역부족이다. 또 현재 적용되고 있는 법으로 인해 광역시도 단위의 재심위원회에서는 징계 수준을 결정할 수가 없다. 그렇기에 일선 학교로 사안을 되돌려 보내는 역할만을 수행하고 있는 것이다. 이로 인해 행정 심판 등의 다음 단계로 넘어가지 못하고 다시 학교폭력대책 자치위원회를 개최해야 하는 일들이 반복되고 있다. 따라서 재심에서는 당사자의 항변권을 상호 보장해야 할 뿐만 아니라, 재심위원회에 0~9호 조치 등 징계 양형에 대한 결정 권한을 명시적으로 부여해야 한다.

■ 생활기록부 기록으로 인한 갈등과 편법 난무, 피해자와 가해자 모두에게 기회가 제공되어야

생활기록부에 기록을 남길 때는 사안의 발생과 결과까지 실태조사를 진행한 뒤 작성해야 한다. 이때 당사자들 간 합의를 마친 경미한 사안이나 학교폭력대책 자치위원회에서 0호 조치를 내린 경우에는 생활기록부에 기록을 남기지 말아야 한다. 형법상에서

당사자 간에 합의가 있으면 효력이 중지되기 때문이다. 하지만 학교 폭력과 관련된 법은 징계를 결정하는 규정이 사회적 규정과 충돌한다. 특히 고등학생들의 경우 생활기록부 기재 문제로 인해 갈등과 편법이 난무하고 있다. 실제로 고소 고발이 병행될 경우, 민형사상의 사법 절차가 길어지는 방법을 이용하여, 생활기록부에 기재를 회피하는 수법 등도 등장하고 있다. 그리고 이러한 과정으로 인해 학생의 진심 어린 반성을 통한 치유와 회복은 무시되고 있다. 학교는 피해자뿐만 아니라 가해자에게도 새로운 기회를 부여해야 할 의무가 있는 곳이다. 따라서 중대한 범죄 사안 등은 「소년법」의 확장을 통한 조치로 해결하고, 학교는 그저 교육적 회복에만 집중해야 한다. 또 보호관찰(소년법)의 경우에도 교육 과정을 이수(의무 교육)할 수 있도록 제도적인 보완책을 마련해야 한다. 교육적 제재와 교육받을 권리를 동시에 고려해야 하는 것이다.

학교 폭력 사안 처리에서
학생들의 관계 회복도 고려해야…

　　2018년 교육부가 학교 폭력 숙려제의 일환으로 추진한 '학교폭력예방법 개정안'의 주요 논의 내용은 '경미한 학교 폭력에 대해 학교 차원의 자체 종결 권한을 부여하는 방안'과 '가해 학생 조치 사항 중 경미한 사항에 한하여 학생부에 기재하지 않는 방안' 등의 내용이었다. 2018년 8월, 대입 제도의 공론화로 여론의 뭇매를 맞은 교육부 입장에서는 학교 폭력만큼은 최대한 국민 여론과 현장의 입장을 충실히 전달하려는 움직임이라 이러한 내용은 환영받을 만하다. 그러나 기존의 '담임 교사 해결 사안'이 '학교장 자체 해결 사안'으로 변경은 되었지만, 피해 학생이나 학부모가 학교폭력대책 자치위원회를 요청할 경우에는 반드시 개최하여 해당 사안을 처리해야 한다. 또 학교장 자체 해결 사안에 대한 법적 근거가 없기에 법률상 처분이 아니라 법적인 구속력이 생긴다고 볼 수 없는 맹점이 상존한다. 무엇보다 최근의 학교 폭력은 저연령화되고 있으며, 발생 빈도 역시 증가하고 있다. 게다가 학교 폭력에 가담되는 학생들도 한 학교의 학생이 아닌, 여러 학교에 속해 있는 공동 학교 폭력 개최 건수가 증가하고 있는 상황이다. 그러나 이러한 상황임에도 불구하고 가해 학생 측 학교에서 공동 학교폭력대책 자치위원회를 개최하는 등 교육지원청에서 나서서 해야 할 일을 하고 있는 어처구니없는 형국이 펼쳐지고 있다.

이와 마찬가지로 학교 폭력 담당 교사들 역시 사안이 발생하면 본연의 업무인 수업과 생활 지도 및 상담은 엄두도 내지 못한다. 오죽하면 담당 교사가 병가나 휴직을 신청하겠는가? 그렇기 때문에 현장에 있는 학교 폭력 담당 교사들은 이번만큼은 제대로 된 정책이 반영된 법 개정이 신속히 이루어지길 바라고 있다.

학교 현장에서는 경미한 사안에 대한 학교 자체 종결제 도입과 학생부 미기재 사항에 대해서 긍정적으로 생각하고 있다. 다만, 경미한 사안을 구분하는 기준은 무엇인지, 학교 자체 종결로 마무리된 사안이 큰 사안으로 증폭될 경우에는 어떻게 처리할지, 또 학교 폭력 담당 교사의 업무 과중을 어떤 방법으로 덜어 낼 것인지 등이 문제로 제기되고 있다. 아무리 좋은 정책이라도 결국은 학교 안에서 해결되어야 하기 때문이다. 그러나 가장 큰 문제는 학교 폭력과 관련된 신고가 들어오면 무조건 학교폭력대책 위원회를 개최해야 하며, 이를 어기는 경우 모든 책임은 교사들에게 전가되어 결국 학교의 교육적 기능이 마비된다는 점이다.

그동안 학교 폭력과 관련된 사안이 발생하면 학교폭력대책 위원회에서 심의하고 처분하였지만, 결과에 승복하지 않으면 재심이나 행정 심판 등으로 이어져 단위 학교는 동일 사안을 최소 1년에서 최대 2년 반 이상, 심지어는 졸업할 때까지 질질 끌고 갈 수밖에 없었다.

「학교폭력예방법」은 기존의 「형법」을 기초로 하여 만들어진 법률이기 때문에 교육적인 관계 회복보다는 처벌 위주의 조치 결정으로 귀결된다. 그리고 이는 가해 학생들에게 진심 어린 반성과 잘못을 뉘우치게 하지 못하고, 분노 표출, 결과 불복 등으로 표현되게 만든다. 즉 모두가 피해를 보는 구조인 것이다. 오죽하면 현장 교사들이 과거처럼 「초·중등교육법」에 정해져 있는 처분으로 처리하는 것이 낫다고 말하겠는가?

아직도 학교 폭력으로 고통받는 사람들이 많다. 대부분 학생들 간의 단순한 갈등에서 시작되지만, 학교 폭력으로 신고가 접수되면 아무리 사소한 갈등으로 발생한 문제라도 학교폭력대책 위원회의 심의를 거쳐 1호부터 9호까지의 처분을 받아야 한다. 이렇듯 학생들을 위한 교육적인 조치가 결여된 학교 폭력 구조 덕분에 충분히 서로 화해하고 조정하여 마무리할 수 있는 일도 소송으로 번지고 마는 것이다.

이제는 많은 사람들이 1호부터 9호까지의 처분 속에서는 교육적인 효과가 발휘되지 않는다는 것을 알고 있다. 따라서 1호 앞에 0호 조치(교육적 조치로 마무리)를 추가하도록 법을 개정하여 학교폭력대책 자치위원회의 심의를 통해 갈등을 해소하고 무혐의로 마무리될 수 있도록 해야 한다. 학생부에 기재되지 않는 1~3호까지는 학교에서 처리하고, 4~9호에 해당하는 심각한 사안에 대해서는 시도교육지원청이나 가칭 학교생활갈등회복대책위원회에서 처리하는 것이다.

경미한 학교 폭력 사안에 대해 학교 자체 해결제로 갈등을 해소한다는 것이 말처럼 쉬운 것이 아님을 그동안의 전철(前轍)을 통해 확인할 수 있다. 그러나 떳떳이 사안을 공개하고 심의해서 진정한 교육적 조치인 0호 조치에 다가갈 수 있다면, 경미한 갈등은 0호 조치를 통해 원만하게 해결할 수가 있을 것이다.

학교폭력예방법, 개정은 됐지만
교사 역할 가능할까?

2019년 8월 2일 '학교 폭력 예방 및 대책에 관한 법률 일부개정법률안'이 국회 본회의를 통과하였다. 이에 따라 학교폭력대책 자치위원회를 교육지원청으로 이관하여 '학교폭력대책 심의위원회'를 설치하고, 교육적 해결을 위한 '학교장 자체 해결제'가 도입되었다. 이 개정 법률안의 주요 골자는 무엇보다 학교에 존재하는 학교폭력대책 자치위원회를 없애고, 이와 관련된 모든 기능을 교육지원청에 설치될 학교폭력대책 심의위원회로 이관하여 학생에 대한 모든 조치의 주체를 학교장에서 교육장으로 변경한다는 점이었다. 또 학교 내에 존재하는 학교폭력 전담기구의 기능은 강화되어 경미한 학교 폭력 사안은 학교장이 자체적으로 해결할 수 있도록 법에 명시되었으며, 사안을

학교 폭력 예방 및 대책에 관한 법률 일부개정법률안(대안)	
의안번호 21769	제안 연원일 : 2019.7. 제안자 : 교육위원장

두고 학교폭력대책 심의위원회에 회부할지의 여부는 학교폭력 전담기구에서 심의하도록 하였다.

이처럼 개정 법률안은 학생에 대한 모든 조치의 책임을 학교장이 아닌 교육지원청의 교육장이 지는 구조로 변경되어 학교의 부담은 줄어들 것으로 보인다. 그러나 학교에서 학교 폭력을 담당하는 교사의 업무 부담은 여전히 존재할 수밖에 없다. 학교 내에 존재하는 학교 폭력 전담기구의 기능이 강화되어 학교 자체 해결의 전제 조건을 전담 기구에서 심의하기 때문이다. 물론 학교 자체 해결제는 학교폭력 전담기구에서 경미한 사안으로 판단하면, 교육지원청의 심의위원회에 회부하지 않고 학교에서 자체적으로 해결할 수 있다. 그동안 경미한 사안에 해당하는 가해자 조치 제1~3호는 학교폭력대책 자치위원회에서 심의하여 공교육의 교육력을 낭비하였다. 그리고 이는 학교에 불필요한 갈등을 만들고 당사자들을 관계 회복 불능 상태에 빠지게 만들었다.

이런 불신을 없애고자 만든 학교 자체 해결제이기에 학교폭력 전담기구에서는 더욱더 심혈을 기울여서 경미한 사안에 대한 판단을 내려야 한다. 교육청의 심의위원회로 회부하여야 할 만큼의 중대한 사안을 경미한 사안으로 판단하여 자체 해결하거나 경미한 사안도 심의위원회로 회부시킬 수도 있다는 우려가 상존하고 있기 때문이다.

교사들의 업무 분담을 위한 노력의 일환으로 학교폭력대책 자치위원회를 폐지하고 교육지원청으로 학교폭력대책 심의위원회를 두는 것은 그나마 다행스러운 횡보이다. 하지만 학교 안에 존재하는 학교폭력 전담기구에서 각종 행정 업무를 수행하는 것은 여전히 교사들의 몫이며, 그로 인해 교사 본연의 업무에 충실하기 힘든 구조가 지속되는 것은 변함이 없다. 또 개정 법률안에서는 학교 폭력 사안으로 신고되어 조사가 진행되면, 갈등을 해소하는 모임을 가지기 보다는 학교폭력 전담기구에서 조사하고 심의위원회에 회부할지 등의 여부만을 판단하도록 하고 있다. 따라서 학생들을 교육적으로 화해시키고, 관계를 회복할 수 있도록 하는 등의 교육적인 조치를 취할 수가 없는 구조이다. 그러다 보니 법이 개정되어도 교사들은 변함없이 학교폭력대책 심의위원회에 회부될 사안에 대한 문서를 만들어야 하기에 정작 담임 역할, 생활 지도 역할, 상담 역할을 하지 못하게 된다. 여전히 교육의 수혜자인 학생들에게도 선의의 피해를 줄 수밖에 없는, 그리고 교육의 본질을 훼손할 수밖에 없는 구조인 것이다.

학교 내 학교폭력대책 자치위원회의 폐지와 더불어 교육지원청 내 학교폭력대책 심의위원회 설치에는 찬성하지만, 더 나아가「학교폭력예방법」은 폐지되어야 한다고 본다.

「학교폭력예방법」이전에도「초·중등교육법」으로 명시된 선도위원회(생활교육위원회)에서 학생들의 회복을 위한 교육적인 조치는 얼마든지 가능하였다. 이제 피해자의 마음을 헤아릴 수 있는 조치가 우선되어야 하며, 가해자의 진심 어린 반성과 뉘우침이 교육적으로 선행되어야 한다. 교사들이 법에서 정해진 절차, 시행령, 지침에 따른 매뉴얼에 움직이다보면, 정작 중요한 교육적인 화해와 관계 회복에 소홀해질 수밖에 없기 때문이다. 시간이 지날수록 학교 폭력 담당 업무로 인해 심신이 피폐해져 병가를 쓰고, 심지어 휴직까지 사용하는 교사들을 심심찮게 보게 된다. 무엇이 문제인지 쉽게 알 수 있다. 답은 간단하다. 교사가 교사의 역할을 충실히 수행할 수 있도록 도와주면 된다.

성범죄 증가 추세,
피해자는 평생 트라우마

2020년, 경찰청에서 발표한 '2020 경찰 백서'에 따르면, 2019년 학교 폭력 검거자의 수는 1만 3,584명에 달하였으며, 이중 폭행·상해가 7,485명으로 절반을 넘었고, 성폭력은 3,060명, 금품 갈취는 1,328명 이나 되는 것으로 나타났다. 또 학교 폭력으로 인한 구속자의 수는 총 84명이었으며, 이외 불구속 9,233명, 소년부 송치 1,587명, 즉결 심판 또는 훈방 등 조치된 사례는 2,680명 등으로 집계되었다.

최근 5년간의 추세를 보면 학교 폭력 검거자의 수는 2015년 1만 2,495명에서 2016년 1만 2,805명, 2017년에는 1만 4,000명으로 꾸준히 증가하였으며, 2018년에 1만 3,367명으로 약간 감소하였다가 2019년에 다시 소폭 증가하였다.

경찰이 최근 3년간의 학교 폭력 유형을 분석한 결과, 물리적 폭행은 감소하고 있는 반면, 강제 추행, 카메라 등을 이용한 촬영 등의 성범죄 유형이 증가하고 있다는 것을 확인할 수 있었다. 이와 관련하여 학교 폭력 유형의 비중을 보면, 폭행·상해의 경우 2017년 71.7%에서 2018년 59.4%, 2019년 55.1%로 감소하는 추세를 보였지만, 성폭력은 2017년 12.1%, 2018년 18.9%, 2019년 22.5%로 시간이 지날수록 증가하고 있음을 알 수 있다. 이처럼 학교 폭력 검거 현황(폭력 유형별)에서 학교 성폭력 건수가 5년 만에 2배 이상 증가하고 있어 대책 마련이 절실한 상황이다.

코로나19의 등장으로 등교 수업과 원격 수업을 병행하면서 청소년들은 사이버 공간에서 다양한 활동을 하기 시작하였다. 그리고 그 결과, 학교 폭력의 범위는 점점 넓어지고 있으며, 그 중심에는 사이버 성폭력이 존재하고 있다. 게다가 사이버 공간에서 진행되고 있는 성폭력의 유형은 다양한 형태로 변질되기 시작하였다. 익명성이 보장되는 앱을 통해 악성 댓글이나 사진을 버젓이 올리기도 하며, 합성된 사진을 SNS에 올리기도, 또 단체 대화방에서 인물 품평회 및 사이버 언어 성희롱 등 수많은 성폭력이 자행되고 있는 것이다. 그러나 관련 증거나 증빙이 부족하여 성(性) 사안으로 신고되어도 가해자를 특정하지 못하는 경우가 많아지고 있다.

성(性) 사안은 늘 예민하기에 조심스럽게 다뤄야···

학교나 사이버 공간에서 발생하는 성폭력은 비밀을 유지하기가 어렵기에 가해 학생보다 피해 학생이 학교를 자퇴하거나 전학을 가는 경우가 발생한다. 가해 학생에 대한 조치가 경미하여 같은 공간에서 피해 학생과 가해 학생이 다시 만나게 되는 경우가 있기 때문이다.

단위 학교에 존재하는 학교폭력 전담기구에서는 사안을 조사하고 심의를 거쳐 학교폭력대책 심의위원회 개최를 요구할 수 있다. 이때 성과 관련된 사안에 대해서는 성고충 심의위원회에 심의를 신청할 수 있다. 그러나 문제는 성 사안은 늘 예민하며, 일대일로 발생하는 비율이 높아 제대로 된 증거를 찾기가 어렵다는 것이다. 그로 인해 가해자는 해당 사안을 인정하지 않고, 사과를 하지 않는다. 또 해당 성폭력과 관련된 영상 촬영으로 인하여 2차 피해 빈도 역시 매우 높아 함부로 사건을 종결지을 수도 없다. 더욱 큰 문제는 학교에서 성 사안이 접수되면, 매뉴얼에 따라 관련 사건의 가해자 및 피해자를 특정할 수는 있지만, 같은 학교의 학생과 학생, 교직원과 학생, 교직원과 교직원 사이에서 발생한 사안의 경우, 이 둘을 완전히 분리 조치하지는 못한다는 것이다. 이는 피해자 입장에서 엄청난 두려움과 공포로 다가온다. 따라서 학교 내에서 발생한 성 사안에 경우 피해자와 가해자의 분리가 반드시 필요하다. 그렇지 않으면 학교라는 공간에서 매일 마주칠 수밖에 없기 때문이다.

성폭력과 관련된 확실한 예방 교육이 이뤄져야…

시간이 지날수록 학교 폭력의 유형으로 성폭력이 증가하고 있지만, 성인지 교육, 성감수성 교육은 여전히 제자리걸음 수준이다. 일반적으로 청소년들은 성에 대해서 어른들이 생각하는 수준 이상의 생각을 지니고 있기에, 형식적인 성폭력 예방 교육으로는 청소년들의 수준을 따라갈 수가 없다. 또 코로나19의 영향으로 인해 비대면 성폭력 예방 교육이 의무 교육 시간을 채우고 있어 더욱더 효율적인 예방 교육이 절실하다.

단위 학교에서 이루어지는 성폭력 예방 교육은 시간 때우기 형태로 진행되는 경향이 있다. 물론 학교에는 다양한 의무 교육이 존재하기 때문에 교육 과정 속에 특정한 의무 교육 시간을 할애하는 것이 어려운 현실이다. 또 교육 시간은 부족하고, 학생 수와 학급 수는 많기 때문에 동일 시간대에 학급별로 강사를 투입하여 성폭력 예방 교육을 진행하는 것도 쉽지는 않다. 그래서 전교생이나 학년 단위로 집단 교육 및 원격 비대면 교육을 진행하는 것이다. 이로 인해서 학생들이 생각하는 수준 이상의 성폭력 예방 교육을 기대하기가 어렵다. 사이버상으로 범람하는 언어 성희롱, 기상천외한 성추행, 학교 밖에서 발생하는 다양한 성매매 등은 현장 교사들의 교육으로는 예방하기가 쉽지 않기 때문이다.

제대로 된 성폭력 예방 교육을 위해서는 교육하는 강사들의 수준이 높아야 하며, 최근 사례 위주로 교육이 진행되어야 한다. 이때 단위 학교에서는 교육 과정과 연계된 예방 교육이 중요하다는 사실을 인지하고 있어야 한다. 그러나 그 무엇보다도 성에 대한 사회적인 인식 개선이 필요하다. "칭찬하려고 어깨 좀 만진 것 가지고?", "네가 예뻐서 손 한번 잡은 건데?", "딸 같아서 그래." 등으로 용인되었던 모든 것을 불허하는 성숙한 사회가 되어야 하는 것이다. 장난과 호기심에서 시작한 성폭력으로 인해 피해자는 평생을 트라우마 속에서 살아가야 한다. 이제는 피해자의 입장에서 성폭력을 처리하고 예방하는 지혜가 요구된다.

현실화된 사이버 폭력 증가세, 교육계 책임 있는 대책이 필요하다

현재 유행처럼 번지고 있는 사이버 학교 폭력은 사이버 공간에서의 따돌림, 욕설, 비방 등의 언어 폭력이 스마트폰, 컴퓨터 등의 매체를 타고 온라인상으로 확대 및 재생산, 공유되면서 더욱더 심화되고 있다. 그리고 그 피해의 심각성 역시 커지고 있다. 그동안 발생하였던 학교 폭력은 특정 장소에서 이루어지는 물리적 폭력, 언어적 폭력, 따돌림 등이 대부분을 차지하였다. 그러나 코로나19로 인한 원격 수업이 장기화되면서 학생들의 인터넷 접속 시간이 증가하였고, 덩달아 사이버 학교 폭력도 증가하고 있다. 문제는 사이버 학교 폭력은 시공간의 제약이 없기 때문에 24시간 언제 어디서든 발생할 수 있다는 것이다. 코로나19 이전에는 일선 학교에서 나름대로 스마트폰 사용을 제한하는 조치(휴대폰 보관 가방, 수업 중 휴대폰 사용 제한) 등을 통해 학교에서 보내는 교육 활동 시간에는 학생들의 스마트 기기 사용 시간이 많지가 않았다. 하지만 원격 수업으로 인하여 학생들 간의 소통도 온라인으로 이루어지다 보니 소통 방법 미비, 스트레스 해소 방법 미비 등의 영향으로 사이버 학교 폭력이 증가하고 있는 추세이다.

교육부가 2019년 9월에 발표한 '2019년 학교 폭력 2차 실태 조사'에 의하면, 학교에서 발생하는 폭력으로 언어 폭력(39%)이 가장 심각했으며, 그 뒤를 집단 따돌림(19.5%), 스토킹(10.6%), 사이버 괴롭힘(8.2%), 신체 폭행(7.7%), 성추행·성폭행(5.7%), 강제 심부름(4.8%), 금품 갈취(4.5%) 등이 따르고 있었다. 이중 사이버 학교 폭력에 해당되는 사이버 괴롭힘은 8.2%로, 신체 폭행보다 사이버 괴롭힘이 더욱 심각한 학교 폭력으로 자리 잡고 있다는 것을 알 수 있었다.

■ 사례 ①

익명성이 보장되는 앱에서 K군은 같은 학교에 재학 중인 여학생들에게 장기간에 걸쳐 성희롱을 자행하였다. 그러다 결국 특정할 수 있는 실마리를 제공하여 학교 폭력 사안으로 접수되어 징계 처리를 받았다.

■ 사례 ②

SNS에서 다수의 여학생들이 친구들과 어울리지 못하는 J양을 집단으로 따돌리는 사건이 발생하였다. 이 사건은 곧바로 학교 폭력 사안으로 접수되었지만, 가해 학생들에게는 선도 조치가 내려지는 등 솜방망이 처벌로 사건이 종결되었다. 이후 피해 학생은 심각한 우울증과 대인 기피증으로 힘들어 하고 있다.

■ 사례 ③

P군은 장난과 호기심으로 같은 학교 L양의 얼굴에 합성 사진 도구를 이용하여 성적 수치심을 일으킬 수 있는 사진을 폐쇄된 SNS 공간에 여러 장 올렸다. 이 사건 역시 곧바로 학교 폭력으로 신고 접수되었으나 동조한 20여 명의 남학생들은 선도 조치를 받았다.

이처럼 사이버 학교 폭력은 원격 수업의 병행으로 인한 스마트 기기 사용량의 급증으로 시간과 장소에 구애받지 않고 있으며, 점점 교묘하고 은둔하는 모양새를 보이고 있다. 그러나 해당 학교 폭력에 대한 신고가 접수되어도 피해자 측에서 관련 증빙 자료를 가져오지 못하거나 가해 학생을 특정할 수 없는 경우, 또 사이버 공간에서 사안을 해결할 목격자가 없는 경우에는 적절한 조치를 취할 수 없다.

그렇다면 사이버 학교 폭력 피해 학생의 징후는 어떨까? 기본적인 것만 알고 있어도 사전 예방에 도움이 될 수 있다.

1. 자녀가 익명 앱(익명 어플, 메신저 등)에 가입되어 있는지 소통을 통해 확인한다.
2. 학교 채팅방, 학급 채팅방에서 자주 탈퇴하거나 알림을 확인하지 않으며, 불안한 기색으로 스마트 기기를 확인하는 등 알림에 민감하게 반응한다.
3. 자녀의 SNS 글이나 사진이 부정적으로 변하거나 탈퇴하는 모습을 보인다.
4. 자녀의 메신저에 등록된 프로필 사진이 부정적인 사진으로 변경되었거나 없어졌다.
5. 자녀의 SNS(페이스북, 인스타그램, 익명 질문방 등)에 부정적인 표현이 늘어났다.
6. 특정한 사람을 통해 지속적인 전화, 문자 등의 연락이 온다.
7. 부모의 허락도 없이 집을 나가거나 하교 후에 귀가하지 않고 누군가를 만나는 횟수가 늘어났다.

이러한 징후를 사전에 파악하여 적절히 대응하면 피해를 사전에 예방할 수 있으며, 피해가 발생하였을 경우라도 초기에 대처하기가 수월할 것이다. 평소 자녀와 잦은 소통이 필요한 이유이다. 만약 가정에서 해결하기 어려운 사안이라면 담임 교사, 학교 폭력 책임 교사, 상담 교사, 학교 폭력 신고센터(117)에 도움을 요청하면 된다.

학생들은 사이버 공간에서 익명으로 움직이는 경향이 있다. 담임 교사나 교과목 교사가 개설한 채팅방이나 플랫폼 등 실명이 공개되는 공간에서는 꼭 필요한 이야기만을 하지만, 학생들만의 은밀한 공간이나 익명성이 보장되는 공간에서는 장난이나 호기심 등으로 자제력을 쉽게 잃어버린다. 그러므로 가정에서는 자녀가 사이버 학교 폭력의 당사자가 되지 않도록 많은 노력을 기울여야 하며, 관심을 가져야 한다. 학교에서는 원격 수업이 진행되기 전보다 더 많은 관심을 가지고 학생들을 지도해야 한다. 충분한 학교 폭력 예방 교육을 진행하되, 일회성으로 그치는 교육이 되어서는 안 된다.

대부분 사이버 학교 폭력 사안의 경우 보호자가 뒤늦게 인지하는 경우가 많다. 상황이 극으로 치달아 보호자 의견서를 작성하는 상황이 되어서야 사건의 심각성을 인지하고 자녀의 학교 폭력 연루에 대해 괴로워한다. 하지만 학교 폭력으로 신고 접수가 되었다고 해도 모든 사안들이 학교폭력대책 심의위원회의 심의를 거쳐 피해자 보호 조치, 가해자 선도 조치를 받는 것은 아니다. 「학교폭력예방법」의 개정을 통해 학교장 자체 해결로 갈등 조정 및 관계 회복이 되는 비율이 높아지고 있다.

앞으로 사이버 학교 폭력은 다양한 양상으로 증가할 것으로 보인다. 그렇기 때문에 교육계가 나서 사이버 상에서 이뤄지는 학교 폭력에 관한 연구와 예방을 위한 프로그램을 개발해야 한다. 익명성을 가장하여 교묘하게 독버섯처럼 기승을 부리는 폭력의 그늘에서 학생들을 구출해야 하는 것이다. 사이버 학교 폭력이 이루어지는 공간에 대한 규제가 필요한 시점이다.

제5장

미래 교육,
학생과 학부모 모두가
행복한 학교

학생이 주인공인
공간이 필요하다

언제부터인가 학교에서 피곤한 학생들이 자신의 책상에 엎드려 잠을 청하지 않고, 빈 책상 몇 개를 모아 쉬는 시간이나 점심시간을 통해 나름 편안한 자세를 취하여 쪽잠을 자곤 한다. 이러한 모습은 마치 좀 더 편안하게 휴식을 취할 수 있는 공간이 있어야 한다는 학생들의 시위로 보인다. 최근 들어 교육 공간에 대한 생산적인 논의가 활발하게 진행되고 있으며, 정부와 교육부의 전폭적인 지원 대책으로 각 시도교육청은 눈에 띄는 사업 성과를 만들어내고 있다. 그러나 1980~1990년대의 학교 모습과 대동소이하다는 느낌을 받을 때면, 아직은 가야할 길이 멀었다는 생각이 든다.

학생들은 다양한 공간을 통해 학습, 놀이, 휴식 등을 체험하고 싶

어 한다. 하지만 현실 속 공간은 그저 교실, 복도, 현관, 계단, 특별실, 강당, 체육관, 시청각실 등 고정된 공간으로밖에 활용되지 않고 있다. 이제는 학교 공간에 대한 교육 공동체의 인식 개선이 급선무가 되어야 한다. 학생들에게 있어 교육 환경은 제3의 선생님이라고도 불릴 만큼 중요한 역할을 하기 때문이다. 따라서 모든 교육 공간은 독점되지 않는 유연한 공간을 지향해야 하며, 실질적으로 사용하는 공간이 되어야 한다. 특정한 행사나 수업이 있을 때만 사용하는 공간은 공간으로써의 제 기능을 발휘하지 못하는 비효율적인 공간이다.

이제 교육 주체들에게 교육 공간에 대한 공간 주권을 되돌려줘야 한다. 신설 예정인 학교나 부분적인 개선이 필요한 학교에서는 공간의 시작점에서부터 학생, 학부모, 교사, 지역 사회 등의 다양한 의견을 수렴해 개방과 소통이 활발하게 이루어질 수 있는 공간으로 탈바꿈

해야 한다. 즉 교육 공간에 대한 고정 관념이나 틀에 박힌 지점을 없애야 하는 것이다. 학교에서 공간 활용도가 제일 높은 공간으로 교실, 복도, 계단, 화장실, 급식실, 음악실, 미술실, 과학실, 체육관, 시청각실 등이 꼽힌다. 이외 다른 공간들은 간헐적으로 사용되며, 나머지 시간에는 굳게 닫힌 채로 방치되어 있다. 학생들과 교사들은 말한다.

"교실에는 딱딱한 물건들 밖에 없어서 편히 쉬거나 누울 수 있는, 또 놀 수 있는 공간이 없어요. 친구들과 소통하고 대화를 나눌 수 있는 공간을 만들어주세요."

교육 공간의 주인공은 학생이어야 한다. 학생이 공간을 자유롭게 사용하고, 사용하는 목적에 따라 공간이 변형되기도 하며, 학생들이 만들어가는 집과 같은 삶의 공간이 되어야 하는 것이다. 그러나 공간만 있다고 해서 교육 공간의 혁신이 이루어지는 것은 아니다.

경기도 Y중학교 선생님들은 학생들이 교무실에 오면 딱딱하게 굳어 있는 자세로 이야기하는 것을 보고 사용하지 않는 소파를 교무실에 가져다 놓았다. 그리고 현재 그 소파는 학생들과 선생님들이 소통하는 창구의 역할을 톡톡히 해내고 있다. 이처럼 교무실이 따뜻하고 포근한 곳이라고 인식되는 순간, 학생들은 서슴없이 교무실에 찾아온다. 이것이 바로 공간뿐만 아니라 공간 속에 있는 시설에 대해서도 고민해 봐야 하는 이유이다.

사람은 주어진 삶의 공간에서 엄청난 영향을 받는다. 고시원에서 삶을 살아가는 사람들은 길쭉하고 좁은 사각형 모양의 공간에서 힘든 삶을 살아간다. 이제는 학교 공간을 활용해 학생들이 영화도 보고, 연극도 하고, 전시회도 하면서 주인공이 되는 삶을 만들어주자. 학생들은 여전히 공간 속에서 주인공이 되고 싶어 한다.

학습과 휴식이 공존하는
학교 공간이 필요하다

시루는 '떡 따위를 찔 때 쓰는 둥근 오지그릇'으로 바닥에 구멍이 6~7개가 뚫려 있으며, 콩나물을 기를 때도 사용된다. 이에 '콩나물시루 교실'은 과거 과밀 학급을 일컫는 대명사로 사용되었다. 좁은 교실에 빽빽하게 모여 앉아 있는 학생들의 모습이 마치 콩나물시루와 비슷하였기 때문이다. 당시만 해도 대부분의 학교는 직육면체의 건물에 교실이 다닥다닥 붙어 있었으며, 교무실, 행정실, 교장실이 본관 건물을 기준으로 1층이나 각층의 중앙에 위치하여 학생들의 생활 공간으로는 적합하지 않았다. 최근 지어진 학교 시설 역시 겉으로 보기에는 멋져 보이지만 예전과 같이 강의 전달 위주 교육에 맞춰진 구조로 설계되어 있다. 그러나 학생 수가 점점 감소하는 시대에 맞게 미래 융·

복합 인재 양성을 위한 교육 공간으로 바뀌어야 한다.

    교육부에서는 2019년에 열린 '학교공간혁신 합동추진회'를 시작으로 학교 공간 혁신 사업에 본격적으로 나섰다. 같은 해 1월 '학교 시설 환경 개선 5개년 계획'을 발표하면서 학교 공간 혁신 사업을 추진하기 위해 2019년 900억 원을 시작으로, 향후 5년간 총 3조 5천억 원을 투자하여 약 1,250여 개의 학교 공간을 미래 지향적인 시설로 바꾸겠다고 밝힌 것이다. 이에 경기도교육청 역시 누구나 손쉽게 접근하고 사용할 수 있도록 학교 시설에 '유니버설 디자인(Universal Design)'을 적용하겠다고 발표하였다. 차별 없는 교육과 열린 학교 실현을 위해 학교 신·증축과 환경 개선 사업 설계 시 이러한 사항들을 반영하기로 한 것이다.

서울시 상월초등학교 교실 내부 모습
(출처: 서울특별시교육청)

이처럼 향후 5년간 1,200여 개의 학교들이 공간을 탈바꿈하지만, 도서 벽지의 소규모 학교 등을 포함한 대부분의 학교에서는 학생 수가 감소하고 있음에도 다양한 교육과 휴식 및 놀이를 위한 공간이 턱없이 부족한 상황이다. 공간을 효율적으로 활용하지 못해 학생들이 동아리 활동을 하거나 스터디 활동을 하는 등의 공간이 부족한 것이다. 경기도 S중학교에 재학 중인 K학생은 "자율 동아리 댄스팀을 결성해 제대로 갖춰진 공간에서 제 모습을 보며 연습하고 싶지만, 전신 거울조차 준비된 공간이 없어요."라고 말하며, "새로운 학교 공간의 개선도 중요하지만, 기존의 학교 공간도 짜임새 있게 만들어 주셨으면 좋겠어요."라고 아쉬움을 토로하였다.

시간이 지날수록 학교 공간의 혁신이 화두로 떠오르고 있다. 하지만 일부 지역의 학교에서는 초등 돌봄 교실이 부족하여 돌봄이 필요한 학생들조차 정원 초과로 탈락하는 일이 생겨나고 있다. 이렇듯 기존의 학교 공간 부족을 해결할 수 있는 방안도 모색하여야 한다. 돌봄 교실이라고 무조건 학교 안에 있어야 한다는 사고방식의 전환이 필요한 것이다. 지자체와 연계하면 학교 밖에서도 얼마든지 돌봄 교실을 만들 수가 있다.

학생 중심의 학교 설계가 필요하다

학교 공간의 혁신은 가성비를 높이는 것만이 능사가 아니다. 무엇보다 학교 공간은 학생들을 중심으로 감성적인 교실, 가고 싶고 오래 머물고 싶은 화장실, 감성과 창조의 배움 놀이터 등 학생, 학부모, 교사, 지역 주민 모두가 함께할 수 있도록 시설의 복합화 등이 필요하다. 따라서 앞으로 신·증축을 하는 학교 시설은 빼곡히 늘어선 교실, 교장실, 교무실, 행정실 등 관리자 중심의 공간 배치가 아닌, 학생들을 위한 공간 구조의 차별화를 시도해야 한다. 대부분의 시간을 교실에서 보내는 학생들에게 정서적으로 안락함을 제공하는 교실이 되도록 공간 속에 배치된 시설 등도 인체 공학적인 배려가 스며들어 있어야 하는 것이다. 더 이상 딱딱한 의자와 네모난 책상, 칠판 등 고정된 틀에 박혀 있는 교실을 학생들에게 강요해서는 안 된다.

학생들은 수업과 수업 사이에 있는 10분의 쉬는 시간을 이용해 교실과 멀리 떨어진 화장실, 매점, 농구장, 운동장 등을 다녀온다. 그렇기에 항상 수업 시작을 알리는 종이 바쁘게 울릴 때면 빠르게 뛰어다니는 학생들의 모습을 쉽게 볼 수가 있다. 짧은 쉬는 시간이 학생들을 조급하게 만들고 있는 것이다. 이제는 학생들의 학습 공간을 중심에 두고 현관, 계단, 복도 등에 작은 놀이·체험 시설을 조성해 학생들의 선호도를 높이는 방안의 설계가 진행되어야 한다.

학생들이 교실 속에서만 생활하면 창의적인 미래 인재로 성장하지 못한다. 쉼과 놀이가 적절하게 섞여 있는 공간 속에서 자라야 창의성이 발휘된다. 따라서 학교는 학생들의 쉼과 놀이가 어우러질 수 있도록 유휴(遊休) 공간을 활용해야 하며, 건물의 신·증축 시 교육 과정이 반영되도록 설계하여야 한다. 어른 중심의 공간이 아닌, 학생 중심의 다양하고 유연한 교육 활동이 가능한 공간으로 조성되어야 하는 것이다. 그래야 학생들이 편안함 속에서 배움에 대한 동기 부여와 자극을 받을 수 있다. 또 학생들이 올바르게 성장하기 위해서는 학교와 더불어 온 마을의 인프라가 필요하다. 즉 지역 사회의 유휴 공간 역시 교육 공간으로 활용되어야 하는 것이다. 학생들을 위한 학교 공간의 혁신은 결국 지역 사회와도 연계되고 연결되어야 하기 때문이다.

학교 자치 '신드롬',
공염불 되지 않으려면?

학교 자치와 분권에 대한 목소리가 날이 갈수록 커지고 있어, 일부 시도교육청에서는 자치 조례를 제정하거나 교육 주체인 학생, 학부모, 교사의 조례 및 관련 지침의 제·개정을 추진하고 있는 중이다. 이러한 학교 자치 조례는 관리자의 리더십 부재, 교직원 간의 불협화음, 민원 및 소송으로 번지는 학교 폭력 등으로 학교의 모습이 부정적으로 비친 시점에 시의적절한 정책으로 받아들여지고 있다.

학교 자치란, '학교 교육 활동 운영에 대한 권한은 모두 학교에 있는 것'을 말하며, '교육 공동체가 학교 운영에 대한 일을 민주적으로 결정 및 실행하여 그 결과에 대해서 공동으로 책임지는 것'을 말한다. 쉽게 말해 교육청이나 교육지원청의 지시나 간섭을 받지 않고, 교육 주

2019년 4월, 전라북도교육청은 교무회의와 교사회를 합법화하는 학교 자치 조례 공포식을 개최하였다.

(출처: 전라북도교육청)

체가 자치적으로 만들어 가는 학교를 의미한다. 학교 자치의 궁극적인 목적은 학교 민주주의를 실현해 학생, 학부모, 교사, 지역 사회 모두가 행복하고 공평한 삶을 살아갈 수 있도록 하는 것이다. 그러나 이를 실현시키기 위해서는 자치의 주체인 학생, 학부모, 교사가 각자의 위치에서 교육 활동에 지지와 격려를 보내고, 언제든지 참여할 수 있는 학교 자치 시스템이 마련되어야 한다. 따라서 교육청과 교육지원청에서는 관리자인 교장, 교감, 행정실장의 근무 성적 평가에 대한 전반적인 변화를 줄 필요가 있다.

교육 주체들의 학교 만족도 평가 항목에 관리자 평가 영역이 존재하지만, 근무 평가나 승진 등에 반영되지 않는 구조에서는 학교 자치를 논하기 어렵다. 원활한 학교 자치 시스템을 구축하기 위해서는 교육 주체들의 평가가 관리자의 근무 평가나 승진 등에 반영되어야 한다. 그리고 이를 위해서는 무엇보다 학생 자치회, 교직원 회의, 학부모회 등을 통해 교육 주체들이 학교 운영에 참여할 수 있는 기반이 마련되어야 한다. 하지만 학생들의 빼곡한 수업 시간표를 보면 금방 확인할 수 있듯, 교육 주체들이 모여 토론할 시간은 현실적으로 부족하다. 중고교의 경우 하루 6·7교시 수업 이후 학생 자치회, 교직원 회의 등을 진행하다 보니 충분한 공간과 시간 확보가 이루어지지 못해 형식적으로 회의를 진행하고, 아무 소득 없이 마치는 경우가 많다. 그래서 학생 자치회, 교직원 회의, 학부모회 등의 시간을 확보하기 위한 법제화가 이슈로 등장한 것이다. 따라서 이제는 교육의 주체들이 허심탄회한 대화나 의사소통을 할 수 있는 시간을 만들어 주어야 하며, 민주적인 학교 문화를 조성해야 한다. 즉 구성원 간의 협력 체제를 마련하여 대토론회를 운영하고, 학교 민주주의 지수를 활용하여 교육 활동에 대한 취약점과 강점 등을 검토해 대안을 마련해야 하는 것이다.

무엇보다 관리자의 독단을 견제하는 시스템이 마련되어야 한다. 학교에 근무하는 교사들은 관리자인 교장, 교감의 영향을 받게 된다. 교사의 업무 보고부터 각종 교육 활동과 관련된 업무 결재 및 업무 분장 등 다양한 영향을 받게 되는 것이다. 그렇기 때문에 학교의 문화는 관리자의 민주적인 마인드와 리더십이 중요하다. 많은 교사들이 지역 만기로 학교를 옮겨야 할 때, 인근 학교들의 관리자 현황을 확인하고 내신 서류를 제출한다. 그만큼 관리자가 차지하는 민주적인 학교 문화, 학교 자치 등의 비중이 크다는 것을 알 수 있다.

학교 자치는 요원한 공염불이 아니다. 교육 주체뿐만 아니라 교육부, 교육청, 교육지원청, 지자체 모두가 힘을 합쳐 이루어 나가야 할 미래 학교의 모습이다. 이를 실현하기 위해서는 학교 자치와 함께 분권이 필요하다. 교육청, 교육지원청, 학교장의 권한이 이양되고, 상호 존중하는 의사 결정 시스템, 교육 주체가 협력하는 협치 시스템, 민주적인 학교 문화를 위한 학풍 조성 등이 수반되어야 한다. 민주적인 학교가 실현되어야 학생들은 민주 시민으로 도약할 수 있다.

미안하고 부끄럽다. 학부모 총회, 학교-학부모 신뢰 구축부터

　늘 몇 명 오지도 않는 학부모 총회로 인해 학교는 몸살을 앓고 있다. 매년 선출관리위원회의 위원장은 학부모 전체 회의에서 민주적인 절차를 통해 학부모 임원(회장, 부회장, 감사)을 선출한다. 선출된 학부모 임원의 임기 기간은 선출일 다음 날부터 다음 연도 정기 총회까지이며, 회장직은 1회에 한하여 연임할 수 있다.

　학부모 총회에 참석한 학부모들은 한참 동안 각종 의무 교육을 위한 연수 책자와 더불어 총회에 많은 시간을 할애하고, 마지막으로 자녀가 있는 학급으로 이동을 하게 된다. 따라서 정작 담임 교사와의 충분한 상담을 통해 자녀의 진로에 대해 고민하며 대화를 나누는 시간은 부족하다. 또 학부모회는 효율적인 운영을 위해 총회, 대의원회를 뒤야 하며, 학부모회 산하에 학년별 학부모회와 학급별 학부모회를 구성해야 한다. 이러한 운영 정책 덕분에 학급에 들어선 학부모들은 휑한 분위기 속에서 학급 대표, 부대표, 간사 등을 정하고, 부끄럽고 민망한 분위기 속에서 학교에서 원하는 급식 소위와 등하교 교통 지도자 등 봉사직을 뽑는다. 그리고 이마저도 "그건 제가 하겠습니다.", "시간은 없지만 명단에 올려주세요.", "담임 선생님이 다른 학급과 비교 당할 수도 있으니 우리들이 도와줍시다." 등을 외치는 학부모들 덕분에 간신히 채워지고 있다.

힘겨운 명단 작성이 끝나면, 교실 밖이나 교무실에서 대기하고 있던 담임 교사가 들어온다. 그리곤 "힘들게 명단을 적고 수락해 주신 학부모님들께 감사드립니다. 자녀에 대한 상담은 학부모 상담 주간에 진행하겠습니다."라며, 자리를 마무리 짓는다. 물론 늦은 밤까지 봉사하며, 상담을 진행해 주는 담임 교사들도 상당히 많다.

이처럼 모두에게 부담감으로 다가오는 학부모 총회에 대해 한 학부모는 "모두가 민망하고 부끄럽게 된 경위는 학부모와 교육부, 교육청이 방관한 탓이에요."라며, "임원을 총회 당일날 선출하기보다는 총회 때는 후보만 선출하고 가정통신문 형태로 대표를 선출하는 방법도 필요해요."라고 말하였다.

또 참석율이 저조한 학부모 총회의 개최 날짜와 시간에 대한 논란 역시 지속되고 있다. 일부 초중고에서는 아직도 교사들의 퇴근 시간에 맞춰 모든 것을 마무리하기 위해 오후 1시나 2시에 시작하고 있어, 학부모들의 참석을 머뭇거리게 만들고 있다. 이와 반대로 저녁 6시 이후에 학부모 총회를 개최한 일부 초중고에서는 학부모들의 참여도와 호응이 높게 나타났다.

무엇보다 설치 근거 및 구성 요건에 따라 학부모가 참여하는 각종 위원회가 너무 많다는 것도 문제이다. 학생 자살 위기 관리에 필요한 '위기관리위원회', 미취학 및 무단 결석 등 관리 대응을 위한 '의무교육학생관리위원회', 「교원 예우에 관한 규정」 제6조에 의한 '학교교권보호위원회', 교육부 고시에 의한 '교육과정운영위원회', 「조기 진급 등에 관한 규정」 제5조에 의한 '조기진급·졸업·진학 평가위원회', 각급 학교 물품 구매 계약 시 비리 예방을 위한 '물품선정위원회', 「초중등교육법 시행령」 제58조에 의한 '학교운영위원회(각종 소위원회 포함)', 「학교 폭력 예방 및 대책에 관한 법률」 제12조에 의해 '학교폭력대책 자치위원회' 등이 대표적이다. 이처럼 학교 운영에 꼭 필요한 학부모위원회는 총 20~30개 내외에 이른다. 그리고 이 모든 위원 선정의 정당성을 확보하기 위해 가급적 학부모 총회에서 선출하고자 하니 불필요한 절차와 과정으로 학부모와 교사들은 늘 애를 먹는 것이다.

학교의 각종 위원회에서는 비법정위원회인 교재교구선정위원회, 교복선정위원회, 과학기자재선정위원회, 정보기기선정위원회 등을 법정위원회로 통합 운영하는 것을 권장하고 있지만, 이 또한 녹록치가 않다. 비법정위원회가 법정위원회보다 일이 많은 경우가 허다하기 때문이다. 또 교복선정위원회, 체험학습활성화위원회 등의 경우 위원회에서 결정된 사항이 학생들의 교복과 체험 학습에 지대한 영향력을 미치기에 오히려 법정위원회보다 막강한 힘을 발휘하기도 한다.

경기도와 서울, 그리고 전라북도교육청 등은 학교 학부모회 설치·운영에 관한 조례에 따라 관련 사항들을 정하고 있다. 이 조례에 의하면 대의원회는 임원, 학년별 학부모회 대표, 학급별 학부모회 대표를 구성해야 하며, 국가와 지방자치단체에 재정 지원을 신청하여 보조금 등을 받을 수 있다. 그리고 이때 학교의 장은 학부모회의 효율적인 운영을 위해 필요한 예산을 지원해야 한다.

학부모회 설치와 운영에 필요한 학부모들의 참여가 부진한 현실에서 학교는 학부모회 활성화를 위해 참여 시간을 퇴근 시간이나 토요일 오전 등으로 변경하고, 각종 비법정위원회를 통합 운영해야 하며, 교육부와 교육청에서는 학부모들의 참여가 왜 저조한지를 파악하여 시행령, 조례 개정 및 지원 대책을 마련해야 한다.

법에 떠밀려 학부모 총회에 참여하고 억지로 떠맡은 학부모의 교육 활동은 영혼 없는 교육이 될 수밖에 없다. 이제는 진정으로 학교와 소통하고 서로 신뢰하는 교육 공동체를 위한 다양한 노력이 필요하다. 학부모는 교육 공동체의 일원으로 교육 활동을 지원하고 교육 발전에 이바지함을 목적으로 해야 하기 때문이다.

학부모는 학교 참여의 동반자인가?
이방인인가?

학부모의 학교 참여는 학부모가 자녀를 바르게 이해하고 자녀의 교육을 지원하기 위한 일체의 교육 참여 활동을 말하며, 교육 기관과 긴밀한 유대감을 가지고 학교 및 교사와 소통하여 자녀의 학습 현장에 직접 참여하는 것을 의미한다.

현재 전국의 초·중학교 대부분(96%)이 학부모회를 구성 및 운영하고 있으며, 전국 17개 교육청 가운데 6개 지역에는 학부모회 관련 조례가 제정되어 있다. 그러나 학부모 관련 정책의 변화에도 불구하고, 학교는 여전히 학부모를 교육의 보조자로 이해하는 경향이 남아있다. 게다가 맞벌이 가정 및 소외 계층의 학부모는 학부모회 참여가 어렵기에 대부분의 활동은 임원 위주로 운영되고 있으며, 그 결과 학교 참여에도 계층 간의 격차가 나타나고 있다. 따라서 많은 학부모들이 변화하는 능동적인 주체로 학교 교육 및 의사 결정 과정에 참여하고, 학교 정책에 자신의 의견이 반영될 수 있도록 노력하는 것이 필요하다. 또 학부모는 학교 교육에 대한 이해도를 높여 교사 및 학교와의 파트너십을 구축하고 상호 보완적인 역할을 해야 한다. 오늘날 가족 구조가 다양화되는 시점에서 효율적인 교육을 위해서는 가정-학교 간 지속적인 소통 및 정보 교환이 필요하기 때문이다.

최근 여러 학교와 지역에서는 교육청과 학부모 단체의 노력으로 인해 학부모회 법제화, 학부모회 직선제, 학부모회 재량 예산, 학부모 강사의 학교 교육 참여, 아버지 모임 등이 이루어졌다. 그리고 그 결과, 이전과는 비교할 수 없을 만큼 많은 학부모들이 적극적으로 참여하며 활동을 이어가고 있다. 하지만 이러한 모습은 일부일 뿐, 대부분의 학부모들은 학기 초에 진행되는 학부모 총회, 학부모 상담 주간, 공개 수업, 회의 참석 등을 제외하면 극히 일부 프로그램에만 참여한다.

학부모의 학교 참여 비율이 낮은 것도 문제이지만, 학부모가 제시한 의견이나 민원 등이 쉽게 해결되지 않는 구조 역시 큰 문제로 떠오르고 있다. 대부분의 학부모들은 자녀와 관련된 의견이나 민원을 제시한다. 이때 발생하는 의견이나 민원은 자녀 혼자만이 해당되는 것이 아닌, 다른 자녀와의 관계에서 찾아오는 갈등으로 인한 것들이 많다. 가령 학교 폭력 사안이 발생하여 학교폭력대책 심위원회로부터

받은 결과에 납득하지 못하고 재심을 요구하는 것을 예로 들 수 있다. 물론 관계 속에서 야기된 갈등을 회복한다는 것은 쉽지 않은 일이다. 이와 관련해서 인천 G중학교에서 근무 중인 S교장은 "학부모의 학교 교육 참여 활성화는 더 큰 갈등을 예방하는 계기가 되고, 교사의 장기적 성장을 도와주는 순기능이 큽니다. 그렇기 때문에 학부모의 자녀 이기주의는 인지상정으로 이해되어야 하고, 학교는 큰 기대보다는 경청과 소통하는 자세를 먼저 보여줘야 합니다."라고 말하였다.

점점 학부모의 소득이나 학벌 수준은 높아지고 있지만, 교육에 대한 만족도는 떨어지고 있다. 그렇다고 교사가 모든 학부모들의 의견이나 민원을 해결해 줄 수 있는 시스템이 존재하는 것도 아니다.

최근 들어 학부모회는 학교 공동체의 일원으로 각종 제안, 자원 봉사, 학부모 교육 등을 통해 학교 운영에 참여하여 학교 교육에 대한 학부모 이해도 제고 및 학부모 의견을 수렴하고 있다. 학교와 학부모 간의 원활한 의사소통을 위해 중요한 통로의 역할을 하고 있는 것이다.

앞으로 더욱더 많은 학부모들이 학교 운영에 참여할 수 있도록 법적 근거와 예산 및 공간이 마련되어야 한다. 학부모를 교육 혁신의 이방인이 아닌 동반자로 인식해야 하는 것이다. 그리고 무엇보다도 학부모의 학교 참여는 단순한 교육 참여가 아닌 교육 공동체의 참여로 재정립되어야 하며, 관련 법과 제도에 대한 원칙적 사고와 더불어 선량한 시민 의식이 선행되어야 한다.

기초 학력 보장을 위한
시스템 제안

기초 학력 미달 학생에 대한 교육부의 '일제식 고사' 전환이 교육계의 찬반 논쟁에 불을 지폈다. 이와 관련하여 교원 단체는 '글쎄'의 반응을 보이고 있으며, 학부모는 우려 반 기대 반의 시선을 보이고 있다.

2019년 교육부에서는 초등학교 1학년부터 고등학교 1학년까지, 해당 학생들의 기초 학력을 진단하여 맞춤 지도를 하는 '기초 학력 내실화 방안'을 발표하였다. 이는 2018년 중학교 3학년과 고등학교 2학년 학생들이 치른 국가 수준 학업 성취도 평가 결과에서 중고교 수학 과목의 기초 학력 미달 비율이 10%를 넘는 등 학력 저하 추세가 뚜렷하게 나타났기 때문이다.

현재 학생들의 기초 학력을 보장하는 법적 근거는 없으며, 「초·중

등교육법 시행령」제50조(수료 및 졸업 등)에 '학교의 장은 학생의 교육
과정의 이수정도 등을 평가하여 학생의 각 학년 과정의 수료 또는 졸
업을 인정한다'라고만 되어 있다.

기초 학력 미달 학생과 관련된 논란은 어제오늘의 일이 아니다. 매
번 정권이 바뀔 때마다 교육 부문의 국정 과제로 채택되어 미달 학생
에 대한 각종 정책이 쏟아져 나왔지만, 늘 재탕 삼탕으로 우려먹는 식
이었기에 아무 소득도 얻지 못하였다. 또 당시 교육부에서 발표한 방
안에는 미달 학생에 대한 대안이나 대책은 전혀 보이지 않았으며, 발표
된 표집 조사의 수치에 대한 부연 설명 역시 없었다. 그렇다고 각 시도
교육청마저 기초 학력 미달 학생에 대한 대책이 없었던 것은 아니다.
당시 교육청에서도 2020년과 마찬가지로 기초 학력 진단 보정 시스템
을 구축하여 활용하고 있었다. 경기도교육청의 경우, 초등학생 4학년
부터 중학생 3학년까지의 학습 부진 학생 및 학습 경계 학생들을 대상
으로 국어, 사회, 역사, 수학, 과학, 영어 과목의 온·오프라인 검사 방법
을 지원해 실효성 있는 맞춤형 진단-보정 자료를 제공하고 있었다.

기초 학력 보장을 위한 시스템 제안

그렇다면 어떠한 진단을 통해 기초 학력 미달 학생들이 기초 학력
을 회복할 수 있도록 선순환 시스템을 설계하고 적용해야 할까? 가장

먼저 교육 과정인 교과 수업 속에서 기초 학력이 보장되도록 많은 노력을 기울여야 한다. 정규 수업이 끝난 후, 기초 학력 미달 학생들을 대상으로 진행되는 방과후 학교는 학생들로 하여금 은연중에 낙인 효과를 일으켜 효과가 떨어지기 때문이다. 물론 교과 수업의 평가 방법 역시 개선이 필요하다. 고난이도 문제 출제로 교과에 대한 불신과 낮은 점수로 인한 자존감 하락은 기초 학력을 더욱 악화할 수 있기 때문이다. 그러므로 교사는 매년 2월, 교육 과정 준비 기간을 통해 보편적인 학습 설계 원리를 적용한 기초 학력 보장 계획을 세워 삶과 연계된 유의미한 개별화 교육 과정을 운영해야 한다.

현장에서 학생들을 지도하다 보면, 여러 과목에서 점수가 낮은 학생, 특정한 과목에서만 점수가 낮은 학생 등 다양한 학생들을 만나게 된다. 그리고 이중 상당수의 학생들이 기초 학력 미달 대상자로 분류되어, 학교운영위원회에 상전된 기초 학력 보장을 위한 방과후 학교 등을 실시하게 된다. 하지만 프로그램 진행에 앞서 학생과 보호자의 동의가 필요하다. 아무리 좋은 프로그램이어도 학생과 보호자 모두가 동의하지 않으면 시작할 수가 없다. 이제는 기초 학력 미달 학생에 대한 총체적인 접근이 필요하다.

기초 학력 미달 대상자로 분류되는 대부분의 학생들은 가정 형편이나 학교생활이 녹록치가 않다. 또 특정 교과목에서만 학력 미달인 학생의 경우, 이를 교과 교사만의 문제로 삼을 수도 없다. 그렇기에 필요하면 기초 학력 지원팀을 구성해 WEE센터, 교육복지센터 등과 연계하여 도움을 줘야 한다.

　기초 학력 미달 학생들의 특징으로 뽑는 것이 자존감과 효능감이 떨어진다는 것이다. 따라서 학생들에게 수동적인 교육 활동이 아닌 능동적인 학교생활이 가능하도록 학생 주도적 활동을 강화해야 한다. 학생들의 부족한 자존감과 무기력의 누적은 새로운 도전을 머뭇거리게 만들기 때문이다. 기초 학력 미달 학생들은 교사에게 물어본다.

　"기초 학력 미달 학생 선정 기준이 무엇인가요?"
　"이 과목을 못해도 학교생활을 하는데 아무런 문제가 없어요."

　교사로서 난감한 상황에 봉착하는 순간이다. 대부분의 교사들이 이러한 질문을 하는 학생들에게 명확한 답변을 하지 않고, "이번에 시작되는 방과후 학교 수업에 불참하게 되면, 방학 때 학교에 나와야하니 결석하면 안 돼."라고 말하며, 얼렁뚱땅 그 상황을 넘어간다. 교사로서 학생들에게 거짓말을 하고 있는 것이다. 이러한 상황을 더 이상 만들지 않기 위해서는 기초 학력 미달을 방지하는 교육이 필요하다. 무엇 때문에 기초 학력 미달이 발생하고 지속되는지에 대한 진단과 지원이 필요한 것이다. 따라서 이제는 기초 학력과 관련된 획기적인 대책이 마련되어야 하며, 기초 학력 미달 학생을 바라보는 시각 역시 바뀌어야 한다.

기초 학력을 향상시키는 멘토 역할은 교사가 수행한다. 그렇기에 교사의 역할이 매우 중요하다. 기초 학력 미달 학생과 소통하면서 학생이 상처받지 않고, 실력을 향상할 수 있도록 충분한 배려가 필요하기 때문이다. 그래야만 학생이나 교사는 자긍심과 긍지를 가질 수 있고, 성과를 거둘 수가 있다.

학교에서는 기초 학력과 관련된 예산에 초점을 맞추지 말아야 한다. 예산이란 원하는 부분에 적절하게 사용되어야 한다. 또 기초 학력이 저조한 학생을 정확하게 진단하는 평가 시스템을 마련해야 한다. 언제, 어디서나 쉽게 접속하고 평가하여 진단하는 시스템이 구현되어야 하는 것이다. 학생의 실력을 정확하게 진단하지 못하고, 대책을 마련하는 것은 실력을 향상시킬 수가 없다. 마지막으로 학생에게 학습 능력을 키울 수 있는 동기 부여와 자극제를 제공해야 한다. 기초 학력을 저조하게 만드는 원인을 그대로 두고 대책을 마련하는 것은 아무런 의미가 없기 때문이다.

수포자를 해결하지 못한
미래 교육은 제자리걸음

심각한 수포자 증가 추세

2021년 8월, 좋은교사운동에서 중고등학교 수학 교사와 교육 전문가 160명을 대상으로 '2022 수학교육과정에 대한 설문 조사'를 실시하였다. 조사 결과에 따르면, 대부분의 수학 교사 및 교육 전문가들은 미적분, 확률과 통계 등 어려운 수학 교육 과정보다 수포자(수학 포기자) 해결이 우선이라는 생각을 가지고 있었다.

또 2020년 국가 수준 학업 성취도 평가 결과, 중·고등학생의 '수포자' 비율이 13%를 돌파한 것으로 나타났다. 이는 현행 표집 평가가 시행된 2017년 이후 가장 높은 수치였다. 코로나19로 인해 원격 수업과 등교 수업을 병행하고 있는 상황에서 학생들의 학습 결손 실태를 확인할 수 있는 국가 수준의 공식 통계가 드러난 것이다. 그동안 여러 학부모와 수학 교사들을 만나서 가장 많이 이야기하였던 것이 "왜, 아이들이 수학을 포기할까요?"에 대한 질문과 답변이었다.

현재 우리나라의 수학 과정은 아이들의 실력을 줄 세우기 위해 학교나 학원 교사도 못 푸는 어려운 문제를 출제하고 있다. 그 결과, 아이들은 수학 수업에 대한 흥미와 즐거움을 느껴보지도 못한 채, 수학 시험에서 오는 허무함과 공포로 수학을 포기해 버리는 자포자기의 모습을 보여 주고 있다.

성취도는 세계 최고 수준, 그러나 자신감과 흥미는 세계 최저

세계적으로 우리나라 학생들의 수학과 과학의 성취도는 최상위권이다. 지난 2020년 12월, 교육부에서는 58개국 초등학생 약 33만 명, 39개국 중학생 약 25만 명이 참여한 '수학 과학 성취도 추이 변화 국제비교 연구 2019' 결과를 발표하였다. 우리나라에서는 2018년 12월에 345개교의 학생 1만 2,101명이 이 연구에 참여하였다. 발표 결과에 따르면, 우리나라의 초등학교 4학년 학생과 중학교 2학년 학생의 수학, 과학 성취도는 국제적으로 최상위권인 것으로 나타났다. 초등학교 4학년 학생의 수학 성취도는 국제 평균을 500점으로 봤을 때,

600점으로 58개국 가운데 싱가포르(625점), 홍콩(602점)에 이어 3위를 차지하였다. 우리나라 초등학생의 수학 성취도는 이 평가가 처음 시행된 1995년부터 늘 최상위권인 2~3위를 유지하고 있다. 그러나 수학에 자신감이 있는 학생은 64%, 흥미가 있는 학생은 60%로 국제 평균(자신감 있음 76%, 흥미 있음 80%)보다 낮게 나타났다.

한편, 우리나라의 중학교 2학년 학생의 수학 성취도 역시 607점으로, 39개국 가운데 싱가포르(616점), 대만(612점)에 이어 3위를 차지하였다. 초등학생과 마찬가지로 이 평가가 시작된 1995년 이래, 늘 1~3위로 차지하면서 상위권을 유지하고 있다. 그러나 수학에 자신감이 있는 학생은 46%, 흥미가 있는 학생은 40%로 국제 평균(자신감 있음 57%, 흥미 있음 59%)보다 낮았으며, 수학 학습이 가치가 있다고 보는 학생 역시 70%로 국제 평균(84%)을 밑돌았다. 한마디로 우리나라 학생들의 수학 과목 성취도는 세계 최고 수준이지만, 수학에 대한 자신감과 흥미는 최저 수준인 것이다.

수포자를 병으로 몰아세우는 사회 인식

수학을 포기하는 이른바 '수포자'가 늘고 있는 가운데, 교육 현장에서는 수학을 포기한 학생들을 마치 병에 걸린 것처럼 보는 분위기가 만연해지고 있다. 학원이나 공교육 곳곳에서 수포자를 치료하겠다고 병원에서 쓰는 '클리닉'이라는 용어를 사용하면서, 회복되지 못하는 불치병에 걸린 것처럼 몰아세우고 있다. 또 수학을 포기하는 학생들을 수포자로 매도하고 있는 사회의 인식도 큰 문제이다. 수학 평가에서 100점이 아닌, 50점대의 점수를 받고도 만족을 하는 학생들이 있다. 그러나 우리 사회에는 100점을 기준으로 50점대 학생들은 수학을 못하고 따라가지 못하는 기초 학력 미달 학생으로 매도하고 있다. 이러한 사회의 시선과 상처들이 초등학교 저학년부터 누적되어 수학에 대한 자신감과 흥미를 더욱 떨어트리게 만드는 것이다.

학원들이 밀집한 건물의 카페에 들어서면, 수업 시간을 기다리는 학생들 대부분이 수학 문제를 풀고 있다. 하지만 흥미와 관심으로 문제를 풀고 있는 것이 아닌, 진도를 따라가기 위해 어쩔 수 없이 문제를 풀고 있는 학생들의 모습을 쉽게 볼 수 있다. 이러한 학생들의 이야기를 들어 보면, "수학 문제의 수준이 쓸데없이 높아요.", "너무 깊게 배우고, 범위도 엄청나게 많아요."라고 말한다.

최근 들어 학생과 학부모들은 너무 많은 수학 내용을 교육 과정에서 조금 덜어 내자고 주장하고 있지만, 수학 학계에서는 지금보다 더 많이 가르쳐야 한다며, 이들의 주장을 거부하고 있다. 수학 교육을 둘러싸고 양쪽의 의견이 첨예하게 대치되는 형국인 것이다. 그러나 나날이 늘어나고 있는 수포자 학생들을 위한 현실적인 대안이 필요하다.

수학의 본질? 수학 문제만을 푸는 것은 아니다

초중고교에서의 성적, 대학수학능력시험 등에서 자유롭지 못한 우리나라 학생들은 수학 점수에 민감하게 반응한다. 늘 '어떻게 하면 수학 문제를 잘 풀어서 좋은 점수를 얻을 수 있을까?' 고민하며 스트레스를 받고 있는 것이다. 또 대부분의 학생들이 다양한 유형의 문제를 수천수만 번 반복해서 풀다 보니 수학을 통해 세상을 살아가는 능력이나 역량을 배양하는 것이 아닌, 다른 학생들보다 난이도 높은 문제를 많이 해결하여 좋은 점수를 받아야 되는 과목으로만 생각한다. 그래서 학생들은 수학이라는 아름다운 과목을 그저, 성적을 올리기 위해 무한정 반복해서 풀어야 하는 문제투성이 과목이라고 인식하고 있다. 그렇기 때문에 많은 학생들이 수학에 대한 기본적인 즐거움, 호기심, 관심을 갖지 못하게 되는 것이다. 더 안타까운 점은 아직도 많은 사람들이 수학이라는 과목을 그저 상급 학교에 진학하기 위해 많은 문제들을 풀어야 하는 과목이라고만 생각하고 있다는 것이다.

이처럼 수학을 포기하게 만드는 교육은 없어져야 한다. 그러기 위해서는 수학이 즐겁고 재미있고, 세상과 일치하는 과목이라는 것을 보여 줘야 한다. 다가오는 4차 산업 혁명 시대에 대한민국을 책임질 학생들에게 수학은 너무나도 중요한 분야로 떠오르고 있다. 이제는 수학의 본질을 즐겁게 알려 줘야 할 시기이다.

수포자들이 없어지는 방법? 수학으로 바라보는 세상 읽기

수포자들이 제일 많이 발생하는 시기가 초등학교 3~4학년이라고 한다. 이때부터 학생들은 많은 양의 수학 개념, 복잡한 수학 문제로 인해 수학을 그냥 포기하게 된다. 그러나 이제는 수학을 포기하지 않게 수학이 아름답고, 즐겁고, 흥미 있는 과목이라는 것을 알려 줘야 한다. 즉 수학이 아름다운 세상을 보는 눈이 될 수 있음을 알려 줘야 하는 것이다. 세상의 모든 것들은 수학으로 이루어져 있다. 그래서 학생들이 배우는 수학 교과서의 원리, 개념, 증명 등의 다양한 수학적인 지식들을 세상 속의 자연 현상과 만나게 해서 학생들이 이해하기 쉽게 가르쳐야 한다. 수학 수업과 이 세상이 단절된 것이 아니라, '우리가 배우는 수학은 세상과 관련이 있고, 가치 있는 것이다.'라는 것을 알게 해 주는 교육 과정이어야 하는 것이다.

수포자를 예방할 수 있는 현실적인 대안은 학부모와 교사 등이 수학이라는 학문을 대하는 올바른 자세에서 찾을 수 있다는 사실을 꼭 기억하자.

부모의 독단적인 결정은 독(毒), 학생에게 '자기 결정권'을 키워주자!

　스스로 결정할 수 있는 권리, 부모나 타인의 간섭을 받지 않고 오로지 본인만의 방법으로 결정하는 '자기 결정권'의 중요성이 떠오르고 있다. 교육계 역시 고교 학점제 추진을 위한 일환으로 주문형 강좌, 교육 과정 클러스터, 중학교 자유 학기제 등을 통해 학생들의 교과목 선택권을 확대하고자 하는 추세이다. 학생들이 교육 과정을 통해 스스로 선택하고 결정하는 방법을 배우길 바라는 마음이 담겨져 있는 것이다. 2019년 많은 이들의 사랑을 받으며, 성공적으로 방영을 마친 드라마 〈SKY캐슬〉에서 강준상(정준호)의 눈물이 많은 시청자들을 울컥하게 하였다. 강준상은 어머니인 윤여사(정애리)에게 다음과 같이 울부짖었다.

"어머니가 열심히 공부하라고 해서 학력고사 전국 1등까지 했고, 어머니가 의사 되라고 해서 의대에 갔고, 병원장 해보라고 해서 그거 해보려고 기를 쓰다가 내 새끼인 줄도 모르고 혜나를 죽였잖아요. 저 이제 어떻게 하냐고요. 제 새끼인 줄도 모르고 죽인 주제에 어떻게 의사 노릇을 하냐고요. 날 이렇게 만든 건 어머니라고요. 제 새끼인 줄도 모르고…. 낼모레 쉰이 되는데도 어떻게 살아야 하는지도 모르는 놈을 만들었잖아요. 어머니가!"

이처럼 드라마에서는 어머니의 선택과 결정에 따라 살아온 과정을 후회하는 강준상의 모습이 그려진다. 부모의 바람대로만 살아와서 앞으로 어떻게 살아가야 할지 모르는 어른이 되어 버린 것이다.

자신이 잘할 수 있고 하고 싶은 일을 스스로 선택하여 꾸준히 해나가는 학생들은 자신의 삶과 진로에 대해 계획하고 실현하기 위해 부모, 교사, 친구들에게 조언을 구하는 노력을 한다. 그렇기에 자신의 계획대로 잘 진행되지 않는 경우에도 크게 실망하거나 쉽게 포기하기보다는 자신의 선택에 대해 다시 한번 성찰하며 좀 더 나은 방안을 찾아, 다시 시작하는 경우가 많다. 그러나 자신의 선택이 아닌 부모나 주변 사람의 권유로 혹은 전망이 좋다는 이유로 진로를 선택한 학생들은 그다지 행복하지 않은 학창 시절을 보내게 된다. 이런 학생들은 학교생활에서 어려움이 생기면, 그 이유를 부모나 타인의 탓으로 돌리는 등 그 상황에서 쉽게 회복하지 못하는 모습을 보이곤 한다.

'보상'과 '벌'이 자기 결정에 미치는 영향, '소마 퍼즐 실험'

자기결정 이론(Self-determination theory, SDT)은 에드워드 대시(Edward Deci)와 리처드 라이언(Richard Ryan)이 1975년에 제시한 인간심리에 대한 이론이다. 이들은 대학생을 두 집단으로 나누어 한 그룹에는 퍼즐 과제 하나를 완성할 때마다 1달러씩 보상을 하고, 다른 그룹에는 아무런 보상을 하지 않는 '소마(Soma) 퍼즐 실험'을 통해 자기 결정 이론을 정립하였다. 실험 결과, 보상 없이 퍼즐 자체를 즐긴 그룹 학생들의 몰입도가 더 높게 나타났으며, 창의성이나 문제 해결 측면 역시 보상을 받은 그룹보다 더 높게 나타났다. 이 실험의 핵심은 보상을 받으며 퍼즐 과제를 수행한 사람들은 보상이 중단되었을 때 퍼즐을 하고 싶다는 동기가 떨어진다는 것이었다. 이는 인간의 가장 기본적인 욕구는 자율성이며, 외적 동기보다는 내적 동기인 스스로 결정한 자발적 선택이 더 큰 힘을 발휘한다는 것을 의미한다. 그리고 이 실험 이후, 보상 대신 '벌'이나 '위협' 등이 동기 부여에 어떤 작용을 하는지 알아보는 실험이 진행되었다. 벌이라는 위협을 받은 학생들은 퍼즐 과제를 잘 해결하였지만, 실험실에 소마 퍼즐과 함께 남겨졌을 때는 소마 퍼즐를 갖고 놀려고 하지 않는 경향을 보였다. 벌을 주겠다는 위협으로 내면의 동기가 크게 약화된 것이다.

헌법에서 보장한 자기 결정권, 사소한 것부터 훈련시켜야…

자기 결정권은 헌법에서 보장하는 넓은 범위의 기본권으로 '자기 운명 결정권'이라고도 한다. 「대한민국 헌법」제10조에서 보장하는 개인의 인격권과 행복 추구권에는 자기 운명 결정권이 전제되어 있다. 이는 자신의 운명을 스스로 결정할 권리를 통해 개인의 인격과 행복을 추구할 수 있다는 것을 의미한다. 학생은 가정이나 학교에서도 스스로 결정할 수 있는 권리를 보장받아야 하며, 가정에서는 학생들이

> 모든 국민은 인간으로서의 존엄과 가치를 가지며, 행복을 추구할 권리를 가진다. 국가는 개인이 가지는 불가침의 기본적 인권을 확인하고 이를 보장할 의무를 진다.
> – 대한민국헌법 제10조

스스로 선택하고 결정할 수 있는 능력을 키워줘야 한다. 학생들은 부모나 교사의 걱정과는 달리 충분히 스스로 선택하고 결정할 수 있는 능력을 지니고 있기 때문이다. 따라서 어렸을 때부터 아이가 '어떤 옷을 입고 외출할지', '어떤 과목을 공부할지', '어떤 음식을 먹을지' 등 작은 것부터 스스로 선택하고 결정할 수 있는 환경을 만들어줘야 한다. 이러한 연습이 되면 학생들은 장차 더 큰 일이나 중요하고 어려운 일에도 스스로 습득한 다양한 정보를 토대로 심사숙고하여 선택할 수 있게 된다. 이제 자녀에 대한 교육 방식은 시대에 맞춰 변화되어야 한다. 아직도 과거의 방식으로 교육을 고수하는 부모로 인해 힘들어하는 자녀들이 많다. 부모들은 스스로 선택하고 결정하는 학생들의 삶에 대한 만족도와 행복도가 높다는 것을 더 늦기 전에 깨달아야 한다.

부모의 독단으로 선택된 결정은 자녀에게 독이 된다. 부모는 그저 자녀가 충분한 고민과 선택을 할 수 있도록 다양한 선택지를 제공해주는 역할만 하면 된다. 자녀들은 부모가 염려하는 것보다 훨씬 더 훌륭한 선택과 결정을 할 수 있으며, 이러한 자기 결정권은 내적 동기와 외적 동기 모두 강화시키는 긍정적인 결과를 만들어 낸다.

학생 행복도 낮은 한국,
아이들 여가 시간을 보장하라!

세계 꼴찌 수준, '한국 학생 행복도'

"자살하고 싶어요"

"자퇴하고 싶어요"

"전학 가고 싶어요"

자극적인 말이지만, 실제로 학생들이 서슴없이 하는 이야기이며, 현재 자신이 처한 환경에 대한 욕구 불만을 내뱉은 말이기도 하다. 청소년들은 성적을 최고의 스트레스 주범으로 생각한다. 어른들이 만든 한 줄 세우기 고입·대입 등의 입시 정책이 청소년들을 성적의 노예로 만들었기 때문이다. 학업 성적 향상이 청소년들의 최고의 스트레스이다 보니, 학생들의 행복 지수는 당연히 높을 수가 없다. 이에 따라 학생들에게 충분한 여가를 보장해야 한다는 목소리가 커지고 있다.

2019년 3월, 유엔 산하의 자문 기구인 지속가능발전해법네트워크(SDSN)는 세계 156개국을 상대로 국민들의 행복도를 조사한 결과를 담은 '2019 세계 행복 보고서'를 발표하였다. 발표 내용에 따르면 한국은 10점 만점에 5.895점으로 156개국 중 54위를 차지하였는데, 이는 2018년 5.875점을 얻어 기록한 57위보다 아주 약간 오른 점수였다. 반면 대부분의 북유럽 국가들이 최상위권을 휩쓸었으며, 핀란드는 7.769점이라는 점수로 2018년에 이어 '세계에서 가장 행복한 국가'로 등극하였다. 아시아 국가 중에서는 대만 25위, 싱가포르 34위, 태국 52위, 일본 58위, 중국 93위에 머물렀다. 이 보고서의 공동 편집자들은 '세계적으로 경제 성장이 지속되고 있음에도 행복도는 전체적으로 후퇴하는 경향을 보이고 있다. 이는 경제적 부가 행복의 유일한 척도가 아니라는 사실을 보여준 결과이다'라고 분석하였다.

또 2017년 11월, 경제협력개발기구(OECD)가 공개한 '더 나은 삶의 지수(Better Life Index, BLI) 2017'에서 한국은 38개국 중 29위를 차지하였다. 여러 개의 항목 중, '삶의 만족도' 부분에서는 5.9점을 얻어 OECD 평균 점수인 7.3점에 한참 모자랐으며, 조사 대상국 중 최하위권인 31위를 차지하였다. OECD의 더 나은 삶의 지수는 회원국의 삶의 질을 측정하기 위해 사용하는 지표로 주거, 환경, 삶의 만족도 등 11개 영역으로 구성되어 있으며, 격년으로 측정 결과를 발표한다.

제도를 바꾸면 '학생 행복도'가 올라갈까?

학교에서 청소년들의 행복 지수를 높이면서 동시에 삶의 만족도를 향상시킬 수 있는 방법은 없을까? 이에 대한 해답은 2015 개정 교육 과정인 '국가 수준 교육 과정'에서 찾을 수 있다.

2015 개정 교육 과정의 도입 배경은 미래 사회의 핵심 역량, 인문 소양과 인성 교육, 교과 학습량의 적정화, 교수-학습 및 평가 방법 개선을 통한 교실 수업 혁신, 안전 의식의 내면화, 소프트웨어의 제작 원리에 대한 이해와 프로그래밍 체험을 통한 컴퓨팅 사고력 신장 등을 위해서이다. 이는 수업 시간마다 엎드려 자는 학생과 수업에 집중하지 못하는 학생 비율 증가, 국가 수준 학업 성취도 평가에서 수학 과목의 기초 학력 미달 비율 증가 등이 작용한 결과이다.

일선 학교의 교육 현장에서는 2015 개정 교육 과정의 핵심 역량으로 '창의융합형 인재 양성'을 목표로 두고 있다. 따라서 교사들은 이를 교육 과정의 운영 기준으로 삼고, 성취 기준과 성취 수준을 교육 과정 재구성(수업), 과정 중심 평가(기록) 등에 일체화하여 반영하고 있다. 물론 학습에 어려움을 겪는 학생들을 위해 학교는 '학습 부진아 등에 대한 교육 법령'으로 「초·중등교육법」 제28조(학습 부진아 등에 대한 교육), 「초·중등교육법 시행령」 제54조(학습 부진아 등에 대한 교육 및 시책) 등에서 정한 내용을 바탕으로 제반 대책을 마련해 놓고 있다. 그러므로 학생들을 위한 수업 일수와 교육 과정을 신축적으로 운영하여 성격 장애나 지적 기능의 저하 등으로 학습에 제약을 받는 학생, 또는 학업 중단 학생 등의 학습 능력 역시 향상시킬 수 있는 교육이 진행되어야 한다.

현재 교육 현장에서는 새로운 '2015 개정 교육 과정'의 도입으로 기존 입시 중심 교육에서 탈피하여 학생의 적성을 살리는 교육으로 전환하고 있으며, 현장 반응 역시 긍정적인 시그널을 보내고 있다. 경기도 광명시의 K고교에서 근무 중인 L교사는 "교사 중심이 아닌 학생 중심의 교육 과정과 입시를 위한 주요 과목의 시수를 약간씩 감축하면서 다양한 주문형 강좌와 진로 집중 이수 등으로 수업을 편성해서 운영 중인데, 학생들의 반응이 너무 좋아요."라고 말하였다.

하지만 아무리 좋은 국가 수준 교육 과정이 도입되어도 걸림돌은 존재한다. 바로 고입과 대입에 매몰된 성적 지상주의이다. 학생들은 본인이 원하는 상급 학교 진학을 위해 성적이 필요하다. 그러나 현재 반영하는 내신 성적은 완전한 절대 평가 시스템이 아니다 보니 늘 한 줄 세우기 교육이 나타날 수밖에 없다. 또 기존보다 많은 것을 준비해야 하는 교사들의 마음을 움직일 만한 대책 역시 없다.

학생과 교사의 고충 못지않게 학부모의 시름도 날로 늘어나는 추세이다. 학부모들은 자녀가 원하는 상급 학교에 진학할 수 있도록 방과 후나 주말에 많은 돈을 들여 과외, 학원 등에 보낸다. 자녀의 행복을 위해 막대한 사교육비가 지출되어 가계가 휘청거리고 있는 것이다. 여기에 너무나 잦은 교육 과정의 개정과 변경, 정권만 바뀌면 따라 바뀌는 수많은 교육 정책 등으로 혼란스럽기까지 하다. 이처럼 초중고 교육과 대학입시정책이 상충하여 나타나는 논란을 바라보고 있으면 슬프고 안타깝다.

학생에게는 자신의 삶을 설계할 여가 시간이 필요하다

무엇보다 학생들 스스로가 행복해하고, 보다 나은 환경에서 삶을 살아가게 하기 위해서는 여가 시간을 충분히 활용하도록 배려하는 교육이 필요하다. 새벽에 등교하고 저녁에 하교하는 학생들은 본인이 좋아하고 흥미를 느끼는 취미에 많은 시간을 할애하지 못한다. 오로지 교육 과정으로 짜여진 틀 속의 과목, 그중에서도 상급 학교 진학에 필요한 국어, 영어, 수학, 사회, 과학 등에 올인해야 하는 구조이기 때문이다. 그러다 보니 학생들에게 삶은 재미없고, 힘들며, 괴롭게만 느껴진다.

"선생님, 학교에서 이런 것을 왜 배우나요?"

"제가 좋아하고, 하고 싶은 것을 배울 수는 없나요?"

"왜 학교에서는 충분한 여가 시간을 보낼 수 없나요?"

"제가 하고 싶은 것을 할 시간적인 여유가 없어요"

이제는 학생들이 행복해하고, 삶의 만족도가 높아질 수 있도록 교육의 질적인 고민을 해야 하는 시기이다. 학생들이 삶을 설계하기 전인 청소년기부터 자살, 자퇴, 전학 등의 단어를 머릿속에 떠올려 본다는 것은 제대로 된 교육이 아니다. 학생들은 다양한 재능을 지니고 있고, 성적은 많은 재능 속에 섞여 있는 아주 작은 재능 하나에 불과하다. 학교 성적이 낮은 학생이라도 성적 외의 다른 99개의 재능은 살아 움직인다. 그렇기 때문에 학생들이 성적 이외의 재능을 발견하고, 그 재능을 발휘할 수 있도록 도움을 주는 교육이 되어야 한다. 즉 학생들에게 충분한 여가 시간이 보장되어야 하는 것이다. 따라서 정부, 교육

부, 교육청, 학교에서는 학생의 장래 진로·진학에 대해 충분한 시간을 가지고 고민하여, 다양한 학생들이 참여할 수 있도록 배려하는 교육을 마련해야 하며, 교사는 교육 과정-수업-평가-기록의 일체화를 위해 수업 연구를 꾸준히 진행해야 한다. 행복 지수와 삶의 만족도가 상승할 때, 대한민국의 교육은 새로운 산업 혁명 시대에 대비할 수 있을 것이다.

행복 유보하는 대한민국, 우리 아이들은 왜 지금 행복하면 안 될까?

■ 용인에 사는 4인 가구

맞벌이 부모와 고등학교 2학년 남아, 초등학교 4학년 남아로 구성된 4인 가족은 방학을 맞이하면, 더욱더 쪼들린 생활을 해야 한다. 고등학교 2학년인 큰아이의 국어, 영어, 수학 과외비와 독서실 비용으로 매달 100만 원이 훌쩍 넘는 사교육비를 부담하고 있고, 초등학교 4학년인 막내 역시 예체능 교육과 영어, 수학 등의 사교육비로 매달 150~200만 원을 부담하고 있기 때문이다.

■ 안산에 사는 4인 가구

맞벌이 부모와 고등학교 3학년 여아, 중학교 1학년 남아로 구성된 가정 역시 가계가 휘청거릴 정도의 사교육비를 지불하고 있다. 입시가 코앞으로 다가온 고3 큰아이는 인문계에서 피아노를 전공하며, 관련 대학에 진학하기 위해 피아노 레슨을 받고 있다. 레슨 비용은 1회에 15만 원이며, 1주일에 2번(1달에 8번) 안산에서 서울을 오가고 있고, 레슨 받은 내용을 익히기 위해 집 근처 피아노 학원에서 밤늦게까지 연습을 한다. 이에 소요되는 사교육비만 매달 150만 원이 넘어선다. 또 중학교 1학년인 막내의 경우 영어와 수학 과외를 받고 있으며, 본인이 좋아하는 농구 클럽에 다니는 등 매달 70만 원의 비용이 들어간다. 이 가정의 경우 사교육비에만 매달 220만 원이 넘는 비용을 부담하고 있는 것이다.

위 사례처럼 한국은 미래의 행복을 위해 기꺼이 현재의 행복을 유보하는 경향이 두드러지게 나타난다. 실제로 2019년 한국노동연구원이 15~34세 2,500명을 대상으로 실시한 '청년층 고용·노동 실태 조사'에 의하면, 한국 청년의 행복과 불행 여부를 묻는 질문에 56.0%가 '불행하다'는 답을 내놓았으며, '행복하다'는 고작 22.1%밖에 되지 않았다(나머지 22.9%는 '중간'이라고 답함). 또 취업자의 57.1%, 구직자의 57.8%가 불행하다고 답변을 하여 취업 여부와는 큰 차이가 없다는 사실도 알 수 있었다. 이처럼 청년층의 56%가 불행하다고 느끼는 것은 참으로 슬픈 현실이다.

1966년, 미국 스탠포드 대학교의 심리학자인 월터 미셸(Walter Mischel) 박사는 유치원 아이들을 대상으로 '마시멜로 실험'을 진행하였다. 이 실험은 아이에게 마시멜로 1개를 주고, 15분 동안 먹지 않고 있으면 마시멜로 1개를 더 주겠다고 약속 한 뒤, 그 반응을 살펴보는 실험이었다. 실험의 결과는 15년이 지난 1981년이 되어서야 알 수 있었다. 당시 실험에 참가하였던 아이들을 다시 만나 보니 15분의 유혹을 참은 30%의 아이들은 학업 성취도, 건강 상태, 사회 적응력, 가족 간 관계 등이 월등히 좋았고, 45년이 지난 2011년의 후속 조사에서도 사회적·가정적으로 성공한 삶을 살고 있는 것으로 나타났다. 하지만 52년이 지난 2018년 5월, 미국 뉴욕 대학교의 타일러 와츠와 UC 어바인의 그레그 던컨, 호아난 콴은 마시멜로 실험을 재현한 새로운 연구 결과를 발표하였다. 그들의 연구 결과는 이전의 마시멜로 실험의 결과를 반박하는 내용이었다.

"어렸을 때 참을성이 강하면 나중에 커서 훌륭한 사람이 된다는 것은 근거가 빈약한 것으로 밝혀졌고, 두 번째 마시멜로를 기대하며 참을 수 있는 능력은 대체로 아이의 사회 경제적 배경에 의해 형성되며, 아이들의 장기적 성공 여부는 참을성이 아니라 배경에 의해 결정되는 것으로 보인다."

아직도 실패를 참을성이 부족한 개인의 문제로 치부하는 경향이 많다. 현재의 불행을 참고 견뎌야 미래의 행복을 보장받을 수 있다고 생각하는 것이다. 상급 학교 진학을 위해 공부에 올인해야 하는 입시 구조 체제로 인해 많은 학생들이 행복을 유보하는 것은 참으로 불행한 일이다. 학생들에게 행복을 줄 수 있는 학교를 만들어야 한다.

학생들이 행복하려면 과도한 입시 경쟁을 부추기는 학벌주의의 타파가 필요하다. 입시와 경쟁을 위한 공부는 학생들의 학업에 대한 자존감과 흥미를 떨어트리기 때문이다. 학생들이 행복하기 위해서는 무엇보다 학교에서 이뤄지는 모든 것에 대한 즐거움과 행복을 스스로 찾고 디자인하는 교육 과정으로 꾸며져야 한다.

매년 많은 학생들이 자해, 자살, 자퇴, 학교 폭력을 떠올리면서 힘들게 버티고 있다. 이제는 학생들이 원하는 삶의 질을 높이기 위한 다양한 종합 대책이 필요하다. 또 학생들의 의사를 존중하는 학교 문화가 정착되어야 한다. 아직도 많은 학교에서 두발 규제, 복장 규제, 반강제적 자율 학습, 보충 수업 등으로 학생들의 행복을 유보하고 있다. 이는 학생들의 인권을 침해하는 심각한 사안이다.

무엇보다 학생들이 가고 싶고 오래 머물고 싶은 학교가 되도록 수업 속에서 이뤄지는 과정 평가, 수업 내용의 미래지향적인 변화가 필요하다. 학생들이 행복을 유보하지 않도록 학교 안에서 자아 정체성을 찾고, 교육 내용이 자신의 삶과 연계가 되어 미래의 핵심 역량을 키울 수 있다면, 미래의 행복을 현재의 행복으로 가져올 수 있을 것이다.

행복한 학교,
'소확행'에서 시작하자

'자존감'과 '자아 정체성'을 높이는 교육 필요

행복이란 '생활에서 기쁨과 만족감을 느껴 흐뭇한 상태'를 말하며, 불행의 반대 개념이기도 하다. 과거 OBS에서는 세계의 위험하고 험한 등굣길을 소개하면서 동시에 해맑은 아이들의 모습을 담아낸 〈세상에서 가장 위험한 등굣길〉이라는 프로그램을 방영하였다. 이 프로그램에 등장하는 아이들은 학교에 가기 위해 매일같이 새벽에 일어나 배를 타거나 강을 건너는 등 그야말로 철인 3종 경기나 다름없는 역경을 헤쳐가며 등교를 한다. 그렇다면 이들이 이토록 위험한 등굣길도 마다하지 않고 학교에 등교하는 이유는 무엇일까? 아마도 배움에 대한 열망과 함께 행복한 삶을 살기 위해 필요한 지식과 지혜의 소중함을 알기 때문일 것이다.

한국은 엎어지면 코 닿는 거리에 학교가 있을 정도로 집과 학교의 거리가 가까운 편이다. 하지만 매년 발표되는 행복과 관련된 수치는 부끄럽기 짝이 없다. 2018년, UN이 발표한 세계 행복 보고서에 따르면, 나라별 행복도 순위는 1위 핀란드, 2위 노르웨이, 3위 덴마크, 한국 57위였다. 또 한국은 1인당 국내 총생산(GDP)과 기대 수명은 높게 나타났지만, 사회적 관계나 사회적 자율성(선택의 자유) 항목에서는 하위권을 차지하였다. 이는 사회적 관계와 선택의 자유 측면에서 행복을 제한하고 있다는 방증을 의미한다.

행복의 기준은 사람마다 제각각이며 절대적인 기준이 아닌 상대적인 성격이 강하다. 어떤 학생들은 학교에 가는 것만으로도 행복을 느끼기도 하지만, 다른 학생들은 성적이 향상되거나 부모나 교사, 친구에게 칭찬을 받았을 때 행복을 느낀다. 물론 학교생활에서의 행복의 바탕에는 수업에 대한 만족도가 기본으로 깔려있다.

학생, 학부모, 교사는 언제 행복을 느끼나

학교 안에서 학생들이 행복하려면 어떤 조건이 충족되어야 할까? 무엇보다 학교에서 근무하는 교사의 올바른 인격과 수업 과정을 통해 학생들이 기쁨과 만족감을 느껴야 할 것이다. 하지만 현실은 어떨까?

현재 초중고교에서는 2015 개정 교육 과정의 도입·적용으로 학생들이 주도하는 교육 혁신을 추구하고 있지만, 고3이 되는 순간 막막한 입시 현실을 맞이하게 된다. 교육 과정과 별도로 수능 위주의 입시를 준비해야만 하기 때문이다. 그렇다고 수시 위주로 공부를 할 수도 없는 노릇이다. 학생들의 다양한 요소를 반영하는 학생부 종합 전형 등도 결국 상위권 학생들만을 위한 진학 시스템으로 자리 잡아가고 있기 때문이다. 물론 상급 학교 진학만이 학생과 학부모가 원하는 행복은 아니다. 학생들이 친구들과 추억을 만들거나 다양한 삶의 경험을 나눌 수 있는 여건이면 행복할 수 있다. 하지만 어른들이 만들어 놓은 경쟁 위주의 교육은 이런 환경을 조성하지 못하게 만든다.

행복한 학교를 바라보는 교사들은 어떨까? 교사들이 꿈꾸는 이상적인 학교는 행정 업무가 없으며, 법정 수업 시수도 적어 오로지 학생들만을 위한 수업을 연구하는 것이다. 이는 배움을 삶과 연계해 학생들의 인생을 기쁨과 만족감으로 여물게 한다.

학생들은 담임 교사와 교과 교사의 역량에 영향을 받고, 학교생활을 통해 수많은 시행착오를 경험하면서 행복한 인생을 설계한다. 따라서 학생들의 행복에 있어 교사는 매우 중요하다. 교사가 학교 내에서 보여주는 모든 행동들이 결국은 학생들의 인격 형성에 지대한 영향을 미치기 때문이다. 물론 학부모의 역할 또한 매우 중요하다.

　서울 용산구에 거주 중인 학부모 H씨는 "아이의 성적이 남들보다 탁월하거나 우수하면 좋겠지만, 무엇보다 아이가 학교 가기를 좋아하고, 귀가 후 학교에서의 이야기 보따리를 펼칠 때 행복함을 느껴요."라고 말하였다.

　행복은 저 멀리 존재하는 추상적인 개념이 아니다. 학생, 학부모, 교사의 가장 가까운 곳에 있으며, 사람마다 생각하는 기준에 따라 상대적인 정의를 지닌다. 가령 학생이 성적 우수상을 받거나 학부모가 학부모 총회에서 임원으로 선출되는 경우, 또 교사가 스승의 날 표창을 받는 경우에만 행복한 것이 아닌 것이다.

지금은 '행복한 교육'을 해야 할 때

여태껏 우리는 교육에 존재하는 소소하고 확실한 행복에 대해 소홀히 생각하였다. 학생이나 교사는 서로 바라보고 눈만 마주치더라도 웃을 수 있을 때 행복을 느끼며, 학부모는 학교와 원활한 소통을 통해 학교에 대한 불신이 믿음으로 바뀌면서 만족도가 높아진다.

행복한 학교는 '소확행'에서 시작된다. 작은 행복이 쌓여 태산 같은 행복이 되기 때문이다. 학교라는 울타리에서 소중한 인격체로 존재하는 학생들이 인생에서 필요한 모든 것을 학교에서 배울 수 있다면, 행복한 인생을 맞이하게 될 것이다.

앞으로 행복한 교육을 위해 학생에게 '자신을 존중하고 사랑하는 마음'인 자존감과 '나는 누구인가?'라는 자아 정체성을 높여줄 수 있는 교육이 필요하다.

Foreign Copyright:
Joonwon Lee
Address: 3F, 127, Yanghwa-ro, Mapo-gu, Seoul, Republic of Korea
          3rd Floor
Telephone: 82-2-3142-4151, 82-10-4624-6629
E-mail: jwlee@cyber.co.kr

미래 교육 행복한 미래 학교

2022. 6. 17. 1판 1쇄 인쇄
2022. 6. 24. 1판 1쇄 발행

지은이 | 최우성
펴낸이 | 이종춘
펴낸곳 | BM (주)도서출판 성안당

주소 | 04032 서울시 마포구 양화로 127 첨단빌딩 3층(출판기획 R&D 센터)
      10881 경기도 파주시 문발로 112 파주 출판 문화도시(제작 및 물류)

전화 | 02) 3142-0036
      031) 950-6300
팩스 | 031) 955-0510
등록 | 1973. 2. 1. 제406-2005-000046호
출판사 홈페이지 | www.cyber.co.kr
ISBN | 978-89-315-5880-7 (13370)
정가 | 16,800원

이 책을 만든 사람들
기획 | 최옥현
진행 | 오영미
교정·교열 | 김동환
본문·표지 디자인 | 강희연
홍보 | 김계향, 이보람, 유미나, 서세원, 이준영
국제부 | 이선민, 조혜란, 권수경
마케팅 | 구본철, 차정욱, 오영일, 나진호, 강호묵
마케팅 지원 | 장상범, 박지연
제작 | 김유석

■ 도서 A/S 안내

성안당에서 발행하는 모든 도서는 저자와 출판사, 그리고 독자가 함께 만들어 나갑니다.
좋은 책을 펴내기 위해 많은 노력을 기울이고 있습니다. 혹시라도 내용상의 오류나 오탈자 등이 발견되면 "좋은 책은 나라의 보배"로서 우리 모두가 함께 만들어 간다는 마음으로 연락주시기 바랍니다. 수정 보완하여 더 나은 책이 되도록 최선을 다하겠습니다.
성안당은 늘 독자 여러분들의 소중한 의견을 기다리고 있습니다. 좋은 의견을 보내주시는 분께는 성안당 쇼핑몰의 포인트(3,000포인트)를 적립해 드립니다.
잘못 만들어진 책이나 부록 등이 파손된 경우에는 교환해 드립니다.